Siempre
con Él

*Una meditación
para cada día*

Ediciones Palabra
Madrid

© Fulgencio Espa Feced, 2024
© Antonio Fernández Velasco, 2024
© Fernando del Moral Acha, 2024
© Ediciones Palabra, S.A., 2025
  Ronda del Caballero de la Mancha 59 – 28034 Madrid
  Telf.: (34) 91 350 77 20 – (34) 91 350 77 39
  www.palabra.es
  palabra@palabra.es

Diseño de portada: Equipo de producción
ISBN: 978-84-1368-337-9
Depósito legal: M-5.269-2025
Impresión: Gohegraf, S.L.
Printed in Spain – Impreso en España

FULGENCIO ESPA
ANTONIO FERNÁNDEZ
FERNANDO DEL MORAL

Siempre con Él

*Una meditación
para cada día*

Fiestas y Santos

PALABRA

CALENDARIO LITÚRGICO	2024 B	2025 C	2026 A	2027 B	2028 C	2029 A	2030 B	2031 C	2032 A	2033 B	2034 C
2ª después de Navidad	—	5 ene.	4 ene.	3 ene.	2 ene.	—	—	5 ene.	4 ene.	2 ene.	—
Epifanía del Señor	6 ene.	6 ene.	6 ene.	6 ene.	6 ene.	6 ene.	6 ene.	6 ene.	6 ene.	6 ene.	6 ene.
Bautismo del Señor	7 ene.	12 ene.	11 ene.	10 ene.	9 ene.	7 ene.	13 ene.	12 ene.	11 ene.	9 ene.	8 ene.
2ª de tpo. ordinario	14 ene.	19 ene.	18 ene.	17 ene.	16 ene.	14 ene.	20 ene.	19 ene.	18 ene.	16 ene.	15 ene.
3ª de tpo. ordinario	21 ene.	26 ene.	25 ene.	24 ene.	23 ene.	21 ene.	27 ene.	26 ene.	25 ene.	23 ene.	22 ene.
4ª de tpo. ordinario	28 ene.	2 feb.	1 feb.	31 ene.	30 ene.	28 ene.	3 feb.	2 feb.	1 feb.	30 ene.	29 ene.
5ª de tpo. ordinario	4 feb.	9 feb.	8 feb.	7 feb.	6 feb.	4 feb.	10 feb.	9 feb.	8 feb.	6 feb.	5 feb.
6ª de tpo. ordinario	11 feb.	16 feb.	15 feb.	—	13 feb.	11 feb.	17 feb.	16 feb.	—	13 feb.	12 feb.
7ª de tpo. ordinario	—	23 feb.	—	—	20 feb.	—	24 feb.	23 feb.	—	20 feb.	19 feb.
8ª de tpo. ordinario	—	2 mar.	—	—	27 feb.	—	3 mar.	—	—	27 feb.	—
9ª de tpo. ordinario	—	—	—	—	—	—	—	—	—	—	—
MIÉRCOLES DE CENIZA	14 feb.	5 mar.	18 feb.	10 feb.	1 mar.	14 feb.	6 mar.	26 feb.	11 feb.	2 mar.	22 feb.
1ª de Cuaresma	18 feb.	9 mar.	22 feb.	14 feb.	5 mar.	18 feb.	10 mar.	2 mar.	15 feb.	6 mar.	26 feb.
2ª de Cuaresma	25 feb.	16 mar.	1 mar.	21 feb.	12 mar.	25 feb.	17 mar.	9 mar.	22 feb.	13 mar.	5 mar.
3ª de Cuaresma	3 mar.	23 mar.	8 mar.	28 feb.	19 mar.	4 mar.	24 mar.	16 mar.	29 feb.	20 mar.	12 mar.
4ª de Cuaresma	10 mar.	30 mar.	15 mar.	7 mar.	26 mar.	11 mar.	31 mar.	23 mar.	7 mar.	27 mar.	19 mar.
5ª de Cuaresma	17 mar.	6 abr.	22 mar.	14 mar.	2 abr.	18 mar.	7 abr.	30 mar.	14 mar.	3 abr.	26 mar.
Domingo de Ramos	24 mar.	13 abr.	29 mar.	21 mar.	9 abr.	25 mar.	14 abr.	6 abr.	21 mar.	10 abr.	2 abr.
SAN JOSÉ	19 mar.	19 mar.	19 mar.	19 mar.	20 mar.	19 mar.	19 mar.	19 mar.	19 mar.	19 mar.	20 mar.
ANUNCIACIÓN DEL SEÑOR	8 abr.	25 mar.	25 mar.	5 abr.	25 mar.	9 abr.	25 mar.	25 mar.	5 abr.	25 mar.	25 mar.
DOMINGO DE PASCUA	31 mar.	20 abr.	5 abr.	28 mar.	16 abr.	1 abr.	21 abr.	13 abr.	28 mar.	17 abr.	9 abr.
2ª de Pascua	7 abr.	27 abr.	12 abr.	4 abr.	23 abr.	8 abr.	28 abr.	20 abr.	4 abr.	24 abr.	16 abr.
3ª de Pascua	14 abr.	4 may.	19 abr.	11 abr.	30 abr.	15 abr.	5 may.	27 abr.	11 abr.	1 may.	23 abr.
4ª de Pascua	21 abr.	11 may.	26 abr.	18 abr.	7 may.	22 abr.	12 may.	4 may.	18 abr.	8 may.	30 abr.
5ª de Pascua	28 abr.	18 may.	3 may.	25 abr.	14 may.	29 abr.	19 may.	11 may.	25 abr.	15 may.	7 may.
6ª de Pascua	5 may.	25 may.	10 may.	2 may.	21 may.	6 may.	26 may.	18 may.	2 may.	22 may.	14 may.
7ª de Pascua (Ascensión)	12 may.	1 jun.	17 may.	9 may.	28 may.	13 may.	2 jun.	25 may.	9 may.	29 may.	21 may.
PENTECOSTÉS	19 may.	8 jun.	24 may.	16 may.	4 jun.	20 may.	9 jun.	1 jun.	16 may.	5 jun.	28 may.
Lunes después Pentecostés	20 may.	9 jun.	25 may.	17 may.	5 jun.	21 may.	10 jun.	2 jun.	17 may.	6 jun.	29 may.
Comienza sem. del tpo. ord.	7ª sem.	10ª sem.	8ª sem.	7ª sem.	9ª sem.	7ª sem.	10ª sem.	9ª sem.	7ª sem.	10ª sem.	8ª sem.
Santísima Trinidad	26 may.	15 jun.	31 may.	23 may.	11 jun.	27 may.	16 jun.	8 jun.	23 may.	12 jun.	4 jun.
Cuerpo y Sangre de Cristo	2 jun.	22 jun.	7 jun.	30 may.	18 jun.	3 jun.	23 jun.	15 jun.	30 may.	19 jun.	11 jun.

CALENDARIO LITÚRGICO	2024	2025	2026	2027	2028	2029	2030	2031	2032	2033	2034
	B	C	A	B	C	A	B	C	A	B	C
9ª de tpo. ordinario	3 jun.	—	1 jun.	31 may.	5 jun.	4 jun.	—	2 jun.	31 may.	—	5 jun.
10ª de tpo. ordinario	9 jun.	9 jun.	8 jun.	6 jun.	12 jun.	10 jun.	10 jun.	9 jun.	6 jun.	6 jun.	11 jun.
11ª de tpo. ordinario	16 jun.	16 jun.	14 jun.	13 jun.	19 jun.	17 jun.	17 jun.	16 jun.	13 jun.	13 jun.	18 jun.
12ª de tpo. ordinario	23 jun.	23 jun.	21 jun.	20 jun.	25 jun.	24 jun.	24 jun.	22 jun.	20 jun.	20 jun.	25 jun.
13ª de tpo. ordinario	30 jun.	29 jun.	28 jun.	27 jun.	2 jul.	1 jul.	30 jun.	29 jun.	27 jun.	26 jun.	2 jul.
14ª de tpo. ordinario	7 jul.	6 jul.	5 jul.	4 jul.	9 jul.	8 jul.	7 jul.	6 jul.	4 jul.	3 jul.	9 jul.
15ª de tpo. ordinario	14 jul.	13 jul.	12 jul.	11 jul.	16 jul.	15 jul.	14 jul.	13 jul.	11 jul.	10 jul.	16 jul.
16ª de tpo. ordinario	21 jul.	20 jul.	19 jul.	18 jul.	23 jul.	22 jul.	21 jul.	20 jul.	18 jul.	17 jul.	23 jul.
17ª de tpo. ordinario	28 jul.	27 jul.	26 jul.	25 jul.	30 jul.	29 jul.	28 jul.	27 jul.	25 jul.	24 jul.	30 jul.
18ª de tpo. ordinario	4 ago.	3 ago.	2 ago.	1 ago.	6 ago.	5 ago.	4 ago.	3 ago.	1 ago.	31 jul.	6 ago.
19ª de tpo. ordinario	11 ago.	10 ago.	9 ago.	8 ago.	13 ago.	12 ago.	11 ago.	10 ago.	8 ago.	7 ago.	13 ago.
20ª de tpo. ordinario	18 ago.	17 ago.	16 ago.	15 ago.	20 ago.	19 ago.	18 ago.	17 ago.	15 ago.	14 ago.	20 ago.
21ª de tpo. ordinario	25 ago.	24 ago.	23 ago.	22 ago.	27 ago.	26 ago.	25 ago.	24 ago.	22 ago.	21 ago.	27 ago.
22ª de tpo. ordinario	1 sep.	31 ago.	30 ago.	29 ago.	3 sep.	2 sep.	1 sep.	31 ago.	29 ago.	28 ago.	3 sep.
23ª de tpo. ordinario	8 sep.	7 sep.	6 sep.	5 sep.	10 sep.	9 sep.	8 sep.	7 sep.	5 sep.	4 sep.	10 sep.
24ª de tpo. ordinario	15 sep.	14 sep.	13 sep.	12 sep.	17 sep.	16 sep.	15 sep.	14 sep.	12 sep.	11 sep.	17 sep.
25ª de tpo. ordinario	22 sep.	21 sep.	20 sep.	19 sep.	24 sep.	23 sep.	22 sep.	21 sep.	19 sep.	18 sep.	24 sep.
26ª de tpo. ordinario	29 sep.	28 sep.	27 sep.	26 sep.	1 oct.	30 sep.	29 sep.	28 sep.	26 sep.	25 sep.	1 oct.
27ª de tpo. ordinario	6 oct.	5 oct.	4 oct.	3 oct.	8 oct.	7 oct.	6 oct.	5 oct.	3 oct.	2 oct.	8 oct.
28ª de tpo. ordinario	13 oct.	12 oct.	11 oct.	10 oct.	15 oct.	14 oct.	13 oct.	12 oct.	10 oct.	9 oct.	15 oct.
29ª de tpo. ordinario	20 oct.	19 oct.	18 oct.	17 oct.	22 oct.	21 oct.	20 oct.	19 oct.	17 oct.	16 oct.	22 oct.
30ª de tpo. ordinario	27 oct.	26 oct.	25 oct.	24 oct.	29 oct.	28 oct.	27 oct.	26 oct.	24 oct.	23 oct.	29 oct.
31ª de tpo. ordinario	3 nov.	2 nov.	1 nov.	31 oct.	5 nov.	4 nov.	3 nov.	2 nov.	31 oct.	30 oct.	5 nov.
32ª de tpo. ordinario	10 nov.	9 nov.	8 nov.	7 nov.	12 nov.	11 nov.	10 nov.	9 nov.	7 nov.	6 nov.	12 nov.
33ª de tpo. ordinario	17 nov.	16 nov.	15 nov.	14 nov.	19 nov.	18 nov.	17 nov.	16 nov.	14 nov.	13 nov.	19 nov.
34ª de tpo. ord. (Cristo Rey)	24 nov.	23 nov.	22 nov.	21 nov.	26 nov.	25 nov.	24 nov.	23 nov.	21 nov.	20 nov.	26 nov.
	C	A	B	C	A	B	C	A	B	C	A
1ª de Adviento	1 dic.	30 nov.	29 nov.	28 nov.	3 dic.	2 dic.	1 dic.	30 nov.	28 nov.	27 nov.	3 dic.
2ª de Adviento	8 dic.	7 dic.	6 dic.	5 dic.	10 dic.	9 dic.	8 dic.	7 dic.	5 dic.	4 dic.	10 dic.
3ª de Adviento	15 dic.	14 dic.	13 dic.	12 dic.	17 dic.	16 dic.	15 dic.	14 dic.	12 dic.	11 dic.	17 dic.
4ª de Adviento	22 dic.	21 dic.	20 dic.	19 dic.	24 dic.	23 dic.	22 dic.	21 dic.	19 dic.	18 dic.	24 dic.
NATIVIDAD DEL SEÑOR	25 dic.	25 dic.	25 dic.	25 dic.	25 dic.	25 dic.	25 dic.	25 dic.	25 dic.	25 dic.	25 dic.

JUEVES DESPUÉS DE PENTECOSTÉS JESUCRISTO, SUMO Y ETERNO SACERDOTE. CICLO A

1. Fiesta con sabor castizo.

2. Sacerdotes santos.

3. Más sacerdotes.

1. Escribo estas líneas junto a la capilla en la que se celebró por primera vez esta Fiesta, el 25 de abril de 1953. Jueves después de Pentecostés, en España, en muchas naciones de Hispanoamérica y en alguna europea se celebra esta Fiesta que todavía no está instaurada en la Iglesia universal.

Tuvo su origen en Madrid; en un sacerdote (futuro obispo) enamorado de su sacerdocio –el Venerable José María García Lahiguera– y una joven consciente de la importancia que los sacerdotes tienen para la vida de la Iglesia –la Sierva de Dios María del Carmen Hidalgo de Caviedes–. Juntos fundaron en 1938, en plena persecución religiosa en España, una congregación religiosa de estricta clausura cuyo único fin sería rezar y ofrecer la vida por la santidad de los sacerdotes y aspirantes al sacerdocio. Fruto de esa vocación-misión específica trabajaron para que en la Iglesia existiera una Fiesta que exaltara esa dimensión esencial de Jesús, según se recoge en la *Carta a los Hebreos:* Cristo Sacerdote. Es verdad que en el marco de la Semana Santa –Jueves y Viernes Santo– recordamos la institución del sacerdocio y su muerte en la cruz, pero pasa tan rápido que es de justicia que dediquemos un día completo a este misterio, como dentro de poco haremos con el misterio de la Eucaristía.

Este misterio del sacerdocio de Cristo ha sido siempre objeto de estudio, de reflexión y de aprecio por parte de la Iglesia; de gran veneración para los fieles, aun de los más sencillos, pero bien formados en sus creencias, que veneraban y veneran al sacerdote ministerial porque en Él ven la actualización, la presencialización de Jesús. Decir que Jesús es sacerdote es afirmar que es el puente entre Dios y los hombres, Jesús se hizo hombre para que nosotros volviéramos de nuevo a recuperar aquella relación de amistad –imagen y semejanza– con Dios que perdimos por el pecado original de Adán y Eva. En la cruz, convertida en altar el Viernes Santo, Jesús ofrece su sacrificio a Dios Padre con el que nos redime de todos nuestros pecados, a todos los hombres de todos los tiempos, y nos hace herederos de la gloria del Cielo.

Jesús crucificado –Jesús Sacerdote–, con sus brazos abiertos de par en par, nos indica su misión: hacer que todos los hombres puedan experimentar el amor de Dios por ellos. Al entregar su Cuerpo y su Sangre, ya no le queda nada, ¿qué más puede hacer Jesús por ti? ¿Se te ocurre alguna forma mayor de demostrarte su amor? Párate hoy delante de un crucifijo y contempla, mírale despacio, Él está ahí por ti. Saca, si quieres, consecuencias...

2. La Fiesta de hoy tiene para nosotros dos objetivos principales: caer en la cuenta de la importancia y trascendencia del ministerio sacerdotal en la Iglesia; y la consecuencia es clara: la oración por la santidad de todos los sacerdotes y, fruto del primero, la petición de que el Señor nos bendiga con muchas vocaciones sacerdotales.

Vamos a detenernos en el primero: ¡grandeza del sacerdocio! ¿Qué es un sacerdote? Son Cristo por su sacerdocio, y tienen que ser Cristo en su vida. Él los reclama en intimidad. ¡Qué misterio de amor es el sacerdote! Su santidad es exigencia de amor. ¡Santifícalos en la Verdad! Hoy es un día para que te pares a pensar en todos los sacerdotes que han pasado ya por tu vida: el sacerdote que te bautizó; el que celebró tu primera Comunión; aquellos con los que te has confesado a lo largo de tu vida –de muchos no conoces ni su nombre, pero te has beneficiado de su entrega generosa al servicio de la confesión–, aquel que te casó, si es el caso; aquel con el que una vez hablaste en un momento difícil de tu vida, tu párroco; aquellos que han celebrado las Misas a las que has asistido, quizá en lugares recónditos o apartados, o en países de misión, etc. Hoy es un día para dar gracias a Dios por todos los sacerdotes. Y junto con nuestra acción de gracias, nuestra oración por ellos, para que sean santos. El sacerdote, aunque no sea santo, ciertamente administra los sacramentos. Si absuelve, absuelve; si consagra, consagra. Pero habrá mayor eficacia en esos sacramentos y en esa gracia, cuanto más santo sea. Creo que todos podemos alegar una experiencia vivida; todos conocemos la influencia de un sacerdote santo, en su simple pasar, en el consejo que da, en la palabra dicha, en el ejemplo, en la dirección, en la unción con que celebra.

Ahora que tanto se ataca la figura del sacerdote, nosotros debemos responder con nuestra oración; es verdad que ha habido sacerdotes que se han comportado mal, sacerdotes que no han estado a la altura de su vocación; pero no debemos juzgar el todo por la parte, debemos dar una respuesta de oración. «Ellos» merecen ese amor y ese sacrificio, porque «ellos» participan del mismo amor de Cristo. ¿Qué no hizo Cristo en aquella noche de amor, de Eucaristía, de Sacerdocio? ¿No sabía qué iba a pasar? ¿No sentía en su alma ya la traición, la negación, el abandono, el temor de los suyos? Y «los amó hasta el extremo».

3. Seguro que ha brotado ya en tu corazón el deseo de pedir a Jesús que multiplique las vocaciones sacerdotales, que muchos jóvenes escuchen su voz y la sigan con docilidad, que superen los miedos o dificultades, y, como los primeros Apóstoles, como tantos hombres a lo largo de la historia de la Iglesia, respondan: «Aquí estoy».

Que un joven –tu hijo, tu amigo, tu compañero de carrera o de trabajo– se plantee la vocación sacerdotal no nos debe resultar extraño; ojalá las familias cristianas sean auténticas escuelas donde los hijos libremente respondan al querer de Dios.

Terminemos este rato de oración, dirigiéndonos a la Virgen con una oración compuesta por san Juan Pablo II:

Oh María, Madre de Jesucristo
y Madre de los sacerdotes:
acepta este título con el que hoy te honramos
para exaltar tu maternidad
y contemplar contigo

el Sacerdocio de tu Hijo unigénito y de tus hijos,
oh Santa Madre de Dios.

Madre de Cristo,
que al Mesías Sacerdote diste un cuerpo de carne
por la unción del Espíritu Santo
para salvar a los pobres y contritos de corazón:
custodia en tu seno y en la Iglesia a los sacerdotes,
oh Madre del Salvador (...).

Madre de Jesucristo,
que estuviste con Él al comienzo
de su vida y de su misión,
lo buscaste como Maestro entre la muchedumbre,
lo acompañaste en la cruz,
exhausto por el sacrificio único y eterno,
y tuviste a tu lado a Juan, como hijo tuyo:
acoge desde el principio
a los llamados al sacerdocio,
protégelos en su formación
y acompaña a tus hijos
en su vida y en su ministerio,
oh Madre de los sacerdotes.

Amén.

JUEVES DESPUÉS DE PENTECOSTÉS
JESUCRISTO, SUMO Y ETERNO
SACERDOTE. CICLO B

1. Jesucristo, Sacerdote, víctima y altar.
2. Perpetúa su sacerdocio a través de los sacerdotes.
3. Muchos y santos sacerdotes.

1. El pueblo de Israel tenía por costumbre ofrecer a Yahvé diversos animales con la intención de buscar el favor de Dios o impetrar el perdón de los pecados.

Los encargados de realizar estos sacrificios eran los sacerdotes, que velaban por la pureza de los animales ofrecidos, los preparaban para la ofrenda y supervisaban que todo se hiciera conforme a los ritos prescritos en la Ley.

Nuestro Señor Jesucristo es sumo y eterno Sacerdote (es la fiesta que celebramos hoy), porque Él ofreció la víctima perfecta al Padre –que no es otra que el mismo Jesús– en el único altar de la Cruz. Cristo es, por tanto, Sacerdote, víctima y altar.

Jesús ofreció su propia vida por amor a los hombres: *tanto amó Dios al mundo que entregó a su hijo único para que todos tengan vida* (*Jn* 3, 16). Cristo no se dejó crucificar para aplacar una supuesta ira del Padre o para satisfacer una hipotética *sed de sangre* por parte de un Dios herido por los pecados de los hombres.

Ni *ira* ni *sed de sangre:* al contrario, lo hizo por Amor. Él, que es verdadero Dios, se manifestó plenamente humano en la cruz, como demostrando a los hombres que «Dios ya no puede hacer más por sus hijos». Ha inclinado sus oídos a los gemidos de los pobres hasta la humillación de sí mismo, ha fijado su vista en las pequeñeces de cada hijo suyo.

Después de Cristo ya no hace falta ofrecer ovejas, cabras o palomas. Toda oración cristiana se dirige a Dios por Jesucristo Sacerdote: desde la que realizamos en lo profundo del corazón, hasta aquella otra, sublime y solemne, que es la Santa Misa. Acerquémonos con fe y confianza a Dios; convéncete: está deseando conocer tus cosas.

2. El sacerdocio de Cristo, además, es el único sacerdocio. «¿Y todos los sacerdotes que conozco?». Todos ellos son, de algún modo, continuadores de Jesús, pero no porque vengan detrás de Él o añadan nada a su sacerdocio, sino porque hacen presente a Cristo Sacerdote en medio de su pueblo.

Cuando un sacerdote confiesa, es Cristo quien confiesa; cuando un sacerdote celebra la Eucaristía, es Cristo quien celebra la Eucaristía. Por eso los sacerdotes emplean en primera persona las palabras de Jesucristo: esto es *mi* cuerpo; esta es *mi* sangre; *yo* te absuelvo... ¿Quién es un hombre para perdonar pecados? Ya se lo preguntaron al Maestro sus contemporáneos, y desearon dar muerte a Cristo por blasfemo... Los sacerdotes son *el mismo Cristo* cuando dicen esas palabras, y por eso deben ser muy fieles en la liturgia, porque no hacen nada propio: hacen la obra de Dios.

Ser sacerdote es una dignidad muy grande, un regalo precioso. Como reza el prefacio de la Misa de hoy: «Él no solo confiere el honor del sacerdocio real a todo su pueblo santo, sino que también, con amor de hermano, elige a hombres de este pueblo, para que, por la imposición de las manos, participen de su sagrada misión».

Maravillosa misión la de los sacerdotes. ¡Qué don tan sobrecogedor!

«Ellos renuevan en nombre de Cristo el sacrificio de la redención, preparan a tus hijos el banquete pascual, presiden a tu pueblo santo en el amor, lo alimentan con tu palabra y lo fortalecen con tus sacramentos».

«Tus sacerdotes, Señor, al entregar su vida por ti y por la salvación de los hermanos, van configurándose a Cristo y han de darte así testimonio constante de fidelidad y de amor».

3. Los sacerdotes son para la Iglesia lo que las madres para las familias: si ellas están bien, toda la familia lo nota; si ellos están bien, toda la Iglesia se beneficia. Sacerdotes santos, conscientes de su sagrada misión.

Reza por las vocaciones sacerdotales. Pídele a Dios muchos y santos sacerdotes. Dios sigue llamando: continúa tocando a las puertas de los corazones de tantos jóvenes, invitándoles al seguimiento. Pide a Dios que los llamados sean generosos: el mundo necesita héroes. Con menos no se conforma: hombres capaces de sepultar su vida por amor a Dios y a los demás. Es bonito ser sacerdote: dar la gracia de Dios, el perdón de los pecados, el Cuerpo de Cristo. Ayudar a nacer, ayudar a morir, abrir las conciencias al amor. Es bonito y exige sacrificio; no es una decisión fácil la de renunciar a muchas cosas buenas para decir que sí a Dios, del todo. Por eso es tan necesario el empujoncito de tu oración para que muchos se dejen caer en las manos de Dios.

Reza también por los sacerdotes; para que sinceramente «entreguen su vida por Cristo». Son, como decía santa Catalina de Siena, mis otros Cristos. Quiérelos. Respétalos. Reza por ellos.

JUEVES DESPUÉS DE PENTECOSTÉS JESUCRISTO, SUMO Y ETERNO SACERDOTE. CICLO C

1. Todos somos sacerdotes.
2. Santidad sacerdotal.
3. Es cuestión de todos.

1. La Fiesta de Jesucristo, Sumo y Eterno Sacerdote es la última de las Fiestas del Señor incluidas en el Calendario Litúrgico de España. Hoy es un buen día para profundizar en la grandeza del sacerdocio de Cristo, del que no solo participan los ministros ordenados, sino todos los cristianos por el hecho de serlo.

El día de nuestro Bautismo, el sacerdote ungió nuestra cabeza con el santo crisma (una mezcla de aceite y nardo) mientras decía las palabras del Ritual: «Dios todopoderoso, Padre de nuestro Señor Jesucristo, que te ha liberado del pecado y dado nueva vida por el agua y el Espíritu Santo, te consagre con el Crisma de la salvación para que entres a formar parte de su pueblo y seas para siempre miembro de Cristo, sacerdote, profeta y rey».

¡Todos los bautizados somos sacerdotes! Ya lo dice el apóstol san Pedro: *también vosotros, como piedras vivas, entráis en la construcción de una casa espiritual para un sacerdocio santo, a fin de ofrecer sacrificios espirituales agradables a Dios por medio de Jesucristo. (…) Vosotros, en cambio, sois un linaje elegido, un sacerdocio real, una nación santa, un pueblo adquirido por Dios para que anunciéis las proezas del que os llamó de las tinieblas a su luz maravillosa* (*1 P* 2, 5-9).

Dios cuenta con cada uno de nosotros, todos formamos la Iglesia. Cada bautizado debe actualizar ese sacerdocio bautismal en el ejercicio de su profesión y el cumplimiento de sus deberes propios. «Afirmas que vas comprendiendo poco a poco lo que quiere decir "alma sacerdotal"... No te enfades si te respondo que los hechos demuestran que lo entiendes solo en teoría. –Cada jornada te pasa lo mismo: al anochecer, en el examen, todo son deseos y propósitos; por la mañana y por la tarde, en el trabajo, todo son pegas y excusas. ¿Así vives el *sacerdocio santo, para ofrecer víctimas espirituales, agradables a Dios por Jesucristo?*».

2. En segundo lugar, hoy es un día para dar gracias a Dios por todos los sacerdotes que hemos conocido en nuestra vida y con los que hemos compartido momentos importantes. «El sacerdote es el latido más íntimo del Corazón de Cristo, es "otro Él". Si ellos no lo fueran, Cristo no estaría entre nosotros, no tendríamos a Cristo Eucaristía ni el perdón en nuestra alma»[1]. Nuestra ac-

---

[1] HH. Oblatas de Cristo Sacerdote, *La vida como oblación por los sacerdotes*, 339.

ción de gracias por los sacerdotes se concreta en rostros singulares…

La Fiesta de hoy nos brinda la oportunidad de rezar por la santidad de todos los sacerdotes. El iniciador de esta Fiesta, el Venerable José Mª García Lahiguera (Obispo y Fundador de la Congregación religiosa Oblatas de Cristo Sacerdote) repetía con frecuencia, en pláticas y retiros a sacerdotes, un estribillo que él era el primero en aplicarse: «Si soy sacerdote, ¿por qué no soy santo? Y si no soy santo, ¿para qué soy sacerdote?».

«El sacerdote, aunque no sea santo, ciertamente los sacramentos los administra: Si absuelve, absuelve; si consagra, consagra. Pero eficacia mayor en esos sacramentos y en esa gracia: tanto más, cuanto más santos sean. Creo que todos podemos alegar una experiencia vivida; todos conocemos la influencia de un sacerdote santo, en su simple pasar, en el consejo que da, en la palabra dicha, en el ejemplo, en la dirección, en la unción con que celebra (…). Son Cristo por su sacerdocio, y tienen que ser Cristo en su vida. Él los reclama en intimidad. ¡Qué misterio de amor es el sacerdote! Su santidad es exigencia de amor. ¡Santifícalos en la Verdad!»[2].

3. Los sacerdotes son sostenidos por la oración en toda la Iglesia. La vida de cada sacerdote constituye un tesoro que nos toca cuidar entre todos. La oración por los sacerdotes no puede ser algo propio de ciertas espiritualidades, sino que debe estar presente entre nuestras intenciones habituales.

---

[2] Ibid., 343, 347.

Así rezaba un Venerable Obispo cuya Causa de Canonización se encuentra abierta:

«Cuida, Señor, a los sacerdotes, cuyas vidas se consumen ante tu altar, porque son tuyos.

Protégelos porque están en el mundo, aunque no pertenecen al mundo.

Cuando los tienten y los seduzcan los placeres terrenos, acógelos en tu Corazón.

Confórtalos en las horas de soledad y de tristeza, cuando toda su vida de sacrificio por las almas les parezca inútil.

Cuídalos y acuérdate, oh Corazón de Jesús, de que no te tienen más que a ti, y de que, sin embargo, sus corazones son humanos y frágiles.

Guárdalos tan puros como la Hostia que diariamente acarician y dígnate, Señor, bendecir todos sus pensamientos, palabras y acciones.

Virgen Inmaculada, Reina y Madre de los sacerdotes, acógelos en tu Corazón»[3].

---

[3] Oración compuesta por el Venerable Ángel Riesco, Obispo de Tudela y Fundador de las Misioneras Apostólicas de la Caridad (1902-1972).

DOMINGO DESPUÉS DE PENTECOSTÉS
SANTÍSIMA TRINIDAD. CICLO A

1. La importancia de defender la fe.
2. Que nuestra caridad no se vea vencida por la idolatría.
3. Padre, hermano y consolador.

1. Temblaban solo de pensarlo. Considerar la posibilidad de que su tierra cayera en manos enemigas provocaba en el judío creyente un miedo atroz. El pueblo de Israel defendía su identidad nacional y su culto a costa de su vida, pero ¿era solo una cuestión política?, ¿se escondía acaso algún fundamento moral o religioso?

Los fenicios eran enemigos naturales de los judíos y amenazaban con su poderío militar, pero, sobre todo, con el mal de la idolatría. Su dios era Molok. Se le representa de diversas formas, si bien siempre como figura humana, muchas veces sentado y con cabeza de carnero o de becerro.

De gran tamaño, un fuego ardiente crepitaba bajo sus brazos o debajo de su torso. Los fenicios creían que su ira debía ser aplacada con vidas humanas. Cuando desastres naturales o bélicos amenazaban a la nación, los sacrificios humanos aumentaban.

Consideraban que, conforme el hombre crece, aumenta en él la vida del espíritu, de modo que la oferta más valiosa al dios Molok eran los bebés, todo materia y nada de espíritu.

El espantoso ritual constaba en dejar en brazos del falso dios al recién nacido. A continuación, el niño se precipitaba lentamente hacia el fuego que ardía hiriente a la base de Molok. Para conseguir ese efecto, el dios era representado con los brazos ligeramente inclinados, o bien se accionaba un sistema de poleas que precipitaba al bebé a su muerte segura.

Comprendemos ahora bien que, cuando los escritores del Antiguo Testamento advierten del peligro de las deidades extrajeras, están llamando la atención de un aspecto esencial de la vida humana. De la superstición dañina a la religión verdadera.

Saber quién es Dios y qué quiere de mí es, con mucho, la tarea central de todo existir. Hoy celebramos la solemnidad de la Santísima Trinidad, el verdadero Ser de Dios que nada tiene que ver con el malvado Molok y sus macabras costumbres.

Ya el Antiguo Testamento presumió, gracias a la acción del divino inspirador, la característica central –esencial– del Dios de la Alianza. Yahvé es Amor. *Como una madre siente ternura por sus hijos, así sientes tú ternura por tu pueblo*, reza el autor sagrado. *Señor, tú has sido nuestro refugio de generación en generación*, canta el salmista.

Podríamos recurrir a la Escritura entera para no dejar de encontrar jamás la imagen, no de Molok, sino de un Dios que es Padre, amante, esposo y maestro: providente.

Si saber quién es Dios es importante para el hombre, da gracias por haberle conocido: Dios es el Amor más grande, la caridad infinita.

2. La pregunta de Dios es también la pregunta del hombre. Es decir, preguntarse quién es Dios es pensar, inmediatamente, qué quiere del hombre.

Molok estaba hambriento de vidas humanas. Pero no era la única amenaza que se cernía sobre el pueblo de Israel. Desde Oriente acosaba una insidia no menos peligrosa.

Babilonia conoce en el texto bíblico el calificativo de gran prostituta a causa de sus macabras celebraciones. Durante sus festividades, cientos y miles de mujeres se ofrecían en rituales lascivos y desenfrenados. Toda Babilonia se conducía al encuentro de esa especie de orgía sagrada, nefasto encuentro.

Los profetas castigarán sin cansarse esa conducta errónea. Advertirán al pueblo de Israel que esa no es la conducta que Dios quiere. Califican al pueblo como esposa de Dios, hija de Dios, preferida de Dios. ¿Por qué dejar al Amor por el vientre, la Vida por las pasiones?

Dios es uno, y son tres personas. Magnífico... pero ¿significa algo para ti? En primer lugar, y como mínimo, quiere decir lo mismo que anunciaron los profetas: que Dios se entrega –amando– para que el hombre se entregue a Dios y a los demás del mismo modo. El Padre ama al Hijo y el Espíritu Santo es el Amor de ambos. Así nosotros debemos vivir de la caridad que busca la unidad y no el enfrentamiento.

Alegraos, trabajad por vuestra perfección, animaos, reza la segunda lectura. *Y el Dios del amor y de la paz estará con vosotros*. En este día del Santo nombre de Dios debemos pedir a la Trinidad Beatísima que nos ayude a no cansarnos nunca. Que las tentaciones de la carne o del orgullo no nos distraigan del camino. Ojalá que ese materialismo cruel y consumismo despiadado, esas nuevas idolatrías, sean para ti únicamente moscas en el camino, que apartas con un decidido golpe de mano.

Porque vale la pena abandonarse en manos de Dios, y no dejarse llevar por el brazo de Molok o la nueva Babilonia.

3. Dios es Padre, Hijo y Espíritu Santo. ¿Y eso qué es? Es un Dios que *tanto amó al mundo, que se entregó*. ¿Para qué? *Para que no perezca ninguno de los que creen en él, sino que tengan vida eterna.*

La existencia de un único Dios en tres personas habla, en cierto sentido, de la potencial ternura con que podemos cada uno de nosotros vivir la fe. Es hermoso conocer que Dios no solo es Padre, sino que es *tu* Padre. La perfección de los lirios del campo, la libertad de las aves del cielo, no son sino sombra de la belleza del alma en gracia. Cristo nos lo dijo con palabras llenas de ternura; si del cielo no cae un solo gorrión sin que lo sepa nuestro Padre del cielo, ¿a qué preocuparnos con tanto?, ¿no valemos acaso más que los gorriones?

Yo soy la luz del mundo, dice Jesús de sí mismo. Dios es Hijo, y no solo eso, sino que Hijo hecho hombre para nuestra salvación. ¿No es maravilloso? Conocer a Dios en carne humana. Verle, tocarle, gustar de su compañía. Cristo hombre. Dios Eucaristía. El Todo hecho (casi) nada para estar cerca de cada uno. De ti. De mí. Jesucristo: palabra eterna del Padre que se ha hecho uno de los nuestros para que tengas confianza con el Todopoderoso.

Finalmente, *el defensor;* el Espíritu Santo. Como si no bastara ese torrente de amor de la filiación divina y la amistad con Cristo, Dios se mete dentro de nosotros en su tercera Persona, interior inspirador de nuestro existir. ¿Quieres amar? Pídeselo al Espíritu Santo. ¿Quieres conocer a Dios y a los hombres? Pídeselo al Paráclito. ¿Quieres saber quién eres tú mismo y la voluntad de Dios para ti? Abandónate en manos del divino Consolador, tercera Persona Divina.

A ti gloria y alabanza por los siglos. Así rezamos con el salmo. Y así rezaremos por toda la eternidad en la divina contemplación de la belleza y amor de Dios, Uno y Trino, misericordia y poder. A Él la gloria y la alabanza por los siglos de los siglos.

DOMINGO DESPUÉS DE PENTECOSTÉS
SANTÍSIMA TRINIDAD. CICLO B

1. Cuando la experiencia va por delante de la doctrina.

2. Tres Personas y un solo Dios.

3. Dios Padre creador, Dios Hijo redentor,

Dios Espíritu Santo santificador.

1. Dios es uno, y Dios son tres personas, fundamentalmente porque Dios es así y así se ha dado a conocer a aquellos a quienes se ha dignado revelarlo. Bien claro tenían los judíos que Dios es uno, y que además es creador de todo, Padre bueno, todopoderoso. De entre esos judíos, Jesús de Nazaret eligió a algunos para ser discípulos suyos; y otros muchos, hombres y mujeres, sencillos y deseosos de la verdad, comenzaron a seguirle dispuestos a escuchar su palabra. Vieron sus milagros, oyeron su doctrina, contemplaron sus obras... y sobre todo, algunos de ellos, como Tomás, tocaron su cuerpo glorioso, lo vieron en primera persona vivo, después de haber muerto en la Cruz. Noticia increíble pero cierta, real. Un suceso impresionante: resucitó para toda la eternidad.

Fue entonces cuando se dieron cuenta los discípulos de que Cristo era no solo el Mesías hijo de Dios, sino Dios mismo. Lo dijo muy bien el apóstol que tuvo la oportunidad de tocar las llagas de Cristo: *¡Señor mío y Dios mío!* (*Jn* 20, 28).

Además, desde su llegada en Pentecostés, notaban muy vivamente la acción del Espíritu Santo. Sabían de su fuerza, experimentaban su gracia, se dejaban contagiar por su alegría. Una auténtica maravilla. Desde el principio, la Iglesia comenzó a llamar al Espíritu Santo con el nombre de Señor, y a reconocerlo como Dios.

Tenían muy claro dos cosas que parecen contrarias: que el Padre, el Hijo y el Espíritu Santo son Dios; pero que no son tres dioses, sino uno solo. ¿Cómo explicarlo? Como podían, pero la experiencia iba por delante: lo sabían *porque lo vivían; tenían una relación personalísima con el Padre, el Hijo y el Espíritu Santo, con el único Dios*.

¿No será que a nosotros nos pasa lo contrario? O sea, ¿que sabemos que son tres personas… pero al final «solo» hablamos con Dios, sin hacer caso a nada más?

Si es así, entonces parece muy normal que este misterio no nos importe –digamos– demasiado.

2. «Dios Padre, que al enviar al mundo al Verbo de la verdad y al Espíritu de santidad, revelaste a los hombres tu misterio admirable, concédenos que, al profesar la fe verdadera, reconozcamos la gloria de la eterna Trinidad y adoremos la unidad de su majestad omnipotente» (Oración Colecta de la Solemnidad de la Stma. Trinidad).

Esta es nuestra petición a Dios en la solemnidad que celebramos hoy: ser capaces de reconocer la Trinidad y adorar su unidad. Este es el fundamento de la fe cristiana: que Dios es uno solo, pero en tres personas. Una sustancia sola, siendo Padre, Hijo y Espíritu Santo. Tres personas, pero solo un Dios.

¿Qué necesidad tenemos de afirmar esto? ¿No podría ser un solo Dios y punto? Y por otra parte, ¿cómo influye la Trinidad de Dios en tu vida de cristiano? Porque si eres un hombre o una mujer de fe, parece que este misterio, central, por otra parte, en algo debe influir en tu vida. ¿En qué? Imagínate que ahora les diera a los teólogos por decir que no son tres personas, sino dieciocho, ¿en qué quedaría tu fe? ¿Seguirías creyendo igual? Porque, en tal caso... tenemos un problema.

Medita estas palabras, seguro que traerá luz a tu vida:

«¡Dios es mi Padre! –Si lo meditas, no saldrás de esta consoladora consideración.

¡Jesús es mi Amigo entrañable (otro Mediterráneo), que me quiere con toda la divina locura de su Corazón!

¡El Espíritu Santo es mi Consolador!, que me guía en el andar de todo mi camino.

Piénsalo bien. –Tú eres de Dios..., y Dios es tuyo»[1].

3. Aunque todas las acciones divinas pertenecen a Dios, desde siempre se atribuyeron algunas acciones a cada una de las personas. Seguro que te ha llamado alguna vez la atención el juego de preposiciones que se anteponen a las Personas divinas en las oraciones de la Iglesia, especialmente en la Santa Misa. En ella, por Cristo, con Él y en Él ofrecemos, rendimos al Padre todo honor y toda gloria, en la unidad del Espíritu Santo. Esas propo-

---

[1] San Josemaría Escrivá, *Forja*, 2.

siciones no son casuales, ni da lo mismo una que otra...
Si las meditas despacio, puedes sacarles mucho jugo,
porque descubrirás entonces las obras en las que el Padre, el Hijo y el Espíritu expresan su propia personalidad.

Al Padre se le atribuye la obra entera de la creación.
Todo ha salido *del* Padre, y por eso mismo todo se dirige
a Él. Cuando uno se maravilla con la belleza de las cosas, con la grandeza de la naturaleza, con el espectáculo
de determinados paisajes... es bueno hacer acción de
gracias a Dios Padre, que es bueno, que nos da lo mejor,
que ha hecho cosas tan bellas. Además, podemos desear
para nuestra vida cristiana un trato filial con Dios Padre como aquel que nos narra el evangelio de Jesucristo:
*Abbá, Padre... no se haga mi voluntad, sino la tuya... te
doy gracias, Padre, por haberme escuchado... sé que Tú
me escuchas siempre...* Así hemos de tratarle nosotros:
Padre nuestro...

Al Hijo se le atribuye la redención de los pecados,
especialmente mediante su pasión. Por eso, causará un
bien enorme a tu alma considerar todo el misterio de la
humanidad de Jesucristo: cómo sufrió en la Pasión, su
mirada desde la cruz y su gloriosa resurrección. Piensa
que, del mismo modo que la salvación nos llegó *por medio del Hijo*, solo podemos acudir al Padre como hijos,
por Jesucristo nuestro Señor.

Finalmente, al Espíritu Santo le corresponde la labor de la santificación. ¡Hacerte santo! Pídele ayuda.
Confía en Él –porque a fin de cuentas depende de Él.
Suplícale su gracia –*¡Ven!* Trátalo con frecuencia. Él habita en tu corazón en gracia, e imprime en tu alma la
imagen de Jesús. Es el amor de Dios en el que vivimos y
en el que estamos unidos los cristianos.

Acostúmbrate a tratar a las Tres Personas. Aprovéchate de esos momentos de cercanía en la Santa Misa. Es un santo el que te lo recomienda:

«En el Santo Sacrificio del altar, el sacerdote toma el Cuerpo de nuestro Dios y el Cáliz con su Sangre, y los levanta sobre todas las cosas de la tierra, diciendo: *Per Ipsum, et cum Ipso, et in Ipso* –¡por mi Amor!, ¡con mi Amor!, ¡en mi Amor!

Únete a ese gesto. Más: incorpora esa realidad a tu vida»[2].

Recuerda: tendrás auténtica vida cristiana… cuando comiences a llamar a Dios por su nombre: Padre, Hijo y Espíritu Santo. Cuando tengas intimidad con Él.

---

[2] San Josemaría Escrivá, *Forja,* 541.

DOMINGO DESPUÉS DE PENTECOSTÉS
SANTÍSIMA TRINIDAD. CICLO C

1. *El Nombre de Dios.*
2. *En exclusiva a la alabanza.*
3. *Rezar con Juan Pablo II.*

1. Tras la Solemnidad de Pentecostés el pasado domingo, celebramos hoy un misterio central de nuestra fe: la Santísima Trinidad. Ante la pregunta ¿quién es Dios?, nosotros hemos aprendido a responder que es Padre, Hijo y Espíritu Santo; con el Catecismo en la mano afirmábamos que «es un único Dios en Tres Personas Divinas». ¿Pero qué quiere decir todo esto? No creemos en una simple divinidad, en un principio organizador o meramente superior, sino en un Dios que es familia, en cuyo seno se dan las relaciones de paternidad y filiación.

El evangelio de hoy nos muestra la esencia divina, el Amor: *tanto amó Dios al mundo, que envió a su Hijo al mundo,* en Dios todo se explica desde ese principio amoroso; su justicia, su misericordia, su intervención en el mundo, la obra de la creación, la obra de la Redención… todo tuvo lugar porque Dios es Amor.

«Dios no es algo vago, nuestro Dios no es un Dios spray, es concreto, no es abstracto, sino que tiene un nombre: "Dios es amor". No es un amor sentimental, emocional, sino el amor del Padre, que es la fuente de toda la vida, el amor del Hijo, que muere en la cruz y resucita, el amor del Espíritu, que renueva al hombre y al mundo. Y pensar que Dios es amor nos hace bien, porque nos enseña a amar, a entregarnos a los demás como Jesús mismo se dio por nosotros y camina con nosotros. Y Jesús camina con nosotros en el camino de la vida.

La Santísima Trinidad no es el producto de razonamientos humanos, es el rostro con el que Dios se ha revelado a sí mismo, no desde lo alto de un trono, sino caminando con la humanidad. Es Jesús quien nos ha revelado al Padre y quien nos ha prometido el Espíritu Santo. Dios ha caminado con su pueblo en la historia del pueblo de Israel y Jesús caminó siempre con nosotros y nos prometió el Espíritu Santo, que es fuego, que nos enseña todo lo que no sabemos, que nos guía en nuestro interior, que nos da buenas ideas y buenas inspiraciones.

Hoy alabamos a Dios, no por un misterio particular, sino por Sí mismo, "por su inmensa gloria", como dice el himno litúrgico. Lo alabamos y le damos las gracias porque Él es Amor, y porque nos llama a entrar en el abrazo de su comunión, que es la vida eterna»[1].

Creo que hoy es un día para contemplar ese misterio de Dios y hacer un tipo de oración que a veces nos cuesta: la pura alabanza y adoración. No pedir, no dar vueltas a nuestra cabeza, sino solo adorar ese misterio

---

[1] Papa Francisco, *Ángelus*, 31-05-2013.

de Dios y glorificar su Nombre: Gloria al Padre, Gloria al Hijo, Gloria al Espíritu Santo.

2. El misterio de Dios es siempre más grande que nosotros. Hoy la Iglesia nos pide solo que nos asomemos a Él. Pero a la vez nos damos cuenta de que ese admirable misterio bien merece la pena entregar la vida a su contemplación, a pasmarse y vivir solo de ese amor; por eso se entiende que la Iglesia dedique el día de hoy a recordar y rezar por todos aquellos hombres y mujeres que se han encerrado en el silencio de un claustro –monjes y monjas de clausura– consagrando su vida al Dios Trinidad.

Los Monasterios de vida contemplativa son un tesoro en la Iglesia, desde allí sube una oración continua por el bien de todos. ¡Cuánto le debemos cada uno –muchas veces sin darnos cuenta– a la oración y vida de sacrificio de esos hombres y mujeres! «El mundo necesita, más de lo que a veces se cree, vuestra presencia y vuestro testimonio. Es necesario, por ello, mostrar con eficacia los valores auténticos y absolutos del Evangelio a un mundo que exalta frecuentemente los valores relativos de la vida. Y que corre el riesgo de perder el sentido de lo divino, ahogado por la excesiva valoración de lo material, de lo transeúnte, de lo que ignora el gozo del espíritu»[2].

---

[2] San Juan Pablo II, *Discurso a las religiosas de clausura*, Ávila, 1-11-1982.

3. Termina rezando despacio, si quieres, esta oración compuesta por san Juan Pablo II, en honor de la Santísima Trinidad:

¡Gloria y alabanza a ti, Santísima Trinidad, único y eterno Dios!

Bendito seas, Padre, que en Tu infinito Amor nos has dado a Tu Hijo Unigénito, hecho carne por obra del Espíritu Santo en el seno purísimo de la Virgen María y nacido en Belén hace dos mil años. Él se hizo nuestro Compañero de viaje y dio nuevo significado a la historia, que es un camino recorrido juntos en las penas y los sufrimientos, en la fidelidad y el amor, hacia los cielos nuevos y la tierra nueva en los cuales Tú, vencida la muerte, serás Todo en todos.

¡Gloria y alabanza a Ti, Santísima Trinidad, Único y Eterno Dios!

Que por tu gracia, Padre, este tiempo sea un tiempo de conversión y de gozoso retorno a Ti; que sea un tiempo de reconciliación entre los hombres y de nueva concordia entre las naciones; un tiempo en que las espadas se cambien por arados y al ruido de las armas le sigan los cantos de la paz. Concédenos, Padre, poder vivir dóciles a la voz del Espíritu, fieles en el seguimiento de Cristo, asiduos en la escucha de la Palabra y en el acercarnos a las fuentes de la gracia.

¡Gloria y alabanza a Ti, Santísima Trinidad, Único y Eterno Dios!

Sostén, Padre, con la fuerza del Espíritu, los esfuerzos de la Iglesia en la nueva evangelización y guía nuestros pasos por los caminos del mundo, para anunciar a Cristo con la propia vida orientando nuestra peregrinación terrena hacia la Ciudad de la Luz. Que los discípulos de Jesús brillen por su amor hacia los pobres;

que sean solidarios con los necesitados y generosos en las obras de misericordia; que sean indulgentes con los hermanos para alcanzar de Ti ellos mismos indulgencia y perdón.

¡Gloria y alabanza a Ti, Santísima Trinidad, Único y Eterno Dios!

Concede, Padre, que los discípulos de Tu Hijo, purificada la memoria y reconocidas las propias culpas, sean una sola cosa para que el mundo crea. Se extienda el diálogo entre los seguidores de las grandes religiones y todos los hombres descubran la alegría de ser hijos tuyos. A la voz suplicante de María, Madre de todos los hombres, se unan las voces orantes de los apóstoles y de los mártires cristianos, de los justos de todos los pueblos y de todos los tiempos, para que este tiempo sea para cada uno y para la Iglesia causa de renovada esperanza y de gozo en el Espíritu.

¡Gloria y alabanza a Ti, Santísima Trinidad, Único y Eterno Dios!

A Ti, Padre Omnipotente, origen del cosmos y del hombre, por Cristo, el que vive, Señor del tiempo y de la historia. En el Espíritu que santifica el universo, alabanza, honor y gloria ahora y por los siglos de los siglos[3]. Amén.

---

[3] San Juan Pablo II, *Oración para el Gran Jubileo del Año 2000.*

DOMINGO DESPUÉS
DE SANTÍSIMA TRINIDAD
SANTÍSIMO CUERPO Y SANGRE
DE CRISTO. CICLO A

1. Celebramos el testamento de Dios, que es Él mismo.
2. Los inmensos frutos de estar cerca
de Cristo Eucaristía si tenemos fe.
3. El descanso de tenerle cerca.

1. La noche del Jueves Santo, Cristo nos dio a conocer un secreto escondido en su corazón: su deseo de estar siempre con nosotros. Es más, aquella cena de Pascua fue la ocasión elegida por el Señor para quedarse, oculto, en el pan y en el vino eucarísticos. Él iba a morir y nos deja como herencia su propia presencia en el sacramento, para que podamos experimentar siempre a Dios muy cerca de nosotros: en nuestros Sagrarios, en nuestros tabernáculos.

La Iglesia ha escogido el día de hoy para festejar la grandeza de la Eucaristía: la solemnidad del Corpus Christi.

Los buenos hijos no celebran la riqueza de la herencia estando el padre recientemente fallecido: solo transcurrido un tiempo de la muerte serán capaces de pensar lo mucho que les ha dejado. Así la Iglesia se llena de alegría con la consideración de la herencia riquísima de la Eucaristía recibida en la cena de Pascua el Jueves Santo: es su testamento poco antes del sufrimiento de la Pasión y de la muerte en la cruz. Lo celebramos, como buenos hijos, algunas semanas después: primero tuvimos que llorar la muerte de Cristo en la cruz, acompañarlo en el sepulcro y gozar con Él en la resurrección.

Hoy es un día precioso para entusiasmarnos porque sabemos que se cumple la promesa del Señor: *Os aseguro que yo estaré con vosotros todos los días hasta el fin del mundo*. Nada se opone al amor infinito de Cristo por nosotros: su promesa es cotidiana y eterna, cada minuto, cada segundo, todos los días; hasta el final de los tiempos.

2. «La puerta de la misericordia ya está abierta y podemos ser recibidos en audiencia en cualquier momento; podemos hablar con nuestro fidelísimo abogado y juez siempre que queramos»[1].

La puerta de la misericordia está abierta: en el tabernáculo, en el Sagrario, en la comunión frecuente, en la Sagrada Forma. Ahí encontramos verdaderamente a Cristo vivo; el mismo Cristo que anduvo por Galilea, murió en el Calvario, fue sepultado y resucitó al tercer día.

¿Cómo debería de ser nuestra virtud, para recibir todo el fruto que un sacramento tan grande es capaz de darnos? Pídele al Señor una fe más sincera en su Euca-

---

[1] Carlos Borromeo, *Omelie sull'Eucaristia e sul sacerdocio*, 330.

ristía; preciosísimo don de Dios a los hombres, regalo de una presencia toda para ti, para tu consuelo, para tu compañía, para aumentar tus deseos de amor y de bien.

Si aquella mujer del evangelio estaba convencida de que tan solo con tocar el borde del manto del Señor quedaría curada (cfr. *Mt* 9, 21); y persuadida de ello se acercó al Señor buscando su sanación por el contacto corporal no con Jesús, sino solo con su vestimenta... ¿Cómo de grande habrá de ser la fe para nosotros, que no solo tocamos el borde de un manto, sino a Cristo mismo, al recibir su Cuerpo y su Sangre en la Sagrada Comunión? Él se nos comunica lleno de gracia, de riquezas abundantes, de dones espirituales. La mujer llevaba muchos años enferma, tenía fe, creía en Jesús y en su poder, y se obró el milagro. ¿Y nosotros?

Cuentan los *Hechos de los Apóstoles* que la gente se curaba con tan solo estar a la sombra de los apóstoles (cfr. *Hch* 5, 15). ¿Qué no nos sucederá a nosotros, que estamos cubiertos bajo la misma sombra de Cristo presente en el Sagrario?

Alimenta en tu oración los deseos de renovar tu fe eucarística. Díselo: con solo tocarle puedes quedar sano de todo aquello que te duele... y dile también que no eres capaz de tener fe suficiente para creerlo. Confiésale que desearías estar siempre a la sombra de su divina presencia, que es curativa y, a la vez, fecunda.

3. El alma descansa al considerar la inmensa compañía de Dios y la grandeza de su poder: Cristo misericordia presente en la Sagrada Hostia. Piénsalo: si Cristo está tan cerca, ¿a qué viene preocuparte tanto por tus defectos, imperfecciones, deseos, proyectos, tensiones, intereses?

¿Acaso no será momento de una mayor diligencia en el esfuerzo de abandonarte en las manos de Dios y dedicarte más enteramente a Él y a los demás?

¡Qué buen día para ofrecernos a nosotros mismos y renovar nuestra amistad con Cristo! Porque una curación de una enfermedad es una cosa imponente, enorme, admirable. Pero quizá es mucho más milagrosa una curación interior, escondida en lo profundo del corazón.

Sintamos, en este día la alegría, la seguridad y la gratitud porque Dios nos ha dado un regalo tan grande. Rindamos un culto más piadoso a la sagrada Eucaristía.

DOMINGO DESPUÉS
DE SANTÍSIMA TRINIDAD
SANTÍSIMO CUERPO Y SANGRE
DE CRISTO. CICLO B

1. Una noticia verídica.

2. Sabor eucarístico.

3. Nos vamos de procesión.

1. Uno de los grandes diarios ingleses, que tira más de un millón de ejemplares al día, publicaba con caracteres llamativos la siguiente noticia: «¡Cristo ha vuelto a la tierra! Nos lo comunican nuestros corresponsales en Belén: el ritmo habitual de la pequeña ciudad se ha trocado en gran agitación y nerviosismo. En una casa de modesto aspecto, pobre y estrecha, ha aparecido Jesucristo, el mismo que nació allí hace más de dos mil años. Vive en aquella casa. No cabe error alguno. Lo atestigua también el Patriarca de Jerusalén. Hay grandes muchedumbres estacionadas delante de la casa, estamos esperando fotografías o vídeos en breve».

Tal era la noticia. Pronto la noticia se convirtió viral en internet, todos los blogs, agencias de noticias y redes sociales se hacían eco de este acontecimiento. Todas las agencias de viajes movilizaron inmediatamente todas sus fuerzas y organizaron viajes con destino a Belén. Todos querían trasladarse y verlo con sus propios ojos. Muchos vendían todo lo que tenían o pedían préstamos a los bancos para poder emprender el viaje. Como es obvio, nadie pensaba en hoteles lujosos o comodidades, querían llegar a Belén y punto. Ya en Palestina tuvieron que hacer cola en dos hileras y esperar durante días para poder acercarse al Señor... Pero ¿qué importaba eso? ¡Con tal de poderle ver una vez cara a cara y poder exponerle todas sus peticiones, todos sus dolores, todas sus preocupaciones! ¡Con tal de poder postrarse una vez siquiera ante sus Divinos Pies! ¡Con tal de poder besarle una sola vez sus benditas manos!

Te habrás dado cuenta de que se trata de una ficción literaria, esa noticia nunca se publicó y esas reacciones nunca se dieron, ni las agencias de viajes se vieron asediadas por ese motivo. Pero según la convicción inquebrantable de nuestra fe, esta noticia, a pesar de todo, es exacta, y aún es más trascendental, ¡mucho más de lo referido! Todo es verdad, porque Jesús está realmente en medio de nosotros; mas no solamente en Belén, en un solo lugar, sino en los miles y miles de sagrarios que hay en el mundo.

Y si nuestra fe fuese tan fuerte y viva como la que pedía Jesús a sus discípulos (acuérdate de que podrían mover montañas), ninguna iglesia estaría vacía, la gente haría colas para entrar, y siempre habría alguien en presencia de Cristo, que vive en medio de nosotros, alguien que hiciera una visita a Jesús sacramentado. Piénsalo...

2. Celebramos hoy la Solemnidad del Cuerpo y la Sangre de Cristo, el tradicional domingo de Corpus Christi. Hasta no hace mucho se celebraba en Jueves, en recuerdo del día de la institución del Santísimo Sacramento, pero se trasladó al domingo para facilitar la presencia de la gente en la Misa y en la tradicional procesión posterior. Hoy nos retrotraemos al Jueves Santo, al Cenáculo, a aquella escena de intimidad donde Jesús nos abre su Corazón y se nos da por entero. Pasa tan rápido el Jueves Santo que, como sucedió con la Fiesta de Cristo Sacerdote, la Iglesia quiere que dediquemos todo un día a la contemplación de este misterio. ¡Jesús está aquí!

Todos los santos sin excepción han sido almas profundamente enamoradas de la Eucaristía, es decir, no puede existir una santidad que no sea eucarística, y es obvio, puesto que no hay santidad sin Dios y Dios está en la Eucaristía real, verdadera y sustancialmente presente. Tenemos a Dios tan cerca y a veces se nos olvida o vivimos como si estuviera allá lejos. La solemnidad de hoy nos recuerda que el amor de Dios por nosotros es tan grande que no se conforma con crearnos, con redimirnos, con nacer por nosotros en Belén, con morir en la cruz, sino que se queda junto a nosotros –el amor verdadero requiere siempre de una presencia y contacto– en la Sagrada Eucaristía; *Yo estaré con vosotros todos los días hasta el fin del mundo,* nos dijo antes de su Ascensión a los Cielos y cumple su promesa.

Hay que pedirle a Jesús que nunca nos acostumbremos a este misterio de amor y presencia; san Juan Pablo II hablaba de mantener vivo el «asombro Eucarístico», sin cosas raras pero sí con la fuerza de la fe y la adoración rendida. ¿Se puede decir que tu vida tiene un sabor eucarístico? ¿Procuras pasar cada día un rato junto a Jesús en el Sagrario? Quizá no puedas, o sí, ir a Misa todos los días pero a lo mejor junto a tu trabajo, o al ir a dejar a los niños al colegio, y al volver por la tarde a casa puedes encontrar un hueco para visitarle.

«¡Sé alma de Eucaristía! –Si el centro de tus pensamientos y esperanzas está en el Sagrario, hijo, ¡qué abundantes los frutos de santidad y de apostolado!»[1].

3. Un elemento tradicional de la fiesta de hoy es la procesión eucarística por las calles de miles de nuestros pueblos y ciudades; ¡es la procesión del Corpus! El recorrido engalanado con flores y luces, las calles salpicadas de altares que manifiestan el amor y la piedad del pueblo sencillo; las coplas aprendidas de nuestros mayores que cantan al Amor de los amores, los niños de primera comunión elegantemente vestidos para la ocasión que desfilan ante Jesús cantando y lanzando pétalos de flores; los enfermos y ancianos que se asoman a las ventanas y balcones para verle pasar –como hace siglos lo hacían sus contemporáneos– y, por fin, Él, en la sencillez del pan, que ya no es tal, en una custodia ricamente adornada –más vale la fe y el cariño de los que donaron esas piedras preciosas que ellas mismas–, aparece como Rey y Señor. La gente se arrodilla, el sacerdote inciensa al Santísimo Sacramento, y a continuación nos da la bendición.

Continúa la procesión, no importa lo de fuera, lo que importa es tu diálogo con Jesús. Sale a las calles, para acercarse más; para pasear por nuestros caminos, an-

---

[1] San Josemaría Escrivá, *Forja*, 835.

dar por nuestras calles, bendecir nuestras plazas; para estar junto a ti. Hoy no es un día para pensar mucho y sacar muchas conclusiones, es un día para amar mucho o, como diría aquel campesino francés de Ars, para mirarle y dejarse mirar por Él.

Termina la procesión y entramos en la iglesia, nueva incensación y última bendición; el sacerdote reserva el Santísimo en el Sagrario, y cerrándolo termina la procesión. Pero Jesús se queda, se queda escondido en el silencio de ese templo esperándonos a ti y a mí, siempre. Quizá hoy, solo un propósito: hacerle cada día una visita, aunque sea breve; como disfrutamos de la presencia de aquellos que queremos, aunque sea un momento, Jesús también.

DOMINGO DESPUÉS
DE SANTÍSIMA TRINIDAD
SANTÍSIMO CUERPO Y SANGRE
DE CRISTO. CICLO C

1. De generación en generación.
2. Un Dios que nos alimenta.
3. Santos pequeños.

1. En la segunda lectura de la Misa de hoy hemos escuchado el relato más antiguo que tenemos sobre lo sucedido en la noche del Jueves Santo. Nos lo relata san Pablo en su primera Carta a los Corintios y que, curiosamente, no estuvo en aquella Cena: *Yo he recibido una tradición, que procede del Señor y que a mi vez os he transmitido: Que el Señor Jesús, en la noche en que iban a entregarlo, tomó un pan y, pronunciando la acción de gracias, lo partió y dijo: Esto es mi cuerpo, que se entrega por vosotros. Haced esto en memoria mía. Lo mismo hizo con el cáliz, después de cenar, diciendo: Este cáliz es la nueva alianza sellada con mi sangre; haced esto cada vez que lo bebáis, en memoria mía.* Así de generación en generación, desde los mismos tiempos apostólicos, este relato se ha ido transmitiendo en su sencillez literaria y en su profundidad teológica.

Este texto nos muestra cómo desde el principio los primeros cristianos transmitieron la verdad sobre la Eucaristía: presencia real de Jesús en medio del mundo, «se llama "real", no por exclusión, como si las otras no fueran "reales", sino por antonomasia, porque es sustancial, ya que por ella ciertamente se hace presente Cristo, Dios y hombre, entero e íntegro. Se recuerda así la doctrina siempre válida del Concilio de Trento: "Por la consagración del pan y del vino se realiza la conversión de toda la sustancia del pan en la sustancia del cuerpo de Cristo Señor nuestro, y de toda la sustancia del vino en la sustancia de su sangre. Esta conversión, propia y convenientemente, fue llamada transustanciación por la santa Iglesia Católica". Verdaderamente la Eucaristía es *mysterium fidei*, misterio que supera nuestro pensamiento y puede ser acogido solo en la fe, como a menudo recuerdan las catequesis patrísticas sobre este divino Sacramento. "No veas –exhorta san Cirilo de Jerusalén– en el pan y en el vino meros y naturales elementos, porque el Señor ha dicho expresamente que son su cuerpo y su sangre: la fe te lo asegura, aunque los sentidos te sugieran otra cosa"»[1].

Renovemos hoy nuestra fe: Yo creo, Jesús, que estás presente en la Eucaristía, que has querido quedarte para que no dudemos nunca de tu amor misericordioso y experimentemos siempre tu consuelo.

---

[1] San Juan Pablo II, *Ecclesia de Eucharistia*, 15.

2. Vamos a contemplar hoy el misterio eucarístico desde tres perspectivas: la comunión, la adoración y la caridad.

Jesús lo ha dicho de manera clara: *Tomad y comed*, *Tomad y bebed*, ¡se ha hecho alimento! Ya los pasajes de Navidad nos lo anunciaban: Belén significa «Casa del Pan» y, tras el parto virginal, María coloca al Recién nacido en un pesebre, es decir, en el lugar donde los animales acuden a saciar su hambre. Más adelante, en la sinagoga de Cafarnaún el Divino Maestro lo dirá abiertamente: *Yo soy el Pan de la vida*.

La Comunión nos transforma en Jesús, como enseñaba san Agustín: «sentí tu voz que desde el cielo me dijera: "Yo soy el alimento de las almas adultas; crece y me comerás. Pero no me transformarás en ti como asimilas los alimentos de la carne, sino que tú te transformarás en mí"»[2]. Y así, «cuando lo recibimos en la comunión, renovamos nuestra alianza con él y le permitimos que realice más y más su obra transformadora»[3]. ¿Cómo nos preparamos para comulgar? ¿Cómo cuidamos nuestra acción de gracias después de haber comulgado? ¿Soy consciente de tener a Jesús conmigo?

Terminada la Misa permanece el Señor en el Sagrario para nuestra adoración, que, como sabiamente enseñaba Benedicto XVI, tiene una doble acepción: «en griego y en latín. La palabra griega es *proskynesis*. Significa el gesto de sumisión, el reconocimiento

---

[2] San Agustín, *Confesiones*, VII, X, 1.

[3] Papa Francisco, *Gaudete et Exsultate*, 157.

de Dios como nuestra verdadera medida, cuya norma aceptamos seguir. Significa que la libertad no quiere decir gozar de la vida, considerarse absolutamente autónomo, sino orientarse según la medida de la verdad y del bien, para llegar a ser, de esta manera, nosotros mismos, verdaderos y buenos. (...) La palabra latina para adoración es *ad-oratio*, contacto boca a boca, beso, abrazo y, por tanto, en resumen, amor. La sumisión se hace unión, porque aquel al cual nos sometemos es Amor. Así la sumisión adquiere sentido, porque no nos impone cosas extrañas, sino que nos libera desde lo más íntimo de nuestro ser»[4].

Finalmente, nuestra unión con Jesús en la Eucaristía no nos encierra en nosotros mismos, sino que nos llama a salir al servicio de los demás. Como María en el episodio de la Visitación... estar pendientes de las necesidades de los demás.

3. ¡Anonadamiento de Jesús en la Eucaristía! Dejarnos transformar por Él. «Santa Teresita se encarga de rectificar nuestro despiste. "La santidad no está en la práctica de tal o cual virtud. Consiste en una disposición del corazón que nos hace humildes y pequeños en brazos de Dios, conscientes de nuestra debilidad y confiados hasta la audacia en su bondad de Padre". Lo entendió aquel joven que escribía: "Por lo que a mí respecta, aspiro a la santidad, y pido a la Virgen un corazón generoso que me lleve a ir desgastando

⁴ Benedicto XVI, *Homilía en la Misa de clausura de la JMJ de Colonia*, 21-08-2005.

mi vida poco a poco, en la oscuridad de una vida sencilla, sin aspirar a otra cosa distinta de la dulce voluntad de Jesús. Dios no necesita cualidades, sino fidelidad"»[5].

5 TOMÁS MORALES, *La Eucaristía "corazón" de la Iglesia*, 66.

VIERNES DESPUÉS DEL SANTÍSIMO CUERPO Y SANGRE DE CRISTO SOLEMNIDAD DEL SAGRADO CORAZÓN DE JESÚS. CICLO A

1. Hacer de nuestro corazón un corazón como el de Jesús: humilde.
2. La humildad se recibe cuando eres humillado.
3. Quererle por los que no le quieren.

1. Más corazón. Mucho más. Como el de Cristo. Así comenzamos nuestra oración, porque queremos un corazón como el suyo: grande, amante de los hombres y de la vida, de la gracia y de la entrega. En definitiva, pedimos a Dios nuestro Señor un corazón manso y humilde.

El corazón de Cristo, como hemos oído en el evangelio, derramó sobre el mundo su mayor amor en la cruz, cuando la lanza traspasó su costado, *y al punto salió sangre y agua*, o sea, el bautismo y la Eucaristía.

Si queremos que nuestros corazones sean una fuente de amor para Dios y el prójimo, debemos comprender muy bien desde este mismo momento que será necesario pasar por el calvario, porque deseamos ser como Cristo, porque queremos seguir su camino.

Dice la *Carta a los Hebreos* que Cristo aprendió sufriendo a obedecer (cfr. *Hb* 5, 8) y nosotros de algún modo también aprenderemos a tener un corazón como el suyo, manso y humilde, o sea, obediente, a través del sufrimiento. No hay otro camino, o al menos yo no lo he encontrado. No es fácil la senda de los corazones que desean estar atravesados por el amor de Cristo. No es fácil.

Solo así podrá ser formada el alma conforme al modelo del alma de Jesús; en las dificultades, en la fidelidad. Porque, no te engañes, la salvación se obra en el calvario.

2. Cuentan que, en cierta ocasión, Oscar Wilde estuvo en París en compañía de otro escritor llamado Frank Harris. Una escritora francesa llamada Marie-Anne Boved conocía a Harris, y le rogó que le proporcionara una entrevista con Wilde. La escritora no se distinguía por su belleza física, sino por todo lo contrario. Harris pensó que esto a Wilde le tendría sin cuidado y no le dijo nada.

Llegó el momento de la presentación. Wilde, al ver lo muy fea que era la mujer, no disimuló su sorpresa. Ella se dio cuenta, y sin vergüenza ninguna preguntó:

¿Verdad, Señor Wilde, que soy la mujer más fea de Francia?

Wilde le hizo una reverencia y con gran ceremonia respondió:

Del mundo, señora, del mundo. Es inútil quitarse méritos que saltan a la vista.

Recuérdalo: «no eres humilde cuando te humillas, sino cuando te humillan y lo llevas por Cristo»[1]. Así, solo así, conseguirás tener un corazón al modo del Corazón de Jesús.

3. Hemos estado muchas veces, a través de la oración y de la vida, con Cristo en los milagros, con Cristo en sus bellas palabras, con Cristo en la última cena, con Cristo en su vida cotidiana. Deseamos estar ahora con Cristo en la cruz, la cabeza bien pegada a su divino costado para escuchar el rápido latir de su corazón amante. Es grande su pena, es doloroso su trance: queremos estar con Él, queremos escucharle justamente ahora que no dice nada, porque es cuando mejor se expresa: el título de la cruz sobre su cabeza, la corona de espinas, los clavos, el madero... y, sobre todo, su corazón.

Manso y humilde es Jesús, y desde la cruz tiene deseos de que nosotros seamos como Él, capaces de desagraviar los pecados de los hombres. Serás un verdadero hombre de oración, una mujer de auténtica meditación cuando entiendas la necesidad del desagravio. Tu amistad con Cristo será más verdadera y tu conocimiento de Dios más real, cuando de tu boca salgan palabras de perdón, no tanto por tus faltas como por los pecados de los hombres.

Qué bien lo describió María en su diario cuando contaba lo mucho que había disfrutado estando con sus amigas todo el día y añadía: «El domingo mientras rezábamos el rosario por el parque, además de estar muy contenta, miraba a toda esa gente y decía, ¿quién pen-

---

[1] San Josemaría Escrivá, *Camino*, 594.

sará ahora mismo en Ti, Dios mío? Y prometí de nuevo quererte por los que no le quieren. Intentaré llevarlos a Jesús entregándome del todo a Dios».

Cuando lleguen las humillaciones, cuando haya dificultades, cuando estés alegre… ¡siempre! Pon tu mirada en el Sagrado Corazón de Jesús. Promesas de amor. Deseos de pedir perdón: por tus pecados, por los de los demás. Almas capaces de desagraviar. Almas muy de Dios.

VIERNES DESPUÉS DEL SANTÍSIMO CUERPO Y SANGRE DE CRISTO SOLEMNIDAD DEL SAGRADO CORAZÓN DE JESÚS. CICLO B

1. ¿Por qué esta fiesta de hoy? ¿Merece el corazón de Jesús más atención que cualquier otro de sus órganos?
2. Conocer el Corazón de Jesús.
3. Ser del Corazón de Cristo.

1. Sí. La respuesta a la pregunta del encabezado no puede ser otra más que un sí rotundo. El corazón de Jesús merece una atención singular en la piedad cristiana, y de hecho hoy celebramos esta solemnidad a él dedicada. La razón, en primer lugar, la misma voluntad de Jesús que suscitó en Santa María Margarita de Alacoque esta devoción y el deseo de extenderla, algo que ha reconocido la Iglesia haciendo suya esta devoción y proponiéndola a los fieles. Pero evidentemente hay más. El corazón de Jesús tiene un significado más allá del sentido fisiológico que ofrece la verdadera razón de esta devoción. Sobre esta cuestión reflexionaba san Juan Pablo II en una de sus homilías con ocasión de la fiesta de hoy, dice el santo papa a propósito del evangelio que leemos hoy: «Ni siquiera una palabra sobre el corazón. El Evangelista habla solamente del golpe con la lanza en el costado, del que salió sangre y agua. El lenguaje de la descripción es casi médico, anatómico. La lanza del soldado hirió ciertamente el corazón, para comprobar si el Condenado ya estaba muerto. Este corazón –este corazón humano– ha dejado de latir. Jesús ha dejado de vivir. Pero, al mismo tiempo, esta apertura anatómica del corazón de Cristo, después de la muerte –a pesar de toda la "crudeza" histórica del texto– nos induce a pensar incluso a nivel de metáfora. El corazón no es solo un órgano que condiciona la vitalidad biológica del hombre. El corazón es un símbolo. Habla de todo el hombre interior. Habla de la interioridad espiritual del hombre. Y la tradición entrevió rápidamente este sentido de la descripción de Juan. Por lo demás, en cierto sentido, el mismo Evangelista ha inducido a esto cuando, refiriéndose al testimonio del testigo ocular, que era él mismo, ha hecho referencia, a la vez, a esta frase de la Escritura: *Mirarán al que traspasaron* (*Jn* 19, 37; *Za* 12, 10). En realidad, así mira la Iglesia; así mira la humanidad. Y, de hecho, en la transfixión de la lanza del soldado todas las generaciones de cristianos han aprendido y aprenden a leer el misterio del Corazón del Hombre crucificado, que era el Hijo de Dios»[1].

2. Pensar entonces en el corazón de Jesús y dirigirse a él es poner la mirada en el amor que Cristo nos ha te-

---

[1] SAN JUAN PABLO II, *Homilía,* 20-06-1979.

nido. Un amor que tiene su origen en este corazón que simboliza la sede de la conciencia, de la inteligencia y de la voluntad, por tanto, la sede del amor. Así también usamos la palabra corazón de manera coloquial. Por eso, en esta fiesta la Iglesia te invita a que te detengas en mirar a este corazón, que no puede ser mirado separadamente de Jesús, para que te asomes de este modo a la profundidad del amor divino. Y al corazón de Jesús, que es también signo de la intimidad con él y con Dios, solo se puede acceder por el costado abierto en la cruz. El amor de Cristo lo conoces con mayor profundidad y claridad en la cruz donde resplandece con su entrega.

Busca hoy de manera especial un conocimiento más íntimo y profundo de ese Sagrado Corazón. Para ello, primeramente, has de pedírselo. Porque los misterios del corazón de Cristo solo son accesibles para quien el mismo Señor se los quiere revelar. Pídele conocer los amores de ese corazón, que son el Padre y nosotros, los hijos nacidos de su entrega en la cruz. Y pídele conocer sus dolores, la injusticia, el sufrimiento de los inocentes, la desesperanza de tantos corazones destrozados... en suma, el pecado y sus efectos en la vida de los hombres. Un conocimiento, el de los amores y los dolores del Corazón de Jesús, que no es meramente intelectual, sino que implica compartir y experimentar en tu propio corazón estos amores y dolores. De este modo, tu corazón latirá al ritmo del de Jesús, se gozará en sus alegrías y sufrirá también por sus tristezas, y habrás dado un paso de gigante en tu vida de oración y amistad con Jesucristo.

3. Un modo muy extendido de acogerse al amor de Cristo es hacer una consagración al Sagrado Corazón de Jesús de uno mismo, o de toda la familia, un grupo o colegio o incluso todo el país. Es un modo de decirle que quieres pertenecerle y que le pertenezcan todos tus amores, tus deseos, tus pensamientos, todos tus actos, para que Él los guarde y custodie, y así sean siempre conforme a su corazón. Lee despacio y reza con atención la consagración que hizo san Juan Pablo II al Sagrado Corazón durante un viaje a la India, y puede ayudarte a ti a hacer la tuya.

«Señor Jesucristo, Redentor del género humano, nos dirigimos a tu Sacratísimo Corazón con humildad y confianza, con reverencia y esperanza, con profundo deseo de darte gloria, honor y alabanza.

Señor Jesucristo, Salvador del mundo, te damos las gracias por todo lo que Tú eres y todo lo que Tú haces por tu grey y por todos los hombres.

Señor Jesucristo, Hijo de Dios Vivo, te alabamos por el amor que has revelado a través de tu Sagrado Corazón, que fue traspasado por nosotros y ha llegado a ser fuente de nuestra alegría, manantial de nuestra vida eterna.

Reunidos juntos en tu Nombre, que está por encima de cualquier otro nombre, nos consagramos a tu Sacratísimo Corazón, en el cual habita la plenitud de la verdad y la caridad.

Al consagrarnos a Ti renovamos nuestro ferviente deseo de corresponder con amor a la rica efusión de tu misericordioso y pleno amor.

Señor Jesucristo, Rey de amor y Príncipe de la paz, reina en nuestros corazones y en nuestros hogares. Vence todos los poderes del maligno y llévanos a participar en la victoria de tu Sagrado Corazón. ¡Que todos proclamemos y demos gloria a Ti, al Padre y al Espíritu Santo, único Dios que vive y reina por los siglos de los siglos! Amén».

VIERNES DESPUÉS DEL SANTÍSIMO CUERPO Y SANGRE DE CRISTO. SOLEMNIDAD DEL SAGRADO CORAZÓN DE JESÚS. CICLO C

1. Dios no se olvida nunca de nosotros.

2. Mira cómo te ama.

3. El Amor no es amado.

1. Celebramos hoy, viernes después de la Solemnidad del Cuerpo y Sangre de Cristo, la Solemnidad del Sagrado Corazón de Jesús. Una fiesta muy arraigada en España y que nos muestra de una manera material, podríamos decir, el amor y la misericordia de Dios hacia los hombres.

El 27 de diciembre de 1673, día de san Juan el Apóstol, Margarita María de Alacoque, religiosa de la Visitación, estaba como de costumbre arrodillada ante el Señor en la capilla... «Estando yo delante del Santísimo Sacramento me encontré toda penetrada por Su divina presencia. El Señor me hizo reposar por muy largo tiempo sobre su pecho divino, en el cual me descubrió todas las maravillas de su amor y los secretos inexplicables de su Corazón Sagrado.

»Él me dijo: "Mi Divino Corazón está tan apasionado de Amor a los hombres, en particular hacia ti, que, no pudiendo contener en el las llamas de su ardiente caridad, es menester que las derrame valiéndose de ti y se manifieste a ellos para enriquecerlos con los preciosos dones que te estoy descubriendo, los cuales contienen las gracias santificantes y saludables necesarias para separarles del abismo de perdición. Te he elegido como un abismo de indignidad y de ignorancia, a fin de que sea todo obra mía"».

Unos dos o tres meses después de la primera aparición, se produjo la segunda gran revelación. Escribe santa Margarita: «El divino Corazón se me presentó en un trono de llamas, más brillante que el sol, y transparente como el cristal, con la llaga adorable, rodeado de una corona de espinas y significando las punzadas producidas por nuestros pecados, y una cruz en la parte superior...».

Quedaba una última revelación, posiblemente era el primer viernes de junio de 1674, fiesta de Corpus Christi. Una vez entre otras, escribe en su Autobiografía, «que se hallaba expuesto el Santísimo Sacramento, Jesús le explicó las maravillas de su puro amor y hasta qué exceso había llegado su amor para con los hombres, de quienes no recibía sino ingratitudes. Esta aparición es más brillante que las demás. Amante apasionado, se queja del desamor de los suyos y así, divino mendigo, nos tiende la mano el Señor para solicitar nuestro amor».

«Eso», le dice Jesús a Margarita, «fue lo que más me dolió de todo cuanto sufrí en mi Pasión, mientras que, si me correspondiesen con algo de amor, tendría por poco todo lo que hice por ellos y, de poder ser, aún habría querido hacer más. Mas solo frialdades y desaires tienen para todo mi afán en procurarles el bien. Al menos dame tú el gusto de suplir su ingratitud de todo cuanto te sea dado conforme a tus posibilidades».

2. Las apariciones del Sagrado Corazón tuvieron lugar en un momento peculiar de la historia de la Iglesia en Francia, pues se había propagado una herejía (Jansenista) que radicalizaba la justicia divina restando toda su capacidad de amor y misericordia. Era gente rigorista que, en vez de amar a Dios, le temían. En ese contexto es en el que Jesús manifiesta su cercanía y bondad manifestada en su Corazón: «He aquí el Corazón que tanto ha amado a los hombres». Jesús no reprocha, no echa en cara, no se enfada; solo se entristece al ver que su amor no es correspondido. Mucha gente, por desgracia, sigue teniendo una idea justiciera de Dios y eso le lleva a alejarse, a no querer saber nada; se olvidan de aquella afirmación del Apóstol: Dios es amor.

Hoy es un día, en primer lugar, para pensar en el amor de Dios; no es un tópico, no es una forma de hablar, es una realidad: Dios te quiere a ti. Son tantas las veces que a lo largo de tu vida has experimentado ese amor, esa cercanía… y tantas en las que, metido en tus propios pensamientos, problemas o circunstancias personales, no has sabido descubrirlo. Jesús tiene Corazón, un Corazón de carne que siente, que ama, que se emociona con tus cosas y que quiere para ti lo mejor. Un Dios en el que puedes apoyarte.

Seguro que has oído y repetido muchas veces la célebre jaculatoria de este día: «Sagrado Corazón de Jesús, en Vos confío» (no estamos ya acostumbrados al «Vos», cámbialo si te ayuda más al «en Ti confío»). Es un grito que ha brotado de lo más profundo del alma de miles de cristianos a lo largo de los siglos: enfermos en los hospitales, al entrar y salir de casa, al terminar un rato de oración, familias en apuros, sacerdotes implorando su misericordia, etc. Hoy puedes repetirla tú muchas veces, no por rutina, piensa lo que dices: ¡Sagrado Corazón (amor, intimidad, paternidad...), en Ti confío! (confianza, seguridad, abandono, Providencia).

El amor de Dios, su cuidado hacia nosotros, ha de ser el motor de nuestras acciones, el puerto en el que nos encontramos seguros, la esperanza que nos mantiene despiertos en la lucha, en definitiva, el sentido de nuestra vida. Si Dios está con nosotros, ¿qué nos importa el resto?

3. Pero hoy también resuena en nuestro interior aquel grito de san Francisco: «el Amor no es amado; al ver la manifestación de la bondad divina sobre cada uno, nos duele la ingratitud de los hombres. Es justo que salga de nuestro corazón un deseo de desagraviar, esta palabra está un poco en desuso, de poner amor por los que no aman. «¿Motivos para la penitencia?: Desagravio, reparación, petición, hacimiento de gracias: medio para ir adelante...: por ti, por mí, por los demás, por tu familia, por tu país, por la Iglesia... Y mil motivos más»[1].

No se trata de juzgar, menos de presionar o imponer, solo de presentar ante los hombres el verdadero rostro de Dios; en el fondo, todos los hombres tenemos un deseo de amar y ser amados, cuya plenitud solo se alcanza

---

[1] San Josemaría Escrivá, *Camino*, 232.

en el amor a Dios. «Hay corazones duros, pero nobles, que –al acercarse al calor del Corazón de Jesucristo– se derriten como el bronce en lágrimas de amor, de desagravio. ¡Se encienden! En cambio, los tibios tienen el corazón de barro, de carne miserable... y se resquebrajan. Son polvo. Dan pena. Di conmigo: ¡Jesús nuestro, lejos de nosotros la tibieza! ¡Tibios, no!»[2].

Terminemos nuestro rato de oración dando gracias a Jesús por todos los beneficios que nos ha concedido a lo largo de toda nuestra vida, también aquellos que nos han pasado desapercibidos. Que nunca experimentemos una lejanía de Dios, al contrario, que sepamos reconocer siempre su cercanía junto a nosotros. ¡Sagrado Corazón de Jesús, en Vos confío!

---

[2] San Josemaría Escrivá, *Camino*, 490.

25 DE ENERO
CONVERSIÓN DEL APÓSTOL SAN PABLO

1. Una Fiesta muy particular.
2. Conversión y conversiones.
3. Mi conversión.

1. Celebramos hoy una Fiesta particular única en su especie, podíamos decir: la conversión del apóstol Pablo; conmemoramos el acontecimiento por el que pasó de juez implacable a testigo intrépido.

El propio Pablo es quien nos da, en el discurso narrado en los *Hechos de los Apóstoles* y en dos de sus cartas, los principales rasgos de su primitiva fe: aunque ciudadano romano, es educado en la más fiel tradición judía; discípulo del gran rabino Gamaliel, conocedor de todas las leyes, costumbres y modos judíos, destaca desde el origen mismo de la Iglesia por ser uno de sus más acérrimos perseguidores; posiblemente, para los primeros cristianos solo escuchar el nombre de Saulo (nombre original del Apóstol) les despertaría sentimientos de miedo y falta de confianza. Los *Hechos de los Apóstoles* lo sitúan consintiendo –no dicen que participara activamente– en el martirio de san Esteban.

Y, de pronto, un día cambia todo; nos lo cuenta la primera lectura de la Misa de hoy: Saulo se dirige hacia Damasco con los documentos necesarios por parte de las autoridades competentes judías para arrestar y conducir a Jerusalén, para ser castigados allí, a todos los cristianos de aquella ciudad. Sin embargo, antes de entrar, una luz intensa le cegó los ojos y le hizo caer al suelo –lee varias veces el texto de la Sagrada Escritura y verás cómo no menciona al famoso caballo– mientras escuchó una voz que le llamaba por su nombre. Al requerimiento de Saulo por saber quién le llamaba, la voz respondió: *soy Jesús a quien tú persigues*. Entonces, Saulo obedeció y se dejó guiar hasta casa de Ananías, donde recuperó la vista y fue instruido en la doctrina cristiana. La conversión operada en el apóstol Pablo por obra del Espíritu Santo, «llevada a cabo después del encuentro deslumbrante con Cristo resucitado en el camino de Jerusalén a Damasco, no es ante todo un cambio moral, sino una experiencia de la gracia transformadora de Cristo y, al mismo tiempo, la llamada a una nueva misión, la de anunciar a todos a aquel Jesús a quien antes perseguía, persiguiendo a sus discípulos»[1].

Qué susto el de los primeros cristianos, al principio no sabrán si se trataba de un milagro o de una argucia de Saulo para encarcelarlos a todos. Poco a poco, fue cundiendo la noticia por todas las comunidades cristianas: ¡Se ha convertido Saulo! ¡El que quería hacernos desaparecer es ahora nuestro mejor valedor! Dios siem-

---

[1] Papa Francisco, *Homilía en las II Vísperas de la Conversión del Apóstol San Pablo*, 25-01-2016.

pre nos está esperando, Dios siempre nos da una oportunidad para el cambio.

2. ¿Qué significa convertirse? La conversión supone una apertura a la luz que Dios envía al alma, y a la vez, y como consecuencia, lleva consigo un cambio en el actuar del convertido, para ir permitiendo que su vida se vaya asemejando más a la de Él. La conversión se muestra de esta manera como un movimiento doble: Dios que ilumina y el hombre que corresponde a esa iluminación dejando modelar su vida conforme al modelo de Jesús. Para que la conversión sea verdaderamente real, el hombre necesita vivir una doble dimensión: primero, la firme decisión de apartar de él todo lo que le aparte de Dios –«¡Aparta, Jesús, de mí lo que me aparte de Ti!»–: huir de las ocasiones de pecado, arrancar defectos, vicios adquiridos, combatir los obstáculos que se me presentan en el día a día, etc.; y en segundo lugar, la voluntad de abrirse sin miedo a la luz de Dios para permitir que el Espíritu Santo haga su obra en el alma, no atarle las manos a Dios. Así, la conversión nos va fortaleciendo contra el pecado y para enfrentarnos a él, y a la vez nos empuja a identificarnos con Jesús, a ser como Él. Con esto, me parece que te das cuenta de que todos necesitamos una conversión.

«En la vida nuestra, en la vida de los cristianos, la conversión primera –ese momento único, que cada uno recuerda, en el que se advierte claramente todo lo que el Señor nos pide– es importante; pero más importantes aún, y más difíciles, son las sucesivas conversiones. Y para facilitar la labor de la gracia divina con estas conversiones sucesivas, hace falta mantener el alma joven, invocar al Señor, saber oír, haber descubierto lo que va mal, pedir perdón»[2].

La conversión es algo connatural a nuestra vocación cristiana, es el signo cierto de que vamos avanzando; el alma que se queda fija, que cree que ya no puede dar más, que ya no puede avanzar, esa alma comienza a languidecer y a enfermar de muerte. «Jesús, dame la gracia de la conversión, de la pequeña conversión de cada día, que nunca pierda la ilusión de mejorar siempre».

3. Lo que sucedió en la entrada de Damasco fue que Pablo se encontró con Jesús vivo. «En relación con nuestra vida, podemos preguntarnos: ¿Qué quiere decir esto para nosotros? Quiere decir que tampoco para nosotros el cristianismo es una filosofía nueva o una nueva moral. Solo somos cristianos si nos encontramos con Cristo. Ciertamente no se nos muestra de esa forma irresistible, luminosa, como hizo con san Pablo para convertirlo en Apóstol de todas las gentes. Pero también nosotros podemos encontrarnos con Cristo en la lectura de la Sagrada Escritura, en la oración, en la vida litúrgica de la Iglesia. Podemos tocar el corazón de Cristo y sentir que él toca el nuestro. Solo en esta relación personal con Cristo, solo en este encuentro con el Resucitado, nos convertimos realmente en cristianos. Así se abre nuestra razón, se abre toda la sabiduría de Cristo y toda la riqueza de la verdad.

»Por tanto, oremos al Señor para que nos ilumine, para que nos conceda en nuestro mundo el encuentro con su presencia y para que así nos dé una fe viva, un

---

[2] San Josemaría Escrivá, *Es Cristo que pasa*, 57.

corazón abierto, una gran caridad con todos, capaz de renovar el mundo»[3].

Mucha gente, muchos cristianos, quieren cambiar de vida, simplemente apoyados por una decisión de la voluntad y apoyados en sus propias fuerzas; la fiesta que hoy celebramos nos recuerda que solo un encuentro con Jesús puede cambiar nuestra vida: la oración, la frecuencia de sacramentos, la ayuda recibida en la dirección espiritual, la vivencia de la caridad... son el camino ordinario para que Dios entre en nuestra vida y nos cambie, siempre que nosotros le dejemos.

---

[3] Benedicto XVI, *Audiencia General,* 3-09-2008.

26 DE ENERO
SANTOS TIMOTEO Y TITO

1. Capaz de trabajar con otros.
2. Disponibles.
3. Brillar en el amor.

1. Después de haber celebrado con entusiasmo la fiesta de la Conversión de san Pablo, la liturgia nos invita a alegrarnos con la memoria de sus dos colaboradores más íntimos: Timoteo y Tito[1]. El Apóstol de los gentiles les dirigió tres cartas: dos al primero y una al segundo.

«Timoteo es nombre griego y significa "que honra a Dios". San Lucas lo menciona seis veces en los Hechos de los Apóstoles; san Pablo en sus cartas lo nombra en 17 ocasiones (además, aparece una vez en la *Carta a los Hebreos*). De ello se deduce que para san Pablo gozaba de gran consideración, aunque san Lucas no nos ha contado todo lo que se refiere a él. En efecto, el Apóstol le encargó misiones importantes y vio en él una especie de *alter ego*, como lo demuestra el gran elogio que hace

---

[1] BENEDICTO XVI, *Audiencia General,* 12-12-2006.

de él en la Carta a los Filipenses. *A nadie tengo de tan iguales sentimientos (isópsychon) que se preocupe sinceramente de vuestros intereses (Flp 2, 20)»*[2].

Timoteo nació en la ciudad de Listra, a unos 200 kilómetros de Tarso. Su madre era judía y su padre, pagano, lo cual hace pensar que su familia era poco observante, como se deduce del hecho de que el propio Timoteo no estuviera circuncidado. Sin embargo, se dice que conocía las Escrituras desde la infancia (cfr. *2 Tm* 3, 15) y se nos ha transmitido, además, el nombre de su madre (Eunice) y de su abuela (Loida) (cfr. *2 Tm* 1, 5).

«Cuando san Pablo pasó por Listra al inicio del segundo viaje misionero, escogió a Timoteo como compañero, pues "los hermanos de Listra e Iconio daban de él un buen testimonio" (*Hch* 16, 2), pero "lo circuncidó a causa de los judíos que había por aquellos lugares" (*Hch* 16, 3). Junto a Pablo y Silas, Timoteo atravesó Asia Menor hasta Tróade, desde donde pasó a Macedonia. Sabemos que en Filipos, donde Pablo y Silas fueron acusados de alborotar la ciudad y encarcelados por haberse opuesto a que algunos individuos sin escrúpulos explotaran a una joven como adivina (cfr. *Hch* 16, 16-40), Timoteo quedó libre. Después, cuando Pablo se vio obligado a proseguir hasta Atenas, Timoteo se reunió con él en esa ciudad y desde allí fue enviado a la joven Iglesia de Tesalónica para tener noticias y para confirmarla en la fe (cfr. *1 Ts* 3, 1-2). Volvió a unirse después al Apóstol en Corinto, dándole buenas noticias sobre los tesaloni-

---

[2] *Ibid.*

censes y colaborando con él en la evangelización de esa ciudad (cfr. *2 Co* 1, 19)»[3].

La presencia de Timoteo (y también de Tito) en la vida de Pablo nos enseña que Pablo se sirvió de colaboradores para el cumplimiento de sus misiones. No podía hacer todo él solo, sino que se apoyaba en personas de confianza y era capaz de compartir responsabilidades.

Si eres madre de familia y gobiernas una familia numerosa, esta será una buena ocasión para que pienses en qué medida eres capaz, tú también, de compartir responsabilidades. Lo mismo se podría decir con respecto a tu trabajo, tu estudio o tu colaboración en una obra de apostolado. ¿Eres capaz de trabajar con otros?

2. Timoteo aún aparecerá de nuevo en el tercer viaje misionero. Se encontrará con Pablo en Éfeso. Desde allí es muy probable que Pablo escribiera a Filemón y a los filipenses, pues en ambas aparece Timoteo como remitente (cfr. *Flm* 1; *Flp* 1, 1). Pablo lo envió de Éfeso a Macedonia junto con un tal Erasto (cfr., *Hch* 19, 22) «y después también a Corinto con el encargo de llevar una carta, en la que recomendaba a los corintios que le dieran buena acogida (cfr. *1 Co* 4, 17; 16, 10-11)»[4].

«También aparece como remitente, junto con san Pablo, de la *segunda Carta a los Corintios;* y cuando desde Corinto san Pablo escribe la Carta a los Romanos, transmite saludos de Timoteo y de otros (cfr. *Rm* 16, 21). Desde Corinto, el discípulo volvió a viajar a Tróade, en la orilla asiática del mar Egeo, para esperar allí al Apóstol,

---

[3] *Ibid.*

[4] *Ibid.*

que se dirigía hacia Jerusalén al concluir su tercer viaje misionero (cfr. *Hch* 20, 4)»[5].

A partir de este momento, las fuentes antiguas nos dan la única información de la vida de Timoteo consignada en la *Carta a los Hebreos*: *Sabed que nuestro hermano Timoteo ha sido liberado. Si viene pronto, iré con él a veros* (*Hb* 13, 23).

Se dice que Timoteo fue el primer obispo de Éfeso y sus reliquias se veneran desde el año 1239 en Italia, en la catedral de Térmoli, en Molise, procedentes de Constantinopla.

Pensando en el ejemplo de estos colaboradores de Pablo, conviene destacar su disponibilidad absoluta a los requerimientos del apóstol. «Las fuentes con que contamos sobre Timoteo y Tito subrayan su disponibilidad para asumir las diferentes tareas, que con frecuencia consistían en representar a san Pablo incluso en circunstancias difíciles. Es decir, nos enseñan a servir al Evangelio con generosidad, sabiendo que esto implica también un servicio a la misma Iglesia»[6].

3. «Por lo que se refiere a Tito, cuyo nombre es de origen latino, sabemos que era griego de nacimiento, es decir, pagano (cfr. *Ga* 2, 3). San Pablo lo llevó consigo a Jerusalén con motivo del así llamado Concilio apostólico, en el que se aceptó solemnemente la predicación del Evangelio a los paganos, sin los condicionamientos de la ley de Moisés »[7].

---

[5] *Ibid.*

[6] *Ibid.*

[7] *Ibid.*

San Pablo le tuvo un cariño inmenso, tal como refleja en la carta que le escribió. Lo llama *verdadero hijo suyo según la fe* (*Tt* 1, 4). Fue uno de sus hombres de confianza, destinado a suceder a Timoteo en el gobierno de la siempre rebelde comunidad de Corinto. Tito consiguió allí alcanzar cierta paz para la Iglesia, como confiesa el apóstol en la segunda carta a los cristianos de aquel lugar: *El Dios que consuela a los humillados, nos consoló con la llegada de Tito, y no solo con su llegada, sino también con el consuelo que le habíais proporcionado, comunicándonos vuestra añoranza, vuestro pesar, vuestro celo por mí (...). Y mucho más que por este consuelo, nos hemos alegrado por el gozo de Tito, cuyo espíritu fue tranquilizado por todos vosotros* (*2 Co* 7, 6-7.13).

Pablo considera a Tito su compañero y colaborador y fue enviado a organizar la colecta a favor de los cristianos de Jerusalén. Otras informaciones posteriores nos lo presentan finalmente como obispo de Creta.

«Acojamos, por último, la recomendación que el apóstol san Pablo hace a Tito en la carta que le dirige: *Es cierta esta afirmación, y quiero que en esto te mantengas firme, para que los que creen en Dios traten de sobresalir en la práctica de las buenas obras. Esto es bueno y provechoso para los hombres* (*Tt* 3, 8).

Con nuestro compromiso concreto, debemos y podemos descubrir la verdad de estas palabras, y realizar en este tiempo obras buenas para abrir las puertas del mundo a Cristo, nuestro Salvador»[8].

---

[8] *Ibid.*

28 DE ENERO
SANTO TOMÁS DE AQUINO

1. Por encima de todo, la humildad.

2. Enamorémonos del sacramento.

3. Encomiendo mi vida, oh María,
a tu corazón misericordioso.

1. Santo Tomás de Aquino deseó desde su niñez más temprana dedicarse al servicio de Dios. Su familia compartía en parte esa aspiración –pero solo en parte–. Eran miembros de la aristocracia, así que les interesaba que su hijo llegara a ser un hombre poderoso en el seno de la Iglesia. Para eso lo llevaron a la abadía benedictina de Montecassino, donde cursó sus primeros estudios. Sin embargo, las inquietudes del joven Tommaso eran absolutamente otras...

A la edad de veinte años, allá por el 1244, ingresó en la nueva orden de Predicadores, fundada por el español Domingo de Guzmán. Los dominicos vivían de la mendicidad y de la limosna, en absoluta pobreza. Los de Aquino tomaron tal decisión como una afrenta, y se opusieron violentamente a ella. Llegaron al punto de perpetrar un secuestro con intención de hacer vacilar al joven en su vocación. No lo consiguieron.

Después de cursar estudios en París, Tomás fue tomado como discípulo por el gran Alberto. Lo llevó a Colonia consigo, y allí profundizó en la ciencia teológica a través del estudio de los libros, la enseñanza del maestro y la convivencia con otros hermanos dominicos. Más tarde ejerció su magisterio en París, Roma y Viterbo. Finalmente volvió de nuevo a la ciudad de la luz cumpliendo entonces su segunda estancia parisina como maestro en la universidad. Son sus años intelectualmente más fecundos.

Ha sido uno de los autores que han escrito con mayor acierto sobre el misterio de Dios y de la Iglesia. El Magisterio de los Papas lo ha presentado repetidas veces como modelo en el quehacer teológico, en el pensar en cristiano. Sin embargo, al final de su vida abandonó conscientemente la pluma, dejando inconclusa su *Suma Teológica*. ¿Por qué? Por una razón tan sencilla como profunda. Según explicó el propio santo a su secretario: «Después de lo que Dios se dignó revelarme el día de San Nicolás, me parece paja todo cuanto he escrito en mi vida, y por eso no puedo escribir más»[1]. Tomás había contemplado en una experiencia mística la grandeza y magnificencia de Dios. Así premió Dios los esfuerzos de su hijo por conocerle y darle a conocer. Y ante tal visión, a Tomás le pareció nada –menos que nada– cuanto de Él había escrito.

---

[1] Bartolomé de Capua, en el "Proceso napolitano de canonización", n. 79, *Fontes vitae Sancti Thomae*, p. 3777.

Gracias a este episodio, acaecido hace más de setecientos años, aprendemos también nosotros dos cosas por lo menos. Primero, que para conocer el amor de Dios es necesario poner a su divino servicio todo el intelecto y todas las capacidades. Leer. Pensar las cosas. Formarse. Y segundo, que más imprescindible aún es la humildad que se experimenta en el silencio de la oración constante. Oración. Cada día. ¿O no has descubierto en el último año tantas cosas en la oración?... ¿y en los momentos más insospechados? No dejes de agradecérselo al Señor.

2. La devoción eucarística del santo fue reconocida explícitamente por el papa cuando le encargó la redacción de la liturgia del Corpus Christi. En Viterbo, Tomás compuso las bellísimas oraciones que aún hoy rezamos, además de otros textos cumbre de la piedad eucarística, tales como el *Adoro te devote*.

No fue aquella la única ocasión en que expresó su amor por Cristo en la Sagrada Hostia. Como hace notar Benedicto XVI, santo Tomás, hablando de los sacramentos, «se detiene de modo particular en el misterio de la Eucaristía, por el cual tuvo una grandísima devoción, hasta tal punto que, según los antiguos biógrafos, solía acercar su cabeza al Sagrario, como para sentir palpitar el Corazón divino y humano de Jesús. En una obra suya de comentario de la Escritura, santo Tomás nos ayuda a comprender la excelencia del sacramento de la Eucaristía, cuando escribe: "Al ser la Eucaristía el sacramento de la Pasión de nuestro Señor, contiene en sí a Jesucristo, que sufrió por nosotros. Por tanto, todo lo que es efecto de la Pasión de nuestro Señor, es también efecto de este sacramento, puesto que no es otra cosa que la aplicación en nosotros de la Pasión del Señor"[2]. Comprendemos bien por qué santo Tomás y los demás santos celebraban la santa Misa derramando lágrimas de compasión por el Señor, que se ofrece en sacrificio por nosotros, lágrimas de alegría y de gratitud.

Queridos hermanos y hermanas –concluye el papa Benedicto–, siguiendo la escuela de los santos, enamorémonos de este sacramento. Participemos en la santa Misa con recogimiento, para obtener sus frutos espirituales; alimentémonos del Cuerpo y la Sangre del Señor, para ser incesantemente alimentados por la gracia divina. De buen grado, hablemos con frecuencia, de tú a tú, con Cristo en el Santísimo Sacramento»[3].

3. «Santo Tomás fue, como todos los santos, un gran devoto de la Virgen. La definió con un apelativo estupendo: *Triclinium totius Trinitatis,* triclinio, es decir, lugar donde la Trinidad encuentra su descanso, porque, con motivo de la Encarnación, en ninguna criatura, como en ella, las tres Personas divinas habitan y sienten delicia y alegría por vivir en su alma llena de gracia. Por su intercesión podemos obtener cualquier ayuda.

»Con una oración, que tradicionalmente se atribuye a santo Tomás y que, en cualquier caso, refleja los elementos de su profunda devoción mariana, también nosotros digamos: "Oh santísima y dulcísima Virgen María, Madre de Dios..., encomiendo toda mi vida a tu corazón misericordioso... Alcánzame, oh dulcísima Se-

---

[2] *In Ioannem*, c. 6, lect. 6, n. 963.

[3] Benedicto XVI, *Audiencia general,* 23-06-2010.

ñora mía, caridad verdadera, con la cual ame con todo mi corazón, sobre todas las cosas, a tu santísimo Hijo y, después de Él, a ti y al prójimo en Dios y por Dios"»[4].

---

[4] *Ibid.*

31 DE ENERO
SAN JUAN BOSCO

1. Un sueño empujó a su alma valerosa.
2. Exigir con la dulzura del amor.
3. La oscuridad en normal en el camino del cristiano.

1. Fue una profunda sed de almas lo que caracterizó la vida entera de san Juan Bosco, cuya memoria celebramos hoy. Su amor por los muchachos fue tan fuerte, que cuajó en una oración que definió su quehacer pastoral e incluso existencial: *Da mihi animas et tolle ceteris!,* rezaba san Juan Bosco –¡Dame almas y quítame todo lo demás!

Bien supo este sacerdote del Piamonte vivir sin nada más que el amor de Dios. Nacido en el seno de una familia paupérrima, experimentó en carne propia la dureza de un hermano mayor y más fuerte, injusto y violento, que le trató con crudeza.

Con nueve años comenzó Bosco a barruntar el gozo de vivir todo y solo para las almas. En aquella primera revelación, el niño comprendió al menos tres ideas que le habían de acompañar toda la vida: la necesidad de amar con todo el corazón a la Virgen María; su deseo de ser sacerdote; y el hallazgo de un modo de educar basado en la libertad, el amor y la persuasión, y no en la violencia o la coacción. Fue el primero de los muchos sueños que ilustrarán el único motivo de su existencia sacerdotal: servir a las almas y conducirlas al cielo.

Desde bien joven, Dios le concedió su deseo: le dio almas... y le quitó todo lo demás. Corazón grande, inmenso, ¡enorme!, el de Juan Bosco, que jamás se desanimó, a pesar de las ingentes dificultades.

Et tolle ceteris... sin dinero era imposible ser admitido en el Seminario. Juan hubo de aprender decenas de trucos y teatrillos con los que ganarse la vida para poder completar sus estudios sacerdotales. Nada cayó en saco roto, ya que todo ese aprendizaje pasó luego como un tesoro a sus seguidores –los salesianos–, como instrumento atractivo y amable de un nuevo modo de educar.

Cuando comenzó su ministerio pastoral, retiró también de su vista cualquier posibilidad de hacer carrera dentro de la Iglesia. En realidad, lo que más deseaba era irse a las misiones, con los más pobres e incrédulos. Sin embargo, su gran amigo y también santo sacerdote don Cafasso le hizo comprender que su misión estaba en la ciudad, en Turín, con los niños pobres y la gente inculta, con las víctimas de la revolución industrial y la saturación de la gran ciudad. Y ahí se quedó.

Las dificultades le acompañarán toda la vida. Le expulsarán de múltiples lugares para impedir sus reuniones de jóvenes. Se rodeará de los adolescentes que nadie quería, en medio de una Italia sumida en la lucha por la unidad nacional. El gobernador de la ciudad de Turín lo perseguirá sin tregua, amenazando sucesivas veces con hacer arder toda su obra y reducirla a pavesas. El mismo obispo de la ciudad le pondrá en dificultades, e incluso se juzgará la conveniencia de que escuche confesiones y pueda atender a gente joven.

Dificultades, de todo tipo. Pero un sueño empujaba al alma valerosa del sacerdote a seguir hacia adelante: salvar almas, muchas almas, y enamorarlas del Amor más grande, de Jesucristo nuestro Señor y de su Santísima madre, la Virgen María. San Juan Bosco vivió del precioso sueño de servir a Dios. ¿Y tú?

2. *Da mihi animas…* era un día muy normal en el que, como siempre, don Bosco se dirigía a celebrar la Misa. A la entrada de la iglesia de San Francisco de Asís, el santo encontró a Garelli. El muchacho yacía conmocionado después de una paliza inmisericorde propinada por el sacristán. La causa que había merecido pena tan dura era simple: no saber cómo ayudar a Misa.

Don Bosco lo tomó aparte. Después de consolarle, le preguntó si había hecho la primera comunión. Recibió por respuesta un *no* rotundo. A continuación, inquirió si sabía leer o escribir, obteniendo la misma contestación. Todo fueron negativas a las preguntas del santo. El niño no tenía ni padre ni madre ni hermanos ni vivienda y mucho menos trabajo. El corazón sacerdotal de Don Bosco no encontraba manera de ilusionar el alma del muchacho. Quería encontrar algo que hiciera bien y que le hiciera sentirse mejor. Quería atraerlo, con palabras dulces, a la gracia de Dios. Deseaba hallar solo una cosa –¡algo!– que hiciera sonreír al pobre Garelli.

«Pero seguro que sabes silbar, ¿a que sí?», concluyó don Bosco.

«¡Sí, Padre!, eso lo hago estupendamente». Y comenzó a silbar con tal brillantez que arrancó la mejor de las sonrisas de don Bosco.

SAN JUAN BOSCO

El sacerdote celebró la Misa, y pidió al muchacho que le esperara. Le impartió su primera clase de catecismo. Al domingo siguiente, Garelli se presentó en la sacristía de la iglesia con veinte adolescentes como él, pobres e ignorantes; eran los analfabetos que buscaban el cariño de don Bosco.

De este modo tan insospechado comenzaron las reuniones de jóvenes en torno a este sacerdote. Crecieron sobremanera, y se organizaron fundando el «Oratorio San Francisco de Sales», que luego dará nombre a la familia religiosa vinculada al santo piamontés: los salesianos.

Segundo rato de oración y silencio en nuestra contemplación. ¿Será este un buen momento para que examines si buscas también tú unir y levantar a los que te rodean, tratando de hacerles sentir siempre bien, para poder exigirles con la dulzura del amor?

3. *Da mihi animas et tolle ceteris.* El Papa Pío IX había iniciado la obra de una iglesia en Roma consagrada al Corazón de Jesús. Puso en ello ilusión y esfuerzo, pero no fue suficiente. En poco tiempo, miles de dificultades obstaculizaron el proyecto y fue declarado gravoso e imposible. El Papa lamentaba tener que dar marcha atrás en su propósito. Pero no cabía otra opción: era inviable.

Alguien tuvo la idea de encargarle a Don Bosco la consecución de las obras, con la esperanza de que él pudiera llevarlo a cabo. Hoy se alza en la ciudad eterna un templo bellísimo, muestra del tesón y de la fe del santo sacerdote del Piamonte.

Cuentan que san Juan Bosco se encontraba en la consagración del templo que con tanto esfuerzo habían conseguido construir. Es ya mayor, y pasa gran parte de

81

la Misa como abstraído en sus cosas. Durante la ceremonia, una exclamación dicha de viva voz sorprende a todos. Don Bosco grita: «¡Ahora lo entiendo todo!». Nadie se atrevió a preguntarle a qué se refería, hasta que llegaron a la sacristía. Allí el sacerdote confesó que acababa de comprender el sueño que había tenido cuando tan solo contaba nueve años.

Decenas de años actuando con confianza ciega en la voluntad de Dios. Le bastó una llamada durante la infancia acompañada del fruto de sus años de quehacer sacerdotal. Vio la llamada de Dios y, aunque no la comprendiera del todo, fue dócil, cumplidor, exigente y fiel.

La oscuridad en la vida del cristiano puede ser un elemento esencial de su vocación. Suele ser así en los santos. Ser hijo de Dios significa, entre otras cosas, vivir confiadamente. Muchas veces no vemos adónde va nuestra vida, qué quiere Dios de nosotros, cómo obrarán nuestros hijos, si se enderezarán esas dificultades en el matrimonio, el trabajo o el estudio, si la oración volverá a ser alguna vez vibrante… ¡poco importa! Aprendamos la consigna de don Bosco: fiarse de Dios, pedirle almas… y desear que nos quite todo lo demás.

2 DE FEBRERO
PRESENTACIÓN DEL SEÑOR

1. Una familia entre tantas.
2. Vivir para Dios.
3. Un aguafiestas.

1. Han pasado ya cuarenta días desde que celebramos llenos de alegría el Nacimiento de Jesús; hoy acompañamos a María y a José al Templo de Jerusalén para presentar al Niño, como mandaba la ley de Moisés. Desde Belén se trasladan a la ciudad, María para someterse al rito de la purificación; –Ella que ha sido concebida sin pecado original, y cuya virginidad ha permanecido intacta antes, durante y después del parto– y Jesús para ser rescatado por sus padres –Él que es el Redentor, el que viene a rescatarnos a todos–. Son una familia normal entre tantas de las que aquella mañana entraron a cumplir con los ritos establecidos en el suntuoso Templo.

El evangelio de la Fiesta de hoy nos proporciona un montón de personajes y elementos en los que fijar nuestra mirada y extraer conclusiones. Lo primero que se impone a nuestra consideración es la humildad; la

Sagrada Familia no busca privilegios de ningún tipo, al contrario, se inserta en la lista de la gente sencilla. «Un par de tórtolas o dos pichones» son la ofrenda que lleva el bendito José, significando su condición de pobre artesano. Esta escena choca diametralmente con la cantidad de veces que nosotros queremos aparentar lo que no somos o mostramos –como el pavo real sus plumas–, nuestras virtudes, talentos o bienes materiales. Muchas de nuestras conversaciones pueden acabar girando en torno a nosotros mismos, muchos de nuestros enfados pueden provenir de que no nos tengan en cuenta o no nos valoren justamente (según nuestros criterios egoístas), nuestra susceptibilidad puede aparecer en el momento en que nos damos cuenta de que no somos el centro de atención... Todo esto no encaja con la escena de hoy.

En la escena de hoy, solo José y María conocen la realidad, solo ellos dos saben lo innecesario de esos ritos, pero no quieren excepciones. Al revés, nosotros cuántas veces queremos señalarnos, distinguirnos, tener una nota de «especiales», en el trabajo, en las relaciones de amistad, en el matrimonio.

La primera petición que hoy podemos hacerle a Jesús es que nos conceda la gracia de la humildad, una humildad silenciosa, que pase desapercibida; que no nos paremos en nuestros supuestos derechos y privilegios, sino en el bien de los demás. Como todo en la vida de Cristo, esta sumisión a las leyes establecidas es un acto que nos redime, un acto que muestra hasta qué punto nos ama.

2. Al entrar en el Templo, entra en escena otro personaje curioso, el anciano Simeón, en quien moraba el Espíritu Santo; y aparecerá también Ana, una mujer tan piadosa como anciana que ocupaba sus días entre oraciones y penitencias. Ambos se unen a la lista de los pastores y Magos que reconocen en el Niño al Hijo de Dios hecho hombre. «El gesto ritual que realizan los padres de Jesús, con el estilo de humilde ocultamiento que caracteriza la encarnación del Hijo de Dios, encuentra una acogida singular por parte del anciano Simeón y de la profetisa Ana. Por inspiración divina, ambos reconocen en aquel Niño al Mesías anunciado por los profetas. En el encuentro entre el anciano Simeón y María, joven madre, el Antiguo y el Nuevo Testamento se unen de modo admirable en acción de gracias por el don de la Luz, que ha brillado en las tinieblas y les ha impedido que dominen: Cristo Señor, luz para alumbrar a las naciones y gloria de su pueblo Israel (cfr. *Lc* 2, 32)»[1].

Simeón y Ana saben descubrir a Dios en medio de su pueblo, ese Dios cercano que nos cuida, que nos protege, que nos quiere. «Es interesante observar de cerca esta entrada del niño Jesús en la solemnidad del Templo, en medio de un gran ir y venir de numerosas personas, ocupadas en sus asuntos: los sacerdotes y los levitas con sus turnos de servicio, los numerosos devotos y peregrinos, deseosos de encontrarse con el Dios santo de Israel. Pero ninguno de ellos se entera de nada. Jesús es un niño como los demás, hijo primogénito de dos padres muy sencillos. Incluso los sacerdotes son incapaces de captar los signos de la nueva y particular presencia del Mesías y Salvador. Solo dos ancianos, Simeón y Ana, descubren la gran novedad. Guiados por el Espíritu Santo, encuentran en ese Niño el cumplimiento de su larga espera y

---

[1] BENEDICTO XVI, *Celebración de Vísperas*, 2-02-2012.

vigilancia. Ambos contemplan la luz de Dios, que viene para iluminar el mundo, y su mirada profética se abre al futuro, como anuncio del Mesías: *Lumen ad revelationem gentium!* (*Lc* 2, 32). En la actitud profética de los dos ancianos está toda la Antigua Alianza que expresa la alegría del encuentro con el Redentor. A la vista del Niño, Simeón y Ana intuyen que precisamente él es el Esperado»[2]. ¿Dónde está el secreto? En su relación de intimidad con Dios –de ambos se dice que vivían dedicados a Dios–, porque le esperaban, porque le deseaban, porque le buscaban, les salió al encuentro; «buscad y encontraréis», dirá más tarde Jesús en su predicación.

A estos dos personajes debemos pedirles, y aprender de ellos, a vivir para Dios. «El primer paso en la vida para Dios, el decisivo, consiste, pues, en morir al pecado, en romper completamente y sin compromisos, no solo con el pecado mortal, sino también con el venial, con las imperfecciones e infidelidades conscientes y deliberadas. Si queremos vivir para Dios, debemos liberarnos de toda participación en el pecado, debemos estar dispuestos a cualquier sacrificio para precavernos contra un pecado o una infidelidad consciente, debemos sustraernos con voluntad inflexible a toda ocasión de pecado»[3]. Ojalá cultivemos estos deseos en nuestro corazón. Si hacemos esta guerra al pecado, seremos capaces de descubrir a Dios en nuestro día a día, cercano, compañero de camino.

---

[2] Benedicto XVI, *Celebración de Vísperas*, 2-02-2011.

[3] B. Baur, *En la intimidad con Dios*, 35.

3. Pero también hay unas palabras para María: *Y a ti, una espada te traspasará el alma.* En medio de tanta alegría, en medio de la fiesta aparece este jarro de agua fría, Simeón aparece aquí como un aguafiestas; pero nada más lejos de la realidad. Dios no quiere engañar, Dios muestra siempre todas sus cartas desde el principio; nos señala el fin –el cielo, la santidad– pero también nos señala los medios –la cruz, el camino estrecho–. Jesús no nos pide recorrer ningún camino que no haya recorrido previamente Él, y eso ha de llenarnos de una inmensa confianza.

En este episodio, Simeón revela a María una misión clara, preanunciada en Nazaret: acompañar a su Hijo hasta el final; como tú y yo, María queda asociada al misterio de la Redención: *el que no está conmigo está contra mí.*

Aprendamos de María a vivir todos los momentos de nuestra vida –los gozosos, los luminosos, los dolorosos y los gloriosos– como una respuesta de amor al Amor infinito que Dios ha demostrado antes por nosotros.

11 DE FEBRERO
BIENAVENTURADA VIRGEN
MARÍA DE LOURDES

1. Una presencia materna.
2. La puerta de una sonrisa.
3. Nuestra normalidad.

1. Hoy hacemos memoria de las apariciones marianas en Lourdes (Francia). La historia empieza el 11 de febrero de 1858 cuando Bernardita Soubirous, una niña pobre de catorce años, salió, junto a dos amigas, en búsqueda de leña en las inmediaciones de la gruta de Masabielle, junto al río Gave. Fue allí el lugar donde Bernardita experimenta el encuentro con Nuestra Madre, experiencia que sellaría toda su vida. «Sentí como un fuerte viento que me obligó a levantar la cabeza. Volví a mirar y vi que las ramas de espinas que rodeaban la gruta de la roca de Masabielle se estaban moviendo. En ese momento apareció en la gruta una bellísima Señora, tan hermosa, que, cuando se le ha visto una vez, uno querría morirse con tal de lograr volverla a ver».

Entre el 11 de febrero y el 16 de julio de 1858 hubo 18 apariciones. El 25 de marzo, la hermosa Señora le revela su identidad: «yo soy la Inmaculada Concepción». Las apariciones se caracterizaron por la sobriedad de las palabras de la Virgen (una llamada a la conversión y a la oración), y por el surgimiento de una fuente de agua que brotó inesperadamente junto al lugar de las apariciones y que desde entonces es un lugar de referencia de innumerables milagros constatados por la ciencia.

Lourdes es desde entonces un lugar de encuentro con María. Sanos y enfermos acuden durante todo el año hasta ese Santuario para sentir la presencia de María, para reencontrarse con su Madre del Cielo. ¿Cómo nació en nosotros el amor a María? Si echas la mirada atrás, descubrirás que lo tienes desde que tienes conciencia; quizá fue tu madre, en el colegio, la abuela, quien te inició por esos caminos de devoción mariana. Aprendiste a recitar el Avemaría con una lengua de trapo, te trabucabas en la Salve, o te costó aprender el Acordaos.

Vamos a cuidar a lo largo del día de hoy algún detalle de cariño con nuestra Madre del Cielo, vamos a corresponder a su cercanía con nuestro amor sincero: alguna jaculatoria, el rezo del Rosario (si no tengo la costumbre de rezarlo a diario), al menos reza ahora despacio un Avemaría deteniéndote en cada palabra.

2. En Lourdes hay dos elementos característicos: el rezo del Rosario y los enfermos. Cuando Bernardita relata la primera aparición, dice: «Ella venía toda vestida de blanco, con un cinturón azul, un rosario entre sus dedos y una rosa dorada en cada pie. Me saludó inclinando la cabeza. Yo, creyendo que estaba soñando, me restregué los ojos; pero levantando la vista vi de nuevo a la hermosa Señora que me sonreía y me hacía señas de que me acercara. Pero yo no me atrevía. No es que tuviera miedo, porque cuando uno tiene miedo huye, y yo me hubiera quedado allí mirándola toda la vida. Entonces se me ocurrió rezar y saqué el rosario. Me arrodillé. Vi que la Señora se santiguaba al mismo tiempo que yo lo hacía. Mientras iba pasando las cuentas de la camándula, Ella escuchaba las Avemarías sin decir nada, pero pasando también por sus manos las cuentas del rosario. Y, cuando yo decía el Gloria al Padre, Ella lo decía también, inclinando un poco la cabeza. Terminando el rosario, me sonrió otra vez y, retrocediendo hacia las sombras de la gruta, desapareció», cuenta la propia niña.

Desde entonces, millones de personas se han detenido ante esa gruta para dirigirse a la Reina del cielo con el rezo del Rosario; cuántas plegarias elevadas al cielo por intenciones tan diversas a lo largo del tiempo. La imagen serena de la Virgen contempla complacida y escucha sonriente las súplicas de sus hijos. «Aquí, en Lourdes –consideraba el papa Benedicto XVI– durante la aparición del miércoles, 3 de marzo de 1858, Bernadette contempla de un modo totalmente particular esa sonrisa de María. Esa fue la primera respuesta que la Hermosa Señora dio a la joven vidente que quería saber su identidad. Antes de presentarse a ella algunos días más tarde como la "Inmaculada Concepción", María le dio a conocer primero su sonrisa, como si fuera la puerta de entrada más adecuada para la revelación de su misterio. En la sonrisa que nos dirige la más destacada de todas las criaturas, se refleja nuestra dignidad de hijos de Dios, la dignidad que nunca abandona a quienes están enfermos. Esta sonrisa, reflejo verdadero de la ternura de Dios, es fuente de esperanza inquebrantable»[1].

Contempla en este rato de oración la sonrisa de María, no hace falta que digas nada o que consideres mucho, solo admira esa sonrisa que hoy te dirige a ti.

3. En la aparición del 25 de febrero, la Virgen hace descubrir a Bernardita un manantial de agua que se torna milagroso. Desde aquella misma fecha, Lourdes se convierte en la meta de miles de enfermos que acuden con fe a implorar su curación; muchos la han conseguido y otros han alcanzado gracias que no habían pedido. Un nutrido grupo de voluntarios, camilleros y enfermeras se esfuerzan –muchos de ellos, jóvenes que dedican parte de sus vacaciones a ese servicio– por atender con infinito cariño a todas esas personas que sufren distintos males.

Cuando visitas Lourdes, te impacta la cantidad de enfermos, hileras de carritos y camillas que recorren las principales calles del pueblo en dirección a la gruta de las apariciones para ver a María. Siempre me han brotado dos pensamientos al ver esta escena: primero, agradecer a Dios mi salud, algo con lo que por convivir a diario puede que no valore lo suficiente, y segundo, me pregunto cómo vivo yo esta realidad en mi lugar de residencia habitual.

Por desgracia, en nuestras ciudades –quizá en tu mismo barrio o urbanización– hay mucha gente que su-

---

[1] Benedicto XVI, *Homilía de la Santa Misa en la Basílica de Nuestra Señora del Rosario, Lourdes*, 15-09-2008.

fre, que está sola, que también necesitaría de nuestra ayuda. En Lourdes aprendes que tu vida está para ponerla al servicio de los demás; si miras a la cara a una de esas enfermeras o a un camillero, no te lo encuentras con cara seria; han descubierto que su felicidad pasa por entregar la vida. ¡Este ideal podemos vivirlo también en nuestra vida cotidiana! Podemos comenzar por declarar la guerra a todo germen de egoísmo que nos encierre en nosotros mismos; por estar atentos a las necesidades de nuestro alrededor para prestar el servicio que podamos. Si tenemos los ojos bien abiertos, descubriremos un montón de circunstancias en las que podemos entregarnos.

Terminemos nuestra oración de hoy con una plegaria de Benedicto XVI: «Porque eres la sonrisa de Dios, el reflejo de la luz de Cristo, la morada del Espíritu Santo, porque escogiste a Bernadette en su miseria, porque eres la estrella de la mañana, la puerta del cielo y la primera criatura resucitada, Nuestra Señora de Lourdes, junto con nuestros hermanos y hermanas cuyo cuerpo y corazón están doloridos, te decimos: ruega por nosotros».

14 DE FEBRERO
SANTOS CIRILO Y METODIO,
PATRONOS DE EUROPA

1. Apóstoles capaces de explicar
la fe en términos comprensibles.
2. Hablar a Dios en la lengua de nuestros padres.
3. Todo el esfuerzo de la inteligencia al servicio de la fe.

1. Celebramos hoy la fiesta de san Cirilo y de su hermano san Metodio, patronos de Europa. ¿Quiénes fueron estos héroes en la fe?, ¿qué hazañas les han procurado el título de protectores del viejo continente?

San Cirilo nació en Tesalónica[1]. Era el menor de
siete hermanos y se sabe que su padre fue magistrado
imperial durante los años 826-827. Cirilo realizó unos
estudios sobresalientes y se le ofreció un matrimonio
brillante. Sin embargo, no aceptó, puesto que eligió el
camino del sacerdocio, recibiendo las órdenes sagradas.

Pronto se extendió la fama de su sabiduría que le
impidió apartarse del mundo, tal como era su deseo. En

---

[1] Para esto y lo que sigue, cfr. BENEDICTO XVI, *Audiencia general,*
17-06-2009.

una ocasión se retiró a la soledad escondiéndose en un monasterio, pero pronto fue descubierto y devuelto a su vida como docente. Enseñaba las ciencias sagradas y profanas con tal perfección que mereció el apelativo de «filósofo».

Solo años más tarde consigue retirarse al Monte Olimpo a rezar. Después de una temporada dedicado a la contemplación, fue requerido por el gobierno imperial. Se necesitaba un hombre de cultura y profunda piedad capaz de discutir con judíos y musulmanes en Crimea. Fue enviado junto con su hermano en torno al año 861. Allí se esforzó en su cometido y, además, emprendió la búsqueda de lo restos del papa Clemente I, que había sido desterrado a ese lugar. Encontró la tumba, recogió las reliquias y volvió con Metodio a Constantinopla.

Al poco de llegar a la capital del Imperio de Oriente, se les encomendó una nueva misión. Ratislao, príncipe de Moravia, había hecho una petición precisa: «nuestro pueblo, desde que renunció al paganismo, observa la ley cristiana; pero no tenemos un maestro capaz de explicarnos la fe verdadera en nuestro idioma»[2].

«La misión tuvo muy pronto un éxito insólito –comenta el papa Benedicto XVI–. Al traducir la liturgia a la lengua eslava, los dos hermanos se ganaron una gran simpatía entre el pueblo»[3].

Los habitantes de Moravia encontraron gran consuelo al experimentar la alegría de comprender su fe y el Evangelio. Por fin, pastores competentes habían hecho asequible la Palabra, la doctrina y la liturgia.

---

[2] *Ibid.*

[3] *Ibid.*

Es muy probable que también nuestros contemporáneos ansíen la enseñanza de pastores celosos capaces de explicar adecuadamente la fe. Pidamos a Dios por ellos, y esforcémonos cada uno para hacer más cuidadosa la tarea de nuestra formación que nos permita expresarnos de modo que sepamos sembrar la palabra de vida a nuestros amigos y compañeros. ¿Hago de mi fe en Dios algo real, cercano, útil y consolador? o, más bien, ¿doy la sensación de soportar una pesada carga?

Pronto experimentaron los santos protagonistas de nuestra oración de hoy las destructoras consecuencias de los celos y la envidia. La región de Moravia había sido encomendada para su evangelización al clero franco. Los éxitos cosechados por los hermanos, lejos de alegrarles, generaron una hostilidad tal que hicieron necesario el viaje de Cirilo y Metodio a Roma. Debían acudir a la ciudad eterna para justificarse.

«Durante el viaje se detuvieron en Venecia, donde tuvo lugar una acalorada discusión con los que defendían la así llamada "herejía trinlingûe": estos consideraban que había solo tres idiomas en los que se podía alabar lícitamente a Dios: hebreo, griego y latín»[4].

Naturalmente, los hermanos se opusieron con fuerza a esta presunción. El Papa Adriano II salió a recibirlos en procesión para acoger dignamente las reliquias del Papa san Clemente. Consciente de la importancia del pueblo eslavo, el Santo Padre consideró crucial la misión de Cirilo y Metodio, de modo que no dudó en aprobar su trabajo en la Gran Moravia. Eran necesario

---

[4] *Ibid.*

que volvieran a predicar, y aprobó además el uso de la lengua eslava en la liturgia.

2. Hasta hace pocos años, la liturgia de la Iglesia se ha expresado siempre en latín y griego. Más allá de la cuestión de la lengua que debe ser empleada en las celebraciones litúrgicas, podemos preguntarnos ahora, como entonces, en qué lengua se puede alabar a Dios y hablar con Él.

La respuesta solo puede ser una y única: en la lengua que aprendimos de nuestros padres, puesto que con los mismos términos que comenzamos a llamar a nuestros progenitores padre o madre, debemos llamar a nuestro Dios Padre y a la Iglesia y a la Virgen María nuestra Madre. De esa lengua –tu lengua– brotaron tus primeras palabras de compromiso y fidelidad, de amor y de promesa; en esos mismos términos de sencillez y apertura de alma debes dirigirte a Dios, que conoce todas las lenguas y escruta todos los corazones.

Es muy posible que este sea un momento perfecto para abandonar toda afección en la oración, para hacer de nuestra plegaria un conjunto de palabras sencillas que expresan lo que siente nuestro corazón y lo que pasa por nuestra cabeza. Orar es conversar con Dios, como un amigo habla con un amigo.

3. Aún podemos destacar un rasgo más que caracteriza el ministerio de estos grandes patronos de Europa. Ellos pusieron toda su inteligencia al servicio de la fe y aún hoy podemos apreciar sus resultados, pues pueblos inmensos como Rusia escriben en un alfabeto que fue construido bajo la inspiración de Cirilo.

Lamentablemente, poco después de recibir el encargo de Adriano II, Cirilo murió. Antes de su encuentro definitivo con Dios, oró de esta manera: «Señor Dios mío... escucha mi oración y conserva fiel a ti el rebaño que me habías encomendado... líbralos de la herejía de las tres lenguas, reúnelos a todos en la unidad, y haz que el pueblo que has elegido viva concorde en la auténtica fe y en la recta confesión»[5].

Será san Metodio quien, fiel a su compromiso de evangelizar los pueblos de Moravia, cumplió el deseo de su hermano. En su esfuerzo por enseñar la fe, intentó reunir todos los dogmas cristianos, y «entonces se constató con claridad la necesidad de contar con nuevos signos gráficos, que fueran más adecuados a la lengua hablada; nació así el alfabeto glagolítico, que, modificado posteriormente, fue designado con el nombre de *cirílico*»[6].

El esfuerzo de estos santos por poner todo al servicio de la enseñanza de la fe siempre será inspirador para nosotros. Es indudable que el empeño por nuestra formación es mejorable, y el servicio de nuestras inteligencias a Dios, muchas veces deficiente. Acudamos a estos santos, para incrementar nuestro deseo de saber y de expresarnos con palabras sabias capaces de atraer a nuestros contemporáneos.

---

[5] *Ibid.*

[6] *Ibid.*

22 DE FEBRERO
CÁTEDRA DE SAN PEDRO

1. Una silla bajo la luz del Espíritu Santo.
2. Y sostenida por la Tradición.
3. Una cátedra que también te tiene a ti como sostén.

1. Quien visita la Basílica de San Pedro del Vaticano –¡ojalá hayas tenido la ocasión de hacerlo!, si no, siempre te queda verla en internet– tiene en el ábside uno de los monumentos más destacados en los que detenerse a contemplar la fe convertida en arte. En ese lugar, al final de la nave y detrás del altar de la Confesión –bajo el célebre Baldaquino–, se encuentra el monumento de la Cátedra de San Pedro, realizado por Bernini, al igual que el mismo Baldaquino o la columnata que conforma la plaza ante la Basílica. La obra del genial escultor italiano presenta, justamente bajo la famosa vidriera de la paloma, que representa al Espíritu Santo, una silla –eso significa cátedra en griego– sostenida en el aire por cuatro imponentes figuras que representan a cuatro padres de la Iglesia: san Agustín, san Ambrosio, san Atanasio y san Juan Crisóstomo.

El magnífico trabajo de Bernini expresa perfectamente el significado de la fiesta que celebramos hoy: una silla, la de Pedro, bajo la luz del Espíritu Santo representada por la imponente vidriera. Esto es lo que hoy celebra toda la Iglesia: Cristo ha confiado a Pedro y sus sucesores la autoridad para enseñar auténticamente la fe bajo la inspiración del Espíritu Santo, que asistirá siempre al sucesor de Pedro con un carisma especial para confirmar en la fe a sus hermanos. Así lo explicaba Benedicto XVI en el momento de tomar posesión de la cátedra del obispo de Roma, la cátedra del Papa: «al Sucesor de Pedro le compete una tarea especial. Pedro fue el primero que hizo, en nombre de los Apóstoles, la profesión de fe: *Tú eres el Cristo, el Hijo de Dios vivo* (*Mt* 16, 16). Esta es la tarea de todos los sucesores de Pedro: ser el guía en la profesión de fe en Cristo, el Hijo de Dios vivo. La cátedra de Roma es, ante todo, cátedra de este credo. Desde lo alto de esta cátedra, el Obispo de Roma debe repetir constantemente: *Dominus Iesus,* Jesús es el Señor»[1].

2. Una silla bajo la luz del Espíritu y sostenida por cuatro doctores de la Iglesia: san Agustín y san Ambrosio de la Iglesia latina, san Atanasio y san Juan Crisóstomo de la Iglesia oriental. Significan la universalidad de la autoridad de la cátedra, pero también ponen de relieve el hecho de que la autoridad del sucesor de Pedro está firmemente sostenida por la tradición viva de la Iglesia. La fiesta de hoy nos habla de esta autoridad del Papa, que, en último término, remite a la voluntad de Cristo

---

[1] BENEDICTO XVI, *Homilía,* 5-02-2006.

de ofrecer a su Iglesia un fundamento visible para su fe y su unidad.

Sin embargo, para no pocos hablar de autoridad en nuestros días tiene fuertes connotaciones negativas pues se asocia con frecuencia a falta de libertad. De esta objeción se hizo eco también Benedicto XVI para ofrecer una respuesta que puede ayudarnos en este punto: «Esta potestad de enseñanza asusta a muchos hombres, dentro y fuera de la Iglesia. Se preguntan si no constituye una amenaza para la libertad de conciencia, si no es una presunción contrapuesta a la libertad de pensamiento. No es así. El poder conferido por Cristo a Pedro y a sus sucesores es, en sentido absoluto, un mandato para servir. La potestad de enseñar, en la Iglesia, implica un compromiso al servicio de la obediencia a la fe. El Papa no es un soberano absoluto, cuyo pensamiento y voluntad son ley. Al contrario: el ministerio del Papa es garantía de la obediencia a Cristo y a su Palabra. No debe proclamar sus propias ideas, sino vincularse constantemente a sí mismo y la Iglesia a la obediencia a la Palabra de Dios, frente a todos los intentos de adaptación y alteración, así como frente a todo oportunismo».

La autoridad como servicio, esta es la clave, no solo para la autoridad del papa, sino para cualquier autoridad humana: la de los padres sobre los hijos, la de los gobernantes, la de los profesores, etc. Pídele a Dios por todos quienes han de ejercer autoridad sobre otros, que lo hagan con este espíritu de servicio a los demás.

3. Pero si por alguien has de pedir hoy, es por el Papa. Porque la cátedra es también una carga pesada, una responsabilidad enorme que bien podría aplastar a su ocupante. Por eso además de la asistencia del Espíritu

Santo, que nunca le fallará, el Santo Padre cuenta con tu oración y afecto para sobrellevar esa pesada carga sobre sus hombros. Es la carga de toda la Iglesia, la responsabilidad de confirmar en la fe a sus hermanos, de enseñar la fe auténtica a todos los hombres. No es de extrañar que el Papa Francisco haya pedido reiteradamente a quienes se encuentran con él que recen por él, algo que ya hizo nada más ser elegido desde el balcón de San Pedro.

Que no le falten entonces tus plegarias, que pueda apoyarse en ti, como se apoya un padre en un hijo bueno y fiel. Que seas tú también un sostén firme del Romano pontífice en su misión en favor de todos los hombres. Puedes hacer tuya una antiquísima oración que hoy rezarán multitud de católicos por todo el orbe:

Oremos por nuestro papa.

El Señor lo conserve,

le dé vida,

lo haga feliz en la tierra

y lo libre de las manos de sus enemigos.

19 DE MARZO
SOLEMNIDAD DE SAN JOSÉ

1. Un recuerdo escolar.
2. El artesano de Nazaret.
3. Una confidencia papal.

1. Recuerdo todavía con inmenso cariño la capilla de aquel colegio. A la derecha sobre una elegante peana de madera se encontraba la talla de san José: un hombre joven, guapo, fuerte, con una mirada recogida; sus instrumentos de trabajo delataban su profesión artesana... La Virgen había tenido muy buen gusto al fijarse en él.

La figura del Patriarca creo que está muy desdibujada en la mente de muchos cristianos, la iconografía clásica que nos lo pintaba como un viejito entrañable nos ha hecho mucho daño, porque nos ha distorsionado su auténtica identidad. ¿De verdad que se imaginan a María, una joven doncella, prendada por un señor arrugado y achacoso?

¿Quién es san José? En el evangelio tenemos pocos datos, pero sí los suficientes para hacernos un retrato bastante certero: un joven artesano afincado en Nazaret, aunque de origen regio, que consiguió lo que ningún hombre había conseguido ni conseguiría en ningún momento: enamorar a la mujer más hermosa de la tierra. Sus desposorios constituyen el punto de inflexión de su existencia. Desde ese momento, su vida va a ser, para los ojos del mundo, una auténtica aventura, pero una aventura a lo divino. Su participación en los planes de Dios (aunque de primeras da un paso atrás reverencial) le va a llevar a ocupar siempre un puesto en la sombra. Aunque es el cabeza de familia, su lugar siempre estará por detrás. Belén, Egipto, vuelta a Nazaret... No le importa porque su vida tiene un sentido: custodiar, amparar, proteger a Jesús y a María.

Cómo se mirarían entre ellos, qué pensaría José mientras veía al Niño dormir en la cuna, o corretear por la casa, o ayudarle en su taller. No se recoge ni una sola palabra suya, es el santo del silencio, es decir, el hombre del diálogo con Dios. Su vida se define –como la de cada uno de nosotros– por su referencia a Jesús, no busca nada para sí, no quiere figurar, no desea protagonismo... ¡Qué modelo se nos presenta en san José!

Para los padres de familia, para los trabajadores, para los estudiantes, para los que no saben qué hacer con su vida, para los sacerdotes, para los seminaristas, para los que están agobiados por las dificultades de la vida, etc., cada uno encontrará en él un ejemplo de conducta. Y todos los cristianos descubriremos en él un maestro de vida interior, para tratar a Dios, para tratar a la Humanidad de Jesucristo, para tratar a María, para amar a la Iglesia.

2. «Era José, decíamos, un artesano de Galilea, un hombre como tantos otros. Y ¿qué puede esperar de la vida un habitante de una aldea perdida, como era Nazaret?

Solo trabajo, todos los días, siempre con el mismo esfuerzo. Y, al acabar la jornada, una casa pobre y pequeña, para reponer las fuerzas y recomenzar al día siguiente la tarea.

Pero el nombre de José significa, en hebreo, Dios añadirá. Dios añade, a la vida santa de los que cumplen su voluntad, dimensiones insospechadas: lo importante, lo que da su valor a todo, lo divino. Dios, a la vida humilde y santa de José, añadió –si se me permite hablar así– la vida de la Virgen María y la de Jesús, Señor Nuestro. Dios no se deja nunca ganar en generosidad. José podía hacer suyas las palabras que pronunció Santa María, su esposa: *Quia fecit mihi magna qui potens est,* ha hecho en mí cosas grandes Aquel que es todopoderoso, *quia respexit humilitatem,* porque se fijó en mi pequeñez (*Lc* 1, 48-49).

»José era, efectivamente, un hombre corriente, en el que Dios se confió para obrar cosas grandes. Supo vivir, tal y como el Señor quería, todos y cada uno de los acontecimientos que compusieron su vida. Por eso, la Escritura Santa alaba a José, afirmando que era justo (cfr. *Mt* 1, 19). Y, en el lenguaje hebreo, justo quiere decir piadoso, servidor irreprochable de Dios, cumplidor de la voluntad divina (cfr. *Gn* 7, 1; 18, 23-32; *Ez* 18, 5 ss; *Pr* 12, 10); otras veces significa bueno y caritativo con el prójimo (cfr. *Tb* 7, 5; 9, 9). En una palabra, el justo es el que ama a Dios y demuestra ese amor, cumpliendo sus mandamientos y orientando toda su vida en servicio de sus hermanos, los demás hombres»[1]. ¡Si te fijas, tienes con san José más puntos en común de lo que tú pensabas!

---

[1] SAN JOSEMARÍA ESCRIVÁ, *Es Cristo que pasa*, 40.

3. Y hasta el final nos da ejemplo. Como de puntillas, por la puerta de atrás, abandona san José la escena. ¿Cuándo murió? No se sabe, se intuye por los datos posteriores que antes del inicio de la vida pública de Jesús. ¿Dónde? Presumiblemente, en Nazaret, cogido de la mano de su Esposa y del Salvador (¡qué envidia! Por eso es patrón de la buena muerte). Y luego el cielo, como premio y recompensa para su misión. Quizá Jesús pensó en él al pronunciar aquellas palabras de la parábola: *Ven, siervo bueno y fiel, entra al banquete de tu señor.*

Seguro que hemos oído muchas veces aquel consejo de santa Teresa de Jesús que nos invitaba a confiar en la intercesión de san José, ella afirmaba que nunca había sido desoída en sus peticiones. El Papa Francisco, en un viaje a Manila, también nos hizo una confidencia en este sentido: «Yo quisiera también decirles una cosa muy personal. Yo quiero mucho a san José. Porque es un hombre fuerte y de silencio. Y tengo en mi escritorio una imagen de san José durmiendo. Y durmiendo cuida a la Iglesia. Sí, puede hacerlo. Nosotros, no. Y cuando tengo un problema, una dificultad, yo escribo un papelito y lo pongo debajo de san José para que lo sueñe. Esto significa para que rece por ese problema»[2].

Vamos a terminar este rato de oración, dirigiéndonos al santo Patriarca para confiarle nuestras intenciones: ¡San José bendito, tú has sido el árbol elegido por Dios no para dar fruto, sino para dar sombra! Sombra protectora de María, tu esposa; sombra de Jesús, que te llamó Padre y al que te entregaste del todo. Tu vida,

---

[2] Papa Francisco, *Discurso en el encuentro con familias*, Manila, 16-01-2015.

tejida de trabajo y de silencio, me enseña a ser fiel en todas las situaciones; me enseña, sobre todo, a esperar en la oscuridad. Siete dolores y siete gozos resumen tu existencia: fueron los gozos de Cristo y de María, expresión de tu donación sin límites. Que tu ejemplo de hombre justo y bueno me acompañe en todo momento para saber florecer allí donde la voluntad de Dios me ha plantado. Amén.

25 DE MARZO
SOLEMNIDAD DE LA
ANUNCIACIÓN DEL SEÑOR

1. Diálogos en el cielo.

2. Diálogos en la tierra.

3. Protagonistas del diálogo.

1. Nueve meses exactos antes de la Navidad, celebramos cada año la Encarnación del Señor, pero, cuando el 25 de marzo cae en los días de la Semana Santa, celebramos trasladada esa solemnidad.

Cuando pensamos en el misterio de la Encarnación, nuestra cabeza y nuestro corazón se nos van directamente a Nazaret, a la escena que nos describe Lucas en su evangelio de hoy y nos olvidamos de que es un mismo acontecimiento que se desarrolla en dos escenarios distintos: el cielo (segunda lectura de la *Carta a los Hebreos*) y la tierra (evangelio de *Lucas*).

San Ignacio de Loyola en su libro de *Ejercicios Espirituales* nos invita a contemplar «cómo las tres Personas divinas miraban toda la planicie o redondez de todo el mundo llena de hombres, y cómo, viendo que todos descendían al infierno, se determina en la eternidad que la segunda Persona se haga hombre, para salvar al género humano (...). Considerando asimismo lo que dicen las Personas divinas, a saber: Hagamos redención». Deja correr la imaginación y métete en esa escena: el Padre y el Hijo y el Espíritu Santo viendo el devenir de la historia, cómo los hombres no quieren reconocer su dignidad, cómo se degradan ellos al darle la espalda a Él... Hoy sigue sucediendo, Dios se estremece al ver una humanidad descarriada como oveja sin pastor...

Después de la creación, Dios no se ha olvidado del destino de los hombres. Tras la caída de Adán, aletea sobre la humanidad la promesa de la redención. Los hombres se alejan de su Creador, el pueblo de la Alianza traiciona al Dios verdadero, los profetas son asesinados, pero Dios permanece fiel. Va preparando el corazón del hombre para el momento decisivo. Moisés y Elías no pudieron ver a Dios, faltaba todavía un tiempo. ¡Los antiguos nunca pudieron imaginar un milagro tan extraordinario! La divinidad y la humanidad unidas. Es el amor lo único que explica lo que hoy estamos celebrando: *tanto amó Dios al mundo que entregó a su Unigénito*. Pero no se trata de un amor general, sino personal, por ti y por mí, por cada uno; estamos en el origen de la Encarnación.

Diálogo de amor entre el Padre y el Hijo y el Espíritu Santo, he aquí que vengo para hacer tu voluntad, palabras que el autor de *Hebreos* toma del Salmo para ponerlas en boca del Verbo a las puertas de su Encarnación. Ya se ha «decretado» la redención y entonces pasamos al segundo escenario...

2. María está recogida en oración o barriendo la casa o mirando por la ventana, no lo sabemos. Cuando de pronto se presenta Gabriel. Enviado por Dios, transmite a aquella doncella de Nazaret el encargo divino... Dios lo podría haber hecho de muchísimas otras maneras, pero eligió esta. Quiere contar con la respuesta libérrima de una criatura para entrar en el mundo (es la lógica de Dios; por otras palabras y la misma acción del Espíritu Santo, el pan se convierte en su Cuerpo, y en el cáliz se contiene su Sangre...).

¡Qué diálogo a la vez tan humano y tan divino! Una noticia que supera las expectativas divinas y trastorna los planes humanos, una mujer que pregunta y un arcángel que responde con fundamento; un Dios que espera la respuesta de una mujer; y una mujer llena de Dios. En cierto modo no es tan distinto a lo que nos sucede cada día. Dios tiene planes sobre nosotros y con nosotros que debemos llevar a cabo... si queremos.

A veces se nos olvida algo que es fundamental, que además es querer de Dios: ¡somos protagonistas de la historia! Dios cuenta con nosotros, no tendría obligación, pero quiere hacerlo: «De que tú y yo nos portemos como Dios quiere –no lo olvides– dependen muchas cosas grandes»[1].

Diálogo entre la gracia y la libertad. No se trata de un pulso de fuerza, sino de un cortejo de amor; la escena de Nazaret debe quedar grabada en nuestro corazón, inicio de nuestra redención. ¿Quién sabe lo que duró esta entrevista? La historia pendió de los labios dulces de una mujer... Contempla despacio la escena, y decídete a decirle a Jesús que no quieres ser borrego de una sociedad adocenada, sino protagonista, oveja dócil del Buen Pastor, libre y responsable.

---

[1] San Josemaría Escrivá, *Camino*, 755.

3. «Has oído, Virgen, que concebirás y darás a luz un hijo. Has oído que no será por obra de varón, sino por obra del Espíritu Santo. Mira que el ángel aguarda tu respuesta: ya es tiempo de que vuelva al Señor que lo envió. También nosotros, condenados a muerte por una sentencia divina, esperamos, Señora, tu palabra de misericordia.

»En tus manos está el precio de nuestra salvación; si consientes, de inmediato seremos liberados. Todos fuimos creados por la Palabra eterna de Dios, pero ahora nos vemos condenados a muerte; si tú das una breve respuesta, seremos renovados y llamados nuevamente a la vida.

»Virgen llena de bondad, te lo pide el desconsolado Adán, arrojado del paraíso con toda su descendencia. Te lo pide Abrahán, te lo pide David. También te lo piden ardientemente los otros patriarcas, tus antepasados, que habitan en la región de la sombra de muerte. Lo espera todo el mundo, postrado a tus pies.

»Y no sin razón, ya que de tu respuesta depende el consuelo de los miserables, la redención de los cautivos, la libertad de los condenados, la salvación de todos los hijos de Adán, de toda tu raza.

»Apresúrate a dar tu consentimiento, Virgen, responde sin demora al ángel, mejor dicho, al Señor, que te ha hablado por medio del ángel. Di una palabra y recibe al que es la Palabra, pronuncia tu palabra humana y concibe al que es la Palabra divina, profiere una palabra transitoria y recibe en tu seno al que es la Palabra eterna.

»¿Por qué tardas?, ¿por qué dudas? Cree, acepta y recibe. Que la humildad se revista de valor, la timidez, de confianza. De ningún modo conviene que tu sencillez virginal olvide ahora la prudencia. Virgen prudente, no temas en este caso la presunción, porque, si bien es amable el pudor en el silencio, ahora es más necesario que en tus palabras resplandezca la misericordia.

»Abre, Virgen santa, tu corazón a la fe, tus labios al consentimiento, tu seno al Creador. Mira que el deseado de todas las naciones está junto a tu puerta y llama. Si te demoras, pasará de largo y entonces, con dolor, volverás a buscar al que ama tu alma. Levántate, corre, abre. Levántate por la fe, corre por el amor, abre por el consentimiento. Aquí está –dice la Virgen– la esclava del Señor, hágase en mí según tu palabra»[2].

---

[2] San Bernardo, *Homilías Sobre las excelencias de la Virgen Madre*, Homilía 4, 8-9.

25 DE ABRIL
SAN MARCOS

1. Padres en la fe.
2. A un padre se le quiere,
precisamente, por lo que es: padre.
3. No siempre gusta a los hijos lo que,
mirando por su bien, les dice su padre.

1. Se celebra hoy la fiesta del evangelista san Marcos que fue un estrecho colaborador de san Pedro, cuya predicación se suele situar en el fundamento del evangelio escrito después por Marcos. La tradición lo identifica como aquel que instituyó la Iglesia en la ciudad de Alejandría, al norte del actual Egipto, siendo el primer obispo de aquella sede.

En su primera carta, san Pedro le llama con cariño hijo, como aparece reflejado en la primera lectura de la Misa de hoy (cfr. *1 P* 5, 13). Tal es la estima y el cariño de Pedro hacia aquellos que han abrazado la fe por su predicación y se han acercado así al Maestro. Pero el contenido de las palabras de Pedro va más allá del cariño y el aprecio: reflejan una relación real entre ambos. Y no es un caso aislado en el Nuevo Testamento, por ejemplo, san Pablo habla en los mismos términos de Timoteo (cfr. *2 Tm* 2, 1) o de Onésimo, de quien dice haberlo engendrado en la prisión (cfr. *Flm* 1, 10). Hay una paternidad real en la fe que se refleja en esta manera de hablar de san Pedro y de san Pablo.

Si lo piensas un poco, no debe extrañarte nada. Si para explicar lo que supone la fe en la vida de las personas Jesús ha hablado de un nuevo nacimiento –trae a tu memoria aquel diálogo del Señor con Nicodemo, por poner un ejemplo–, es del todo natural que dicho nacimiento a la vida de hijo de Dios suponga el reconocimiento de una paternidad y una filiación entre quien guía en el camino de la fe y quien es guiado. Por eso tradicionalmente se ha llamado a los sacerdotes «padre», porque ejercen esa paternidad espiritual sobre las almas que les son confiadas. No es una cuestión de honor ni dignidad, sino de poner de manifiesto cuál debe ser la relación con sus fieles y lo que ellos deben siempre encontrar en él. Pídele a Dios que los sacerdotes sean auténticos padres, que sean santos y doctos para que puedan guiar a muchos por los caminos de la santidad.

2. Al padre bueno se le quiere por ser, precisamente, padre. Es la preocupación por nuestro bien, la ayuda y entrega que nos ha prestado y nos presta, la compañía y apoyo en los momentos difíciles, lo que reconocemos y agradecemos a un padre. Y ello sin contar con tantas cosas de las que no tenemos conciencia, como quizá esas noches de vela cuando estábamos enfermos y éramos pequeños. Por eso, a veces humanamente podemos llegar a reconocer en alguien la paternidad sobre nosotros sin que fisiológicamente haya vínculo alguno. Aquellos padres que adoptan un hijo y hacen para él lo propio de unos padres son verdaderamente tales para su hijo.

En la vida espiritual sucede de manera semejante. Al padre se le quiere porque es padre. Si has tenido esta experiencia de ser acompañado o acompañada espiritualmente por aquel sacerdote o persona de tu confianza, sabes bien a lo que me refiero. A esa persona la aprecias y la quieres porque es para ti fiel guía puesta por Dios para encontrar tu camino. No importa tanto la persona que sea cuanto el papel que Dios, en su providencia, dispone que pueda desempeñar en tu existencia.

Esto que venimos considerando puedes aplicarlo, en primer lugar, al Papa. Él está puesto por Cristo al frente de Iglesia como un padre, y está sostenido en su función por la gracia de Dios. Lo importante no es si es más o menos simpático, si humanamente te cae mejor o peor, lo importante es que es el Papa. Al Papa le queremos y le obedecemos porque es el Papa. Es verdad que resulta inevitable que un sucesor de Pedro te pueda suscitar más simpatía que otro, o gustarte más en su estilo o en sus palabras; o que tengas más afecto a alguno porque ha sido especialmente significativo para ti. A mi abuela, por ejemplo, si le preguntabas, te decía que para ella ninguno como Juan XXIII, porque «¡tenía una cara de bueno!». Otros te dirán que Juan Pablo II, porque fue el Papa de su juventud y bajo el que se decidieron a entregarse a Dios; otros, que Francisco, porque es el que ha tocado su corazón o, incluso, simplemente, alguno te dirá que por su juventud no recuerdan bien a ningún otro. Todo esto es normal, es muy humano, pero no olvides que lo importante, cuando miras al Papa, es que veas en él al sucesor de Pedro, puesto como padre al frente de la familia de los hijos de Dios en la tierra. Y que le pidas a Dios por él, para que le ayude y sostenga siempre.

3. Un padre se preocupa por sus hijos, les advierte de los peligros y les ayuda en las dificultades. Atiende, si no, a lo que dice Pedro en su primera carta: *Sed sobrios, velad. Vuestro adversario el diablo, como león rugiente, ronda buscando a quién devorar* (*1 P* 5, 8). Por eso sus palabras y recomendaciones no siempre son del agrado de sus hijos. Lo mismo te pasará a veces con la enseñanza de la Iglesia y las palabras de sus pastores. Algunas veces te resultarán difíciles de comprender, otras, incluso, no te gustará escucharlas porque apuntan hacia cosas que te gustan o porque amenazan tu comodidad. No te dejes llevar por esa impresión y no las deseches de primeras. Piensa que no están dichas para fastidiar, sino para avisarte de un peligro o evitarte una caída.

El enemigo anda siempre rondando, buscando aprovecharse de los tropiezos que puedas tener. Escucha las advertencias que, como Pedro en su carta, te hace maternalmente la Iglesia. Pídele a Dios la fe necesaria para fiarte de la palabra de aquellos que él te envía como centinelas en tu camino. No es que sean más listos o mejores que tú, sino que a través de ellos te puede alcanzar la paternal ayuda de Dios para que no te pierdas en tu andadura.

26 DE ABRIL
SAN ISIDORO DE SEVILLA

1. ¡Estudia!
2. Contemplar y actuar, dos tareas.
3. En el pequeño universo de mis pequeñas cosas.

1. No es un dato irrelevante. La cuidadosa formación que Isidoro recibió de su hermano Leandro le sirvió para acercarse a Dios y llegar a ser un experto en las ciencias sagradas. Pero ¿quién es este santo con el que nos disponemos a hacer nuestra meditación de hoy? ¿Qué dijo y en qué sociedad cultivó su santidad?

Corría el siglo VI. «En aquellas décadas, los visigodos, bárbaros y arrianos, habían invadido la península ibérica y se habían adueñado de los territorios que pertenecían al Imperio romano. Era necesario conquistarlos para la romanidad y para el catolicismo»[1].

La suya era una familia de santos: Leandro e Isidoro, Florentina y Fulgencio, todos ellos fueron elevados a

---

[1] Benedicto XVI, *Audiencia General*, 18-06-2008. También las demás citas, mientras no se indique otra cosa.

los altares. En su vida cristiana, la formación intelectual jugaba un papel muy importante. «La casa de san Leandro y san Isidoro contaba con una biblioteca muy rica en obras clásicas, paganas y cristianas. Por eso, san Isidoro, que se sentía atraído tanto a unas como a otras, fue educado a practicar, bajo la responsabilidad de su hermano mayor, una disciplina férrea para dedicarse a su estudio, con discreción y discernimiento».

A un estudio como ese, concreto y pormenorizado, exigente, capaz de encaminarnos hacia la santidad, debemos aspirar nosotros. Este modo de estudiar no debe referirse solo a nuestro trabajo académico o profesional, sino también a lo que guarda relación con nuestra formación cristiana. En una palabra, hemos de aspirar a ser personas reflexivas, que llegan al fondo de las cosas. Y eso comprenderás que no se improvisa.

«Estudia. –Estudia con empeño. –Si has de ser sal y luz, necesitas ciencia, idoneidad. ¿O crees que por vago y comodón vas a recibir ciencia infusa?»[2].

2. Fue en el año 599 cuando Isidoro sucedió a su hermano Leandro en la sede hispalense. Siendo arzobispo de Sevilla, se percibe en su interior un conflicto permanente. De un lado, sus escritos dan fe de su alto deseo de vivir en soledad «para dedicarse únicamente a la meditación de la palabra de Dios».

Por otro, vibraba en él un profundo anhelo de llevar a Jesucristo a todas las almas y «sentía un gran deseo de contribuir a la formación de un pueblo que encontraba por fin su unidad, tanto en el ámbito político como reli-

---

[2] San Josemaría Escrivá, *Camino,* 340.

gioso, con la conversión providencial de Hermenegildo, el heredero al trono visigodo, del arrianismo a la fe católica».

Aprender a compaginar ambos estilos de vida fue un esfuerzo que duró toda su vida y que encontramos también en nuestro camino. Conciliar la «vida contemplativa» –nuestra proximidad a Dios, nuestras prácticas de piedad– con la «vida activa» –nuestro quehacer cotidiano, el interés por las cosas del mundo en que vivimos– es un objetivo prioritario de nuestra existencia. Es bueno preguntarse cada tanto si hay continuidad entre nuestra oración y nuestra vida. Si somos igualmente cristianos cuando rezamos y cuando estamos en clase, en casa, en la fábrica o en la oficina. Porque, si hubiera una ruptura entre lo uno y lo otro, estaríamos viviendo una vida medio a medias y prácticamente estéril.

Pueden ayudarnos, en este rato de oración, unas palabras del mismo san Isidoro: «el siervo de Dios, imitando a Cristo, debe dedicarse a la contemplación sin renunciar a la vida activa. No sería correcto obrar de otra manera, pues del mismo modo que se debe amar a Dios con la contemplación, también hay que amar al prójimo con la acción. Por tanto, es imposible vivir sin la presencia de ambas formas de vida, y tampoco es posible amar si no se hace la experiencia tanto de una como de otra»[3].

3. Otro aspecto sobresaliente de la vida de Isidoro fue el modo de afrontar el trato con quienes pensaban de

---

[3] SAN ISIDORO DE SEVILLA, *Differentiarum,*, Lib. II, 34, 135: PL 83, col 91 C.

modo distinto a él. Los monarcas visigodos –y con ellos todo el pueblo– acababan de renunciar a la fe arriana. Convivían en la Península, además, un importante grupo de judíos, de modo que el diálogo intercultural y religioso estaba muy presente en la erudita capital hispalense.

San Isidoro estuvo atento a todo lo que pensaban los demás, sin despreciarlo por inútil o distinto. Sometió a estudio las afirmaciones de sus contrarios y trató de entablar una conversación fecunda con todos los que no pensaban como él. Como hombre de letras, todo le interesaba. Trató de consignar por escrito, merced a su magna erudición, muchas de las ideas de su tiempo, unidas a los conocimientos de la antigüedad clásica que tanto admiraba. Fue un verdadero ilustrado –aunque no siempre trabajó con el orden deseado, de modo que su enciclopedia resulta a veces poco sistemática...

Su gusto por el saber y su deseo de conocer tienen mucho que decirnos. Si algo caracteriza el mundo de hoy, es la multiculturalidad, la convivencia de creencias distintas, de culturas distintas. Por eso, no está de más que nos preguntemos si aspiramos a conocer mejor nuestro entorno. Dicho de otro modo: ¿me interesa el mundo que me rodea o más bien es mi deseo encerrarme en el pequeño universo de mis pequeñas cosas?

La respuesta será afirmativa si aseguramos en nuestro día un rato para la lectura de los periódicos y las noticias; si tenemos una buena novela que nos ponga al día del sentir de nuestros contemporáneos; si mantenemos activo de algún modo el crecimiento en nuestra formación académica y espiritual.

Y, de la mano del interés, viene el respeto y el deseo de comprender. Una apuesta sincera por dialogar con los que nos rodean. Y dialogar significa escuchar, no interrumpir a quien expone su opinión, ver siempre qué puedo aprender del otro, porque a todos nos anima un único propósito: conocer la verdad que nos hace libres.

29 DE ABRIL
SANTA CATALINA DE SIENA, PATRONA DE EUROPA

1. Llorar los pecados de los hombres.

2. Catalina, ejemplo encendido de amor a Jesucristo.

3. Amar con valentía a Cristo y a la Iglesia.

1. Fue una mujer eminente para una época tormentosa. Siglo XIV. La Iglesia, rasgada por el cisma de Avignon. Los Papas habían abandonado su residencia romana para habitar en la acogedora ciudad del sur de Francia. Las costumbres se resquebrajaban, las epidemias asolaban el continente y las guerras entre los reinos cristianos eran cada vez más frecuentes.

Nacida en el año 1347, santa Catalina vivió con intensidad sus días, empeñada en amar más y más a Jesucristo y a la Iglesia, ansiosa de recuperar para el papado, mediante su retorno a Roma, el prestigio que merece.

A la edad de 16 años hizo votos en la tercera orden dominica, consagrando su vida a la oración, la penitencia y las obras de caridad.

Un rasgo característico de la espiritualidad de Catalina fue el don de lágrimas. Según el parecer de Benedicto XVI, «estas expresan una sensibilidad exquisita y profunda, capacidad de conmoción y de ternura. No pocos santos han tenido el don de lágrimas, renovando la emoción de Jesús mismo, que no retuvo ni escondió su llanto ante el sepulcro del amigo Lázaro y ante el dolor de María y de Marta, y a la vista de Jerusalén, en sus últimos días terrenos. Según Catalina, las lágrimas de los santos se mezclan con la sangre de Cristo, de la cual ella habló con tonos vibrantes e imágenes simbólicas muy eficaces: «Haced memoria de Cristo crucificado, Dios y hombre (...). Poneos como objetivo a Cristo crucificado, escondiéndoos en las llagas de Cristo crucificado; sumergíos en la sangre de Cristo crucificado» (*Epistolario,* carta n. 21)»[1].

Quizá sea esta una consideración demasiado elevada para nosotros. Quizá, no. Pero da gusto pensar –y así se lo pedimos a Dios– que cada uno de los que leen este libro puede alcanzar la finura de llorar cada uno de los pecados de los hombres. Sufrir por Cristo. Lamentar la continua ofensa a Jesús y padecer por ello. Mezclar nuestras lágrimas con su sangre. No es expresión de sadismo, no te confundas: lo es de amor y de amor entregado, hasta el final. Es identificación: del amante y del amado en un único propósito de bien.

2. Aún en vida se difundió muy pronto la fama de santidad de Catalina. Primero, en el entorno de Siena.

---

[1] BENEDICTO XVI, *Audiencia General,* 24-11-2010. También para todas las citas de esta meditación.

Luego, por toda la cristiandad. Su popularidad fue tal, que llegó a ser consejera espiritual de toda clase de hombres: nobles, artistas o gente del pueblo; consagrados... incluso el propio Santo Padre, Gregorio XI, a quien exhortó con vehemencia a volver a la ciudad eterna.

«La doctrina de Catalina, que aprendió a leer con dificultad y a escribir cuando ya era adulta, explicaba en audiencia el Papa Benedicto XVI, está contenida en *El Diálogo de la Divina Providencia o Libro de la Divina Doctrina*, una obra maestra de la literatura espiritual, en su *Epistolario* y en la colección de las *Oraciones*. Mereció por ello ser proclamada doctora de la Iglesia por Pablo VI en 1970...».

En una visión que nunca se borró del corazón y de la mente de Catalina, la Virgen la presentó a Jesús, que le dio un espléndido anillo, diciéndole: «Yo, tu Creador y Salvador, me caso contigo en la fe, que conservarás siempre pura hasta que celebres conmigo en el cielo tus nupcias eternas» (Raimundo de Capua, *Santa Caterina da Siena*, Legenda maior, n. 115, Siena 1998). Ese anillo solo era visible para ella.

¡Cuántas religiosas han encontrado en esta santa un modelo para su luminosa entrega! Cristo fue para ella como el esposo y con Él entabla una relación de viva intimidad, comunión y fidelidad. «Ilustra esta unión profunda con el Señor otro episodio de la vida de esta insigne mística: el intercambio del corazón. Según Raimundo de Capua, que transmite las confidencias que recibió de Catalina, el Señor Jesús se le apareció con un corazón humano rojo esplendoroso en la mano, le abrió el pecho, se lo introdujo y dijo: «Amada hija mía, así como el otro día tomé tu corazón, que tú me ofrecías, ahora te doy el mío, y de ahora en adelante estará en el lugar que ocupaba el tuyo» (ibid.). Catalina vivió verdaderamente las palabras de san Pablo, *ya no vivo yo, sino que es Cristo quien vive en mí* (*Ga* 2, 20).

Santa Catalina, ¡ejemplo de encendido amor a Jesucristo! Y tú y yo podemos apoyarnos en el testimonio de esta santa para afirmarnos una y otra vez en el santo propósito de amar al Señor con todo el corazón.

3. «Como la santa de Siena, prosigue Benedicto XVI, todo creyente siente la necesidad de uniformarse a los sentimientos del corazón de Cristo para amar a Dios y al prójimo como Cristo mismo ama. Y todos nosotros podemos dejarnos transformar el corazón y aprender a amar como Cristo, en una familiaridad con Él alimentada con la oración, con la meditación sobre la Palabra de Dios y con los sacramentos, sobre todo recibiendo frecuentemente y con devoción la sagrada Comunión». El Papa nos brinda consejos concretos para seguir por la senda de la caridad que Catalina trazó con su vida.

Medita despacio sus palabras: «queridos hermanos y hermanas, la Eucaristía es un extraordinario don de amor que Dios nos renueva continuamente para alimentar nuestro camino de fe, fortalecer nuestra esperanza, inflamar nuestra caridad, para hacernos cada vez más semejantes a Él».

En torno a una personalidad tan fuerte y auténtica se fue constituyendo una verdadera familia espiritual. Se trataba de personas fascinadas por la autoridad moral de esta joven de elevadísimo nivel de vida, y a veces impresionadas también por los fenómenos místicos a los que asistían, como los frecuentes éxtasis. Muchos se pusieron a su servicio y sobre todo consideraron un privilegio ser dirigidos espiritualmente por Catalina. La llamaban «mamá» pues como hijos espirituales obtenían de ella el alimento del espíritu.

También hoy la Iglesia recibe un gran beneficio del ejercicio de la maternidad espiritual de numerosas mujeres, consagradas y laicas, que alimentan en las almas el pensamiento de Dios, fortalecen la fe de la gente y orientan la vida cristiana hacia cumbres cada vez más elevadas. «Hijo os declaro y os llamo –escribe Catalina dirigiéndose a uno de sus hijos espirituales, el cartujo Giovanni Sabbatini–, en cuanto yo os doy a luz mediante continuas oraciones y deseos en presencia de Dios, como una madre da a luz a su hijo» (*Epistolario*, carta n. 141 a don Giovanni de Sabbatini). Al fraile dominico Bartolomeo de Dominici solía dirigirse con estas palabras: «Amadísimo y queridísimo hermano e hijo en Cristo dulce Jesús».

Al hogar de esta maternidad, Catalina amó mucho a los sacerdotes y ofreció su vida por ellos como una madre lo haría por sus propios hijos. Conocía perfectamente sus defectos, incluso los del Papa, que se había abandonado entonces a la placentera vida de Avignon... Sin embargo, no por ello dejó de llamarle «dulce Cristo en la tierra».

«Queridos hermanos y hermanas, aprendamos de santa Catalina a amar con valentía, de modo intenso y sincero, a Cristo y a la Iglesia. Por esto, hagamos nuestras las palabras de santa Catalina que leemos en *El Diálogo de la Divina Providencia*, como conclusión del capítulo que habla de Cristo-puente: "Por misericordia nos has lavado en la sangre, por misericordia quisiste conversar con las criaturas. ¡Oh loco de amor! ¡No te bastó encarnarte, sino que quisiste también morir! (...) ¡Oh misericordia! El corazón se me ahoga al pensar en ti, porque adondequiera que dirija mi pensamiento, no encuentro sino misericordia" (cap. 30, pp. 79-80)».

1 DE MAYO
SAN JOSÉ OBRERO

1. Barriendo para Jesús.
2. Santificar el trabajo y santificarse en el trabajo.
3. Un «gancho» para el apostolado.

1. Hace ya unos años, iba por una calle que suelo fre-
cuentar, cuando un barrendero, que estaba trabajando
precisamente en ella, me paró muy amablemente y me
pidió si le podía confesar; no es frecuente que suceda
esto, pero no es la única vez que me lo han pedido. Después de confesarse, el buen barrendero me comentó que
él buscaba dejar sus calles bien limpias de hojas y suciedad porque –se decía por dentro–, si por ellas pasase Jesús, le gustaría que las encontrara relucientes para que
así estuviera muy contento con él. La verdad es que me
impresionó el sentido de fe con que aquel hombre des-
empeñaba su profesión y la alegría con que se le veía hacer sus tareas. Le dejé silbando mientras recogía hojas y
continué mi camino muy edificado por aquel encuentro,
que me había recordado cómo podemos con sencillez
y con sentido sobrenatural hacer del trabajo cotidiano
una auténtica alabanza a Dios.

Aquel barrendero es un buen ejemplo de lo que san Josemaría ha insistido tantas veces acerca del trabajo y su valor para la propia santificación. Lo resumía en un trinomio que nos puede ser de gran ayuda para la meditación de hoy en la fiesta de San José Obrero: «Santificar el trabajo, santificarse en el trabajo, santificar con el trabajo»[1]. Porque el trabajo es algo querido por Dios para nosotros como medio para encontrarnos con Él y camino para nuestra santificación. Lo encuentras en el libro del Génesis, al comienzo de todo, cuando dice: *El Señor Dios tomó al hombre y lo colocó en el jardín de Edén, para que lo guardara y lo cultivara* (*Gn* 2, 15). Dios ha puesto en nuestras manos la creación para que la custodiemos y para que trabajándola seamos, a semejanza de Dios, autores de belleza. Hay algo santo en el trabajo bien hecho, con la mayor perfección humana que te sea posible. Ahí radica la dignidad y el sentido del mismo. Ojalá lo descubras en tus obligaciones cotidianas y hagas de ellas un lugar de auténtico encuentro con Dios.

2. Santificar el trabajo no significa hacer mientras lo realizas otras actividades piadosas, como rezar un rosario o decir jaculatorias. Sería entonces algo externo y sobreañadido, que, si bien nos serviría para tener presente a Dios, no afectaría a la misma actividad de trabajo. No, santificar el trabajo significa hacer de él mismo una auténtica ofrenda a Dios. Y por ello, implica hacerlo con sumo cuidado y la máxima perfección posible. Porque a Dios no podemos ofrecerle cualquier cosa. Busca dar lo mejor de ti en tu actividad profesional o

---

[1] SAN JOSEMARÍA, *Es Cristo que pasa*, 44.

en el estudio, tu esfuerzo noble y generoso es gratísimo a los ojos de Dios. Quizá ronde tu cabeza la pregunta: «¿Puedo ofrecer entonces cualquier actividad a Dios?». Sí, cualquier trabajo noble, cualquier actividad humana buena, puede ser ofrecida a Dios. Tus horas de estudio, tu tiempo de trabajo, ya sea conduciendo un taxi, pasando consulta médica, dando clase o barriendo las calles, todo eso puedes santificarlo y ofrecerlo al Señor. No juzgues con miras humanas pues no es mejor uno que otro a los ojos de Dios, sino aquel que, hecho cara al cielo –como el barrendero del que te hablaba–, se le ofrece como prenda de nuestro amor.

Qué buena costumbre ofrecer al comienzo de tu actividad el fruto de tu esfuerzo a Dios. Te ayudará a buscar la excelencia en lo que haces, pero también te pondrá en la senda de que esa misma actividad sea para ti ocasión de santificarte. Porque el trabajo, realizado de este modo que vienes meditando, es también el lugar privilegiado de tu encuentro con Dios y el ámbito donde su gracia puede ir dando forma en tu alma a la santidad. Piénsalo, aunque sea solo por el tiempo que dedicamos a trabajar, si no pudiéramos encontrar ahí a Dios y responder desde ahí mismo a su llamada a la santidad, ¿dónde podríamos? Aprende de san José, que se santificó en la tierra cumpliendo la voluntad de Dios trabajando para sostener a su familia. Los evangelios nos dan noticia de que era artesano, la mayoría de los padres de la Iglesia han mantenido que carpintero, aunque no han faltado quienes han postulado diferentes oficios, como san Isidoro de Sevilla, que sostuvo que fue herrero. Lo cierto es que nos ofrece san José ejemplo de santificación del trabajo y en el trabajo. Pídele aprender a cumplir con tus obligaciones de la tierra con la misma dedicación que a él le valió la entrada en el cielo.

3. Santificar el trabajo, santificarte en el trabajo y santificar con el trabajo. Todavía nos queda considerar la última parte del trinomio. Santificar a los demás con tu trabajo bien hecho porque, cuando pones amor de Dios en lo que haces y se lo ofreces, estás construyendo el reino de Dios. Cristo nos ha dicho que el reino está en nuestro interior. Por el trabajo honesto y santificado haces que pueda salir y transformar el mundo a tu alrededor. Tu actividad cotidiana es el arma más poderosa de que dispones para cambiar lo que te rodea. No pienses que es poca cosa, ese poquito de bien que eres capaz de hacer con tu esfuerzo es ya inatacable para el enemigo, queda para siempre en la mente de Dios y en la vida de quienes se beneficien de él.

Pero, además, santificar con el trabajo porque tu dedicación laboriosa y alegre a tus tareas, con competencia profesional y compañerismo, es el auténtico «gancho» para el apostolado. Tu trabajo bien hecho y tu entrega en él a los demás serán ocasión de que puedas acercar a Dios a ese compañero o compañera que empieza por pedirte ayuda o consejo para una cuestión profesional y acaba abriéndote el corazón y confiándote lo que verdaderamente le preocupa. Aprovecha todas las ocasiones que se te brindan, como aquel buen barrendero del que te hablaba al principio, y haz de tu trabajo o estudio tu «gancho apostólico».

3 DE MAYO
SANTOS FELIPE Y SANTIAGO

1. Un consuelo para cuando no nos
enteramos de lo que nos dice Jesús.
2. Jesús, camino, verdad y vida.
3. No conviene nada ser una «momia espiritual».

1. Hoy celebra la Iglesia a los apóstoles Felipe y Santiago. Sabemos muy poco de ambos, más allá de su mención en las listas de los Doce. Felipe, natural de Betsaida, era discípulo de Juan el Bautista cuando fue llamado por Jesús. Por su parte, Santiago, hijo de Alfeo, es considerado «el pariente del Señor», fue el primer obispo de Jerusalén y uno de los primeros mártires de Cristo.

Felipe aparece hoy en el evangelio pidiéndole a Jesús: *Señor, muéstranos al Padre y nos basta* (*Jn* 14, 8). La respuesta de Cristo la puedes imaginar, cargada de pena: *Hace tanto que estoy con vosotros, ¿y no me conoces, Felipe?* (*Jn* 14, 9). Y a la vez en esa contestación de Jesús se destila un cariño enorme hacia Felipe. No importa que, a tenor de la pregunta, no se haya enterado de nada de lo que Jesús les está intentando comunicar en el momento de su despedida antes de la pasión.

Jesús lo sigue queriendo. Y sigue teniendo con él esa inmensa paciencia que no se cansa nunca de mostrar con los suyos.

Anima mucho pensar que aquellos que estaban con Jesús y lo tenían delante podían meter la pata como lo hacemos tú y yo, y no enterarse de nada. Así, cuando no comprendas algunas palabras de Jesús o las entiendas al revés, piensa en Felipe. Ya ves que no es el fin del mundo. Ahí está Jesús para tener contigo la misma paciencia y el mismo amor que tuvo con Felipe. Sentirás –ojalá sea así– esa mezcla de vergüenza y desazón por haber fallado al Maestro. Que no sea por haber fallado tú; entonces sería soberbia. Pídele a Jesús ese dolor en el corazón que tuvo Felipe al escuchar las palabras de Cristo. Ese dolor por no haber sabido entenderle. Dolor por dejarle solo –la soledad de quien no es comprendido por los que más quiere– antes del amargo trago de la cruz. Pídele ese dolor santo que tanto te acercará a su corazón.

2. Pero vamos a detenernos un poco más en la respuesta que Jesús da a Felipe, y que antes empezábamos a considerar. Continuaba Jesús diciéndole: *Quien me ha visto a mí ha visto al Padre. ¿Cómo dices tú: «Muéstranos al Padre»? ¿No crees que yo estoy en el Padre, y el Padre en mí?* (Jn 14, 9-10).

Ver a Jesús, conocerle, es conocer al Padre. Porque, como Él mismo ha dicho justo antes de la pregunta de Felipe: *Yo soy el camino y la verdad y la vida. Nadie va al Padre sino por mí. Si me conocierais a mí, conoceríais también a mi Padre. Ahora ya lo conocéis y lo habéis visto* (Jn 14, 6-7). Jesús es la verdad y la vida porque es verdadero Dios. Por eso, verle y conocerle es conocer a Dios mismo. Verdad y vida, nos habla de la profundidad que encontramos en el conocimiento de Jesucristo. No es un mero enviado de Dios con un mensaje, que por muy importante que fuera sería siempre distinto del mismo Dios. En Jesús, mensaje y mensajero se identifican, y lo hacen con Dios mismo. Es Dios quien se comunica en Cristo a Sí mismo. Por eso no hay ninguna otra manera de llegar al Padre. De Dios podrás saber cosas usando tu inteligencia y apoyándote en filósofos y pensadores, pero del Padre solo podrás saber si vas a Jesucristo, porque solo Él puede revelarte lo íntimo de Dios.

Jesús es verdad y vida porque es Dios, pero es camino porque es hombre. Solo así podrías recorrerlo y llegar a la meta, solo si el camino es humano y divino te lleva a Dios. Agárrate fuerte a la mano de Jesús y déjate guiar por el camino de su humanidad para llegar al Padre. Y date cuenta de que en el mismo camino ya te encuentras con aquel a quien te diriges. El premio, la meta, ya se encuentra presente en el camino para tu disfrute, aunque no de manera plena; eso solo se dará al final. Busca mantenerte fiel al camino y aprender a gozar del mismo.

3. Un detalle que no debes pasar por alto. Jesús, al decir que Él es el camino para ir al Padre, está usando una imagen que implica necesariamente el movimiento. Si hay camino, es para caminarlo. La vida cristiana es, por tanto, camino, consiste en caminar, en avanzar hacia el Padre por medio de Cristo y con Cristo. Tu vida de fe no es principalmente, aunque sí incluya algo de eso, una doctrina que aprender, una sabiduría que alcanzar o unos ritos que guardar. Tu vida de fe es, ante todo, caminar el camino que es Jesucristo para ti.

No te será difícil entender entonces que, como dice el Papa Francisco, uno de los mayores peligros para un cristiano es el inmovilismo: «Un cristiano que no camina es un cristiano "no cristiano", por decirlo así: es un cristiano un poco pagano, está allí, está inmóvil, no avanza en la vida cristiana, no hace florecer las bienaventuranzas en su vida, no hace obras de misericordia, está estático. Es más, disculpadme la palabra, pero es como si fuese una "momia", eso, una "momia espiritual"»[1].

Piensa si no serás, en ocasiones, una de esas «momias espirituales» de las que habla el Papa. Podría sucederte si te dejas llevar por cierto conformismo. Si piensas que ya haces suficiente, puede ser que, de hecho, lleves tiempo sin moverte, sin avanzar en tu vida interior. Si es así, busca el motor que pone en marcha a toda persona en el camino de la fe. Ese motor es la sed de Dios, el deseo profundo del corazón. Alimenta ese deseo en ti. En primer lugar, pídeselo a Dios. Ruega que no se extinga nunca en ti esa sed que es la que te guía e impulsa en el camino a Dios. Y luego piensa si no será que has dejado que quede sepultada por las cosas de este mundo que te dan una aparente sensación de saciedad. Que despierte en ti esa sed de Cristo, si es que estaba dormida, y no dejes de alimentarla, porque es lo que alumbra e impulsa tu camino.

---

[1] PAPA FRANCISCO, *Meditación en la Domus Sanctae Marthae*, 3-05-2016.

13 DE MAYO
NUESTRA SEÑORA DE FÁTIMA

1. Una caricia hacia los pequeños y sencillos.
2. El arma más potente contra el enemigo.
3. Oración, reparación, contemplación.

1. Hoy celebra la Iglesia el aniversario de la primera aparición de la Virgen a los tres pastorcillos de Fátima. Un lugar perdido y apartado de todo, lejos de los centros donde se deciden los destinos de los hombres, que si goza hoy de cierta actividad y relevancia, es precisamente por la visita de la Virgen en 1917. Pues en aquella comarca decidió la Virgen ofrecernos una de sus caricias, queriendo por el lugar y las personas elegidas para manifestarse, tres niños pastores casi analfabetos, recordarnos su predilección –que es también la de su Hijo– por los pequeños y los sencillos. Francisco, Jacinta y Lucía fueron elegidos por el Corazón Inmaculado de María para mostrar su delicadeza y para confortarnos en el camino.

Meditar el mensaje de Fátima y la vida de aquellos jóvenes videntes te será de gran provecho. Pero antes conviene que consideres lo que significa una revelación como la de Fátima. Aunque usemos la misma palabra revelación, es esencialmente distinta la revelación pública de Dios a todos los hombres de revelaciones particulares como las de la Virgen a los pastorcillos. La primera se refiere a la historia que Dios hace con la humanidad, consignada por escrito en el Antiguo y el Nuevo Testamento, y que llega a su plenitud con Jesucristo. Esta revelación, como señala el Concilio Vaticano II, ha alcanzado en Jesús su culminación: Dios nos ha dado al Hijo, su Palabra definitiva, no cabe esperar otra revelación después. Por contra, las revelaciones particulares son visiones y mensajes que Dios comunica a personas para su propia edificación y la de otros, pero siempre en referencia a la revelación realizada en Cristo y como una llamada a recordar algún aspecto de la misma. Precisamente por eso, atender al mensaje de Fátima te ayudará, de la mano de María, a profundizar en Jesucristo y la revelación de Dios que nos ofrece.

2. No se trata en este rato de oración de que agotemos el significado de lo que la Virgen comunicó en Fátima a sus pequeños videntes; solamente vamos a detenernos en algunos aspectos especialmente destacados. Y lo haremos de la mano de los pastorcillos, pues cada uno de ellos vivió de manera singular aquel acontecimiento y fueron marcados de manera diferente por lo que la Virgen les reveló. Comencemos por la más pequeña, por Jacinta, que apenas contaba siete años cuando tuvieron lugar las apariciones. De la visión y las palabras de la Señora –como la solían llamar–, aparte de la belleza que contempló y de la paz que experimentó, lo que impresionó más a Jacinta fue la visión de los que se condenan. Por eso, su breve vida a partir de aquel momento se centró por completo en un deseo de rezar e interceder por la salvación de los hombres y desagraviar por las ofensas al Corazón Inmaculado de María.

En Fátima, la Virgen quiso hablarnos del poder y de la necesidad de la oración como arma soberana contra el pecado y sus consecuencias, ya sean las de la tierra: guerras, muertes, injusticias; o las eternas: la condenación. Jacinta lo entendió muy bien: la oración y sacrificio es lo único que puede derrotar al enemigo y arrancar de sus garras las almas de desdichados pecadores. Pídele a Dios tener tú también esta convicción y ofrece tu pequeño sacrificio –o grande si llegara el caso– a Dios como hacía la joven pastorcita. A ella le gustaba repetir la oración que les había enseñado el ángel en una de las primeras apariciones: «¡Oh Jesús, te ofrezco este sacrificio por tu amor, por la conversión de los pecadores y en reparación de los pecados que tanto ofenden al Inmaculado Corazón de María!». Repítela otra vez en tu interior.

3. Francisco, hermano de Jacinta, a partir de las visiones que les fueron concedidas tuvo como «gran preocupación» consolar a Nuestro Señor. Lo que más impresionó su joven alma fue el dolor del Sagrado Corazón de Jesús y del Inmaculado Corazón de María, su Madre. Conocer que corazones tan puros sufrían tanto por el pecado y la maldad del mundo, llevó a Francisco a un deseo por reparar con su oración y su amor esas ofensas que los afligen. Para ello busca momentos a solas con Dios en los que estar con Él y procurarle el consuelo de su compañía. Se metía tanto en Dios cuando se separaba a rezar bajo unos árboles o en un alto, que no oía las voces de quienes le llamaban. Ojalá cale en tu alma este espíritu de reparación, este deseo de consolar tú también el corazón de Cristo magullado por tantos pecados.

De la mayor de los tres, Lucía, puedes admirar una vida entera escondida en Dios meditando lo que le fue confiado en aquellas revelaciones. No viajó por el mundo dando conferencias sobre las apariciones ni aireando las intimidades de su alma. No hizo nunca alarde ni buscó popularidad, menos aún vivir de sus «visiones» como si fuera de profesión vidente. Hizo, por el contrario, lo que es más propio de María: guardar y meditar en su corazón. Y para ello se retiró a la vida religiosa en clausura. De esta lección tan maravillosa de la vida entera de Sor Lucía puedes sacar también gran provecho. Porque también las cosas que Dios pone en tu alma son para que las guardes y medites en la intimidad, no para que las expongas al público. Conserva, custodia y medita lo que Dios va haciendo en tu vida; esa es la clave para el progreso en la vida interior.

14 DE MAYO
SAN MATÍAS

1. Una pregunta misteriosa: ¿Por qué eligió el Señor a Judas?
2. Lo peor: la traición de los amigos.
3. San Matías: el hombre que pudo contrarrestar
la maldad del traidor.

1. Celebramos hoy la fiesta de san Matías, el apóstol cuya vida está de algún modo unida a la suerte tan tremenda que corrió Judas Iscariote. Matías fue el encargado de sustituir al apóstol traidor; a aquel que había entregado al Señor por treinta monedas de plata.

Lo cierto es que la vida de Judas Iscariote está transida por el misterio de su traición, bien conocida por todos. Fue elegido como un apóstol más, un amigo del Señor, uno de los Doce. Es verdad –y esto para los hebreos es muy importante– que todos los Evangelios lo sitúan siempre el último en las listas de apóstoles. El orden indica importancia. El primero siempre es Pedro. El último, Judas.

Conocemos la vida de Judas, y hemos orado sobre ella durante la Semana Santa. De la consideración de su vida surgen, al menos, dos preguntas: ¿por qué lo eligió el Señor? ¿Por qué lo traicionó?

Es un misterio grande, pero merece la pena que dediques tu primer rato de charla con el Señor a preguntarle esto mismo: «Jesús mío, ¿por qué elegiste a Judas si sabías que te iba a traicionar?».

2. Es tan doloroso como innegable: a lo largo de la historia, son incontables los que han traicionado a Dios. Personas que, elegidas por Dios, llamadas por Él a su servicio santo, dejaron enfriar su entrega y acabaron por dedicarse a sembrar sus opiniones personales o a aprovecharse de Dios y de su Iglesia.

Así lo consignó santa Faustina Kowalska en sus escritos. Tras describir la visión en que apreciaba cuán despiadadamente cosían a latigazos a Nuestro Señor Jesucristo; y estando Cristo destrozado, salían a escena sacerdotes y obispos que con mayor virulencia e inefable odio golpeaban al Señor, haciéndolo caer en profundísimo dolor. Ya la Escritura había anunciado que aquellas heridas *son las heridas que me hicieron en la casa de mis amigos* (*Za* 13, 6).

Fue un amigo, Judas Iscariote, el que traicionó al Señor, y comentando su vida Benedicto XVI señalaba: «Las posibilidades de perversión del corazón humano son realmente muchas»[1], y Jesús respeta la libertad de los hombres. Por eso, aquellos fueron capaces de traicionarlo... y nosotros también. Como decía san Josemaría –y podemos repetir cada uno de nosotros–: «soy capaz de los mayores errores y horrores».

---

[1] Benedicto XVI, *Audiencia general,* 18-10-2006.

Encendamos nuestra voluntad, y hagamos propósitos firmes en nuestro rato de oración: renovemos el propósito de no abandonar nunca a Cristo. Debemos estar prevenidos, para que no nos suceda a nosotros. Y, para ello, necesitamos ponernos de parte de Jesucristo un poquito más cada día.

Pero ser precavidos no basta. Debemos buscar estar en comunión con Él: ser más suyos. Dos medios maravillosos para lograrlo son la oración diaria y la comunión frecuente. Para no traicionar a Cristo, procuremos estar cada día más cerca de Él y más identificados con Él.

3. Pedro tomó la palabra en medio de los apóstoles, como leemos en la primera lectura. La traición de Judas y su posterior pérdida debían ser reparadas. Había que elegir a uno que completara el Colegio apostólico. Había dos candidatos: *José, de sobrenombre «Justo», y Matías* (*Hch* 1, 23).

Los apóstoles se pusieron a rezar, pidiendo la ayuda del Espíritu Santo, y decidieron resolver la situación echándolo a suertes. Sabían que el Señor conoce los corazones de todos, y, mediante el juicio de la moneda, Dios elegiría a aquel que considerara más apto para la misión y ministerio del apostolado. Judas había desertado: era necesario encontrar un sustituto. Lanzaron la moneda al aire... y descartaron a José, por más que su justicia fuera reconocida por todos.

Celebramos hoy a san Matías, que resultó elegido como el apóstol número doce.

«No sabemos nada más de él, salvo que fue testigo de la vida pública de Jesús (cfr. *Hch* 1, 21-22), siéndole fiel hasta el final. A la grandeza de su fidelidad se añadió después la llamada divina a tomar el lugar de Judas, como para compensar su traición.

»De aquí sacamos una última lección: aunque en la Iglesia no faltan cristianos indignos y traidores, a cada uno de nosotros nos corresponde contrarrestar el mal que ellos realizan con nuestro testimonio fiel a Jesucristo, nuestro Señor y Salvador»[2].

---

[2] *Ibid.*

31 DE MAYO
VISITACIÓN DE LA VIRGEN

***1.** La capacidad de reconstruir una escena.*
***2.** Maestra para todo.*
***3.** Componer nuestro propio Magnificat.*

1. Me parece que hay escenas que a fuerza de meditarlas las llevamos grabadas a fuego, somos capaces de describir los escenarios, repetir las palabras y hasta sentir los olores de la naturaleza, entornando nuestros ojos por la claridad del sol. Una de estas escenas me parece que es la de la visita que María hace a su pariente Isabel; prima o no, me da lo mismo, los judíos no utilizaban esos términos con mucha precisión.

Se lo ha comunicado el Arcángel Gabriel: Isabel está encinta. María no lo duda, *se levantó y se puso en camino de prisa hacia la montaña, a una ciudad de Judá*. No actúa atropelladamente o como una joven irreflexiva, sino movida por la caridad. No se para a mirarse a sí misma, el Verbo de Dos habita ya en su seno, cómo contárselo al bendito José... ¡nada de eso! Acude rápido a casa de Zacarías e Isabel. Olvido de uno mismo, tan necesario y tan escondido muchas veces. La caridad no es solo –ni lo más importante– dar cosas, sino entregarse; pero a veces lo primero cuesta menos. La presencia de Dios en uno exige salir de nosotros para darnos, es imposible estar cerca de Dios y no sentir la necesidad de entregarse a los demás; piensa en cualquier santo de la historia...

Camino difícil pero dichoso. ¿Sola? ¿En caravana o borrico? Imagínate el viaje como quieras. Nadie sabe el secreto. La rodean conversaciones y personas ajenas a la presencia de Dios en medio de ellos. Solo María va recogida, sin rarezas, pero en diálogo continuo con Dios. ¡Cómo aprendemos en esta escena a compatibilizar nuestro ajetreo diario –oficina, atascos, gente, casa, niños– con el trato con Dios! Por fuera, como todos; por dentro, un volcán en erupción, volcán de amor de Dios.

El encuentro de las dos primas: natural, abrazos y besos; y sobrenatural: *¡Bendita tú entre las mujeres y bendito el fruto de tu vientre!* Cuántas veces hemos repetido nosotros estas palabras, quizá de una manera mecánica y repetitiva; hoy pedimos la gracia de decirlas siempre con el entusiasmo y la confianza de hijos enamorados de nuestra Señora.

Pero Isabel prosigue hablando y, llena del Espíritu Santo, dice: *¡Bienaventurada la que ha creído, porque lo que te ha dicho el Señor se cumplirá!* Ojalá se pudiera decir esto de nosotros. Pídele hoy al Señor, por medio de María, que aumente tu fe, tu esperanza y tu caridad.

2. «Por aquellos días, levantándose María se dirigió apresurada a la montaña. ¿Quién la hace tomar esa decisión? ¿Quién la guía en esta marcha peregrina? ¿Será la curiosidad? El ángel le había anunciado que Isabel sería madre a pesar de su avanzada edad, de ser

llamada estéril. La fe de la Virgen no necesita compro-
baciones tangibles. La curiosidad, el deseo de palpar
con los sentidos lo que parece imposible, nos mueve
cuando carecemos de fe en Dios. Pero la Virgen tenía
fe, creía en la palabra de Dios transmitida por el ángel. Sabía, mejor que si lo viese, que Isabel era madre.
¿Será la vanidad la que impulsa a María? El deseo de
aparecer ante todos como Madre de Dios, que la mi-
ren, que la vean, la vanidad, no se concibe en María.
Ni siquiera a José revelará la grandeza de su maternidad divina, aunque la sospecha torturante y dolorosa
destroce su corazón. ¿Abandonaría María la soledad
íntima y gozosa de Nazaret por deseo de cambiar de
postura, por inconstancia? Ni suponerlo siquiera. Ella
clava su mirada desde siempre en solo Dios. Es la esclava del Señor desde la Encarnación. Y lo será hasta la
cruz. Estaba Santa María junto a la cruz. No. La Virgen
no actúa por esos móviles rastreros que empañan nuestras acciones de cada día. Ni curiosidad ni vanidad ni
inconstancia son el motor de sus actos. La Virgen, levantándose, se dirige apresurada a la montaña, solo al
impulso divino del Espíritu Santo.

»Totalmente inmersa en Dios, Él la mueve a su
antojo. Es el Espíritu Santo quien la maneja. María
es "suavísima cítara que pulsa el Espíritu para cantar
y regalar al Padre: *ad delicias Patris*" (San Epifanio).
Madre inmaculada: queremos imitarte. Despójanos de
nosotros mismos. Así, el amor propio no nos infeccio-
nará. Ni vanidad ni curiosidad o inconstancia manchará
nuestras acciones. Para centrar nuestra vida en Cristo
con Dios Padre, enséñanos a esforzarnos, imitando a
la Reina en tener la intención recta en todas nuestras
acciones, enderezándolas a Él, y pretendiendo en ellas

únicamente servir y complacer a la divina Bondad por sí misma y por el amor y beneficios tan singulares con que nos previno»[1].

3. Y con la naturalidad de quienes están en familia, y unidas en el Espíritu Santo, la Virgen corresponde con ese himno precioso que hemos venido llamando por su primera palabra en latín: «Magnificat». Es un canto de acción de gracias a Dios, Ella se mira a sí misma y se siente profundamente agraciada, pero no reconoce nada como propio, sino como regalo inmerecido de un Dios que es Padre. Brota de su profunda humildad (aquí se cumple esa definición teresiana de esta virtud: «andar en verdad»). Relee despacio esas palabras de la Virgen. Vuelve a leerlas otra vez.

«La Virgen María entonó su Magníficat. Y en aquellos cantos [María e Isabel] glorificaron a Dios, que hace maravillas con los pequeños y despide vacíos a los que se engríen en dones que no son suyos. La lección para nosotros es que agradezcamos los dones que se nos hacen, las gracias de Dios que recibimos. Porque, si no agradecemos lo que se nos da, ¿cómo agradeceremos lo que Dios da a los otros? Veamos las grandes misericordias de Dios, y en especial con los que nos rodean. Y no miremos sus defectos, sino sus virtudes. Siempre encontraremos manchas y aun borrones. Tanto en nosotros como en los prójimos. Pero quedémonos con las virtudes. Descubramos también las gracias de Dios que recibimos de su in-

---

[1] Venerable Tomás Morales, *Itinerario Litúrgico,* pp. 514-515.

finito amor. Quedaremos asombrados y se ensancharán nuestras almas»[2].

Si tú y yo leemos nuestra propia vida con los ojos de Dios, también encontraremos un montón de motivos para darle gracias, párate y «reza tu propio Magnificat».

---

[2] Abelardo de Armas, *Aguaviva*, junio 1996, p. 60.

INMACULADO CORAZÓN DE MARÍA SÁBADO DESPUÉS DEL SAGRADO CORAZÓN DE JESÚS

***1.** Es muy distinto rumiar que meditar.*
***2.** El sufrimiento agrandó aún más el corazón de María.*
***3.** La entrega sin doblez del Inmaculado Corazón de María.*

1. Rumiaba todas las cosas en su corazón. Si hablaran de nuestro corazón… ¿no crees que esta afirmación sería mucho más acertada que la que hemos escuchado en el evangelio y que se refiere a nuestra Madre la Virgen: *meditaba todas estas cosas en su corazón* (*Lc* 2, 51)?

Rumiarlo todo. O sea: darle vueltas con la imaginación, pensar qué estarán haciendo los demás, estar absolutamente pendiente del eco que tienen mis palabras y acciones en los demás, así como de la reacción que motiva mi propia vida en la existencia del prójimo… Rumiar no solo lo que tengo entre manos, sino todo aquello que vendrá, pendiente del futuro, angustiado con lo que me espera, temeroso de un porvenir en soledad, difícil, abandonado…

El corazón que rumia es el corazón que, dándose o sin darse cuenta, se repliega sobre sí mismo. Rumiar hace sufrir. Bastante. Mucho. Porque fija en el horizonte de la lucha batallas que no son reales; molinos de viento, a los que no hay modo de enfrentarse porque... no existen. Darle tantas vueltas a las cosas significa, al final, ceder un poco a esa sensación de desdichado y sembrar la semilla de la desesperanza y del cansancio en nuestros corazones y en la entrega.

¡Qué fiesta tan bonita esta que celebramos hoy! El Inmaculado Corazón de María; o sea, el corazón de una mujer que fue capaz de ser totalmente sencillo: cero rumiar, todo conservar, siempre meditar. Un corazón que fue, por así decir, la expresión perfecta de la sencillez en el amor.

2. Jesús se ha perdido. María y José, que habían ido en peregrinación a Jerusalén, descubren pasada una jornada que el niño Jesús no está con ellos. Angustia en el corazón de María. La sombra de la preocupación cubre el alma de José. Rápido retorno de ambos a Jerusalén.

Dice el evangelista que tardaron tres días en encontrarlo, y en nuestra oración tratamos de buscar sentido no solo al hecho de que lo encontraran sentado entre los doctores, sino también a la perplejidad que nos genera la desaparición de Cristo durante tres largos días. Si lo piensas bien, es muchísimo tiempo. El agobio de María debió de ser muy grande, enorme...

Los tres días de Jesús escondido en Jerusalén, como los tres días de Cristo en la entraña de la tierra después de su muerte, son tiempo donde el corazón de María, con sufrimiento, con lágrimas, se forjó en la obediencia y en el amor de Dios. María siempre fue perfecta en el amor, llena de todos los dones, pero eso no significa que su corazón no pudiera hacerse más grande y crecer más y más. Creció Cristo, ¿acaso no iba a crecer María?

También el corazón de la Virgen, por tanto, se forjó y se hizo «más» grande con el sufrimiento. Toma nota.

3. Ella contempló de múltiples modos a su Hijo: con ternura, con devoción, con pena, con pasión… hoy su mirada es, sin más, atónita; mirada desconcertada que no es capaz de entender lo que sucede. La desaparición, tres días, el templo, la respuesta de Jesús, doce años… es difícil.

En efecto, la vida es difícil, las cosas no resultan fáciles de entender, y la mejor respuesta, la respuesta del amor, es justamente meditar y conservar todas las cosas en el corazón. Como María. Como Jesús. Ser capaces de un continuo y verdadero diálogo con Cristo, para no ceder a esa tentación del monólogo, de darnos vueltas, de pensar solo en nosotros; en nuestro pasado, presente y futuro. Un corazón limpio. Un corazón puro. Un corazón como el de María.

¡Qué maravilla! Inmaculado corazón de María. O lo que es lo mismo: la entrega sin doblez, la falta de complejidad, la humildad de los sencillos.

24 DE JUNIO
NATIVIDAD DE SAN JUAN BAUTISTA

1. Celebramos el nacimiento de Juan el Bautista.
2. Dios en el centro.
3. El valor de la humildad y la penitencia.

1. El verdadero nacimiento es llegar al cielo. Por eso, se celebra a los santos el día en que murieron, porque es entonces cuando llegaron a la beatitud eterna, por la misericordia de Dios y la heroicidad de sus virtudes.

Sin embargo, hay tres personas cuyo cumpleaños es honrado con gran solemnidad en la Iglesia católica. Primero, por supuesto, Jesucristo, que nació en Belén; después, la Santísima Virgen María, cuyo nacimiento celebramos el 8 de septiembre; y, en tercer lugar, la fiesta de hoy, *la natividad de San Juan Bautista.* ¿Tan importante fue Juan como para entrar en ese grupo especial compuesto únicamente por nuestro Salvador y la Virgen madre?

Cuando María recibió el anuncio del ángel, y se obró en sus entrañas la encarnación, nos dice la Escritura que el ángel añadió estas palabras: *Ahí tienes a Isabel, tu pariente, que en su ancianidad ha concebido también un hijo, y la que llamaban estéril está ya en el sexto mes, porque para Dios nada hay imposible* (*Lc* 1, 35). Ese es Juan el Bautista, el hijo de la potencia y de la misericordia de Dios, para quien nada es imposible.

Dios se conmueve ante las necesidades de los hombres, y está pronto a dar a los hombres razones y signos para fortalecer su fe y animarlos a no perder nunca la esperanza. La Virgen María creyó absolutamente en el anuncio del ángel; con todo, Dios le dio una prueba para que su fe se viera fortalecida, y ella, enseguida, se ocupó de las necesidades de su prima. Se puso en camino: dice la tradición que hubo de recorrer más de 130 kilómetros para acompañar a Isabel en los últimos meses de su embarazo.

Por su parte, Juan el Bautista tuvo como misión, desde el principio, preparar al Señor un pueblo bien dispuesto (cfr. *Mc* 1, 2). Es el último de los profetas, el precursor de Cristo, la voz del que clama en el desierto. Fue una señal para sus contemporáneos de que estaban próximos los tiempos de la misericordia: la llegada del Mesías.

Formó a una serie de discípulos, algunos de los cuales serán luego apóstoles de Cristo, como san Andrés. Su predicación lo hizo famoso: hablaba con autoridad, era capaz de sembrar esperanza en los corazones de sus contemporáneos y, además, era muy audaz en declarar la injusticia. Fue un testigo valiente y mártir de la verdad, puesto que denunció el pecado del reyezuelo Herodes, a quien decía que no le era lícito tener a la mujer de su hermano, y aquello le costó la vida (cfr. *Mc* 6, 18). Todo esto lo sabemos, claro. Y, sin embargo, a menudo no alcanzamos a comprender el alto significado de este santo.

«La Iglesia celebra el nacimiento de Juan como algo sagrado, y él es el único de los santos cuyo nacimiento se festeja; celebramos el nacimiento de Juan y el de Cristo. Ello no deja de tener un significado, y, si nuestras explicaciones no alcanzaran a estar a la altura de misterio tan elevado, no hemos de perdonar esfuerzo para profundizar y sacar provecho de él»[1].

2. San Juan Bautista fue, sobre todo, amigo de Cristo. La película El hombre que hacía milagros, un maravilloso filme de animación que representa la vida de Cristo, nos muestra con admirable realismo el sufrimiento de Cristo cuando recibe la noticia de la muerte de su primo Juan. No lo dice el evangelio, pero lo que se describe en la película resulta coherente: Cristo llora, tumbado boca abajo en la playa, lamentando la pérdida de ese familiar tan querido, de su amigo, del Precursor, al tiempo que reza con confianza a su Padre Dios.

El mismo Juan definió su vida con unas palabras tan sintéticas como elocuentes: conviene que él crezca y que yo disminuya (cfr. *Jn* 3, 30). Poner a Cristo en el centro de todo lo nuestro y dejar el propio yo en un segundo (o tercer) plano. En el fondo, ese es el origen y la base de toda vida cristiana: dejar que Cristo crezca en nosotros, que la presencia de Dios se haga manifiesta cada día.

Poner a Cristo en el centro. Quizá este rato de oración sea para ti un buen momento de examen –sencillo pero sincero– donde te preguntes cuál es el puesto que ocupan en tu vida las cosas de Dios. Rosario en el coche, oración caminando por la calle, impuntualidad

---

[1] S. Agustín, *Sermón 293*, 1, PL 38, 1327.

para llegar a Misa, pereza para rezar por la noche… Son gestos pequeños, sí, pero significativos de una presencia de Dios superficial, casi inoportuna en nuestra vida. Trae a tu inteligencia, hoy, esas faltas de delicadeza. Son faltas de Amor. Si te duelen, es que ya estás empezando a amar. Pídele perdón. Pídele ayuda. Y haz un propósito, que tú mismo concretarás: Dios y sus cosas, lo primero.

3. Hasta donde sabemos, podemos entender que la vida de Juan fue un continuo esfuerzo por ser un buen instrumento de Cristo y dedicarle a Él su vida entera. Destacaré, para tu oración, dos características de nuestro santo.

Por un lado, su humildad. Sabe que él no es nadie, y lo dice sencillamente: *yo no soy el Cristo, sino que he sido enviado delante de Él* (*Jn* 3, 28). Se define a sí mismo como el amigo del esposo (¡el amigo de Jesús!), que según la costumbre judía es aquel que acompaña al novio en los primeros momentos del matrimonio y participa de forma especial en los festejos de las nupcias. Juan es el que se alegra de escuchar la suave voz de Jesucristo (cfr. *Jn* 3, 29). Juan es para Jesús, y solo quiere asemejarse a Él. Quiere todo lo que quiera aquel en quien ha encontrado su felicidad, y a quien sirve con todo su corazón.

Por otro lado, su espíritu de penitencia, gracias al cual Cristo creció en su alma. San Juan se trasladó al desierto siendo muy joven, vivió pobremente, no tuvo nada: quería vaciarse de todo para llenarse de Dios.

Tal vez no seamos capaces de alcanzar la humildad del Bautista y su pureza de corazón, pero bien podemos imitar su ejemplo de mortificación y penitencia. Esto no significa –al menos, en principio– vestirnos con piel de camello y comer saltamontes y miel silvestre... Nos bastará con pequeños propósitos –hablados con el Señor en la oración, comentados en la dirección espiritual– de orden en nuestra vida, de puntualidad en nuestras citas y de templanza en el comer. Esas pequeñas cosas que, a la postre, dominarán nuestro afán de suficiencia y nos harán un poquito más humildes.

26 DE JUNIO
SAN JOSEMARÍA ESCRIVÁ

1. Todos podemos ser santos.
2. Descubrir a Dios en lo cotidiano.
3. Santos y apóstoles.

1. «Cada santo es una misión; es un proyecto del Padre para reflejar y encarnar, en un momento determinado de la historia, un aspecto del Evangelio»[1]. El 2 de octubre de 1928, san Josemaría Escrivá recibió una luz de Dios que conllevaba una misión: recordar a todos los hombres, fueran cuales fueran sus circunstancias y condiciones (personales, profesionales, económicas o sociales), que podían ser santos y que el camino era lo que ya hacían: el trabajo profesional y su vida ordinaria.

Han pasado ya muchos años desde 1928 y la predicación sobre la necesidad es algo habitual pero quizá por eso ha podido perder fuerza en nuestra vida y se ha podido enfriar el deseo real en muchos corazones, tam-

---

[1] Papa Francisco, *Gaudete et Exsultate,* 19.

bién en los nuestros. ¿Es verdad que yo puedo ser santo? No me conoces bien...

Pero la santidad no parte de nosotros, es, como todo, iniciativa divina: «La santidad es un don que se ofrece a todos para tener una vida feliz. Y, al fin y al cabo, cuando recibimos un don, ¿cuál es nuestra primera reacción? Precisamente que nos ponemos felices, porque significa que alguien nos ama; y el don de la santidad nos hace felices porque Dios nos ama.

»(...) La santidad es un camino, un camino que hay que recorrer juntos, ayudándonos unos a otros, unidos a esos excelentes compañeros de ruta que son los Santos (...). La santidad es un camino, es un don. Entonces, podemos preguntarnos: ¿recuerdo que he recibido el don del Espíritu Santo, que me llama a la santidad y me ayuda a llegar a ella? ¿Le doy las gracias al Espíritu Santo por esto, por el don de la santidad? ¿Siento a los santos cerca de mí, hablo con ellos, me dirijo a ellos? ¿Conozco la historia de algunos de ellos? Nos hace bien conocer la vida de los santos y motivarnos con sus ejemplos. Y nos hace muy bien dirigirnos a ellos en la oración»[2].

Confiando en ese don de Dios, no perdamos el entusiasmo de recorrer ese camino. Pidamos hoy a san Josemaría, que, como él, sepamos corresponder siempre a la gracia de Dios, y cuando caigamos, que no nos falte ni la fuerza ni la confianza para levantarnos.

2. Esa santidad a la que Dios nos llama se realiza en medio de los afanes diarios, según la condición de

---

[2] PAPA FRANCISCO, *Ángelus*, 01-11-2023.

cada uno. «San Josemaría fue elegido por el Señor para anunciar la llamada universal a la santidad y para indicar que la vida de todos los días, las actividades comunes, son camino de santificación. Se podría decir que fue el santo de lo ordinario. En efecto, estaba convencido de que, para quien vive en una perspectiva de fe, todo ofrece ocasión de un encuentro con Dios, todo se convierte en estímulo para la oración. La vida diaria, vista así, revela una grandeza insospechada. La santidad está realmente al alcance de todos»[3].

Consideremos las palabras del propio san Josemaría y pidamos la gracia de saber vivirlas: «Hijos míos, allí donde están vuestros hermanos los hombres, allí donde están vuestras aspiraciones, vuestro trabajo, vuestros amores, allí está el sitio de vuestro encuentro cotidiano con Cristo. Es, en medio de las cosas más materiales de la tierra, donde debemos santificarnos, sirviendo a Dios y a todos los hombres (...), debéis comprender ahora –con una nueva claridad– que Dios os llama a servirle en y desde las tareas civiles, materiales, seculares de la vida humana: en un laboratorio, en el quirófano de un hospital, en el cuartel, en la cátedra universitaria, en la fábrica, en el taller, en el campo, en el hogar de familia y en todo el inmenso panorama del trabajo, Dios nos espera cada día. Sabedlo bien: hay un algo santo, divino, escondido en las situaciones más comunes, que toca a cada uno de vosotros descubrir (...). No hay otro camino, hijos míos: o sabemos encontrar en nuestra

---

[3] SAN JUAN PABLO II, *Discurso a los peregrinos que participaron en la canonización del Beato Josemaría Escrivá de Balaguer*, 7-10-2002.

vida ordinaria al Señor, o no lo encontraremos nunca»[4]. Como ves, no te escapas, tú también puedes ser santo.

3. Sin olvidar que la raíz de la santidad es la vida interior, el trato personal con Dios de tú a tú. Si la santidad es un don de Dios necesitamos cultivar nuestra relación con él. «San Josemaría fue un maestro en la práctica de la oración, que consideraba una extraordinaria "arma" para redimir al mundo. Recomendaba siempre: "Primero, oración; después, expiación; en tercer lugar, muy 'en tercer lugar', 'acción'" (*Camino*, n. 82). No es una paradoja, sino una verdad perenne: la fecundidad del apostolado reside, ante todo, en la oración y en una vida sacramental intensa y constante. Este es, en el fondo, el secreto de la santidad y del verdadero éxito de los santos»[5].

Para san Josemaría, la santidad no encierra a la persona en una relación intimista entre Dios y uno, sino que la santidad lleva directamente al apostolado: conocer y tratar a Dios produce un impulso inmediato a que otros lo conozcan y lo traten. Y, entonces, el trabajo cotidiano, las relaciones interpersonales de cada jornada se convierten, de manera natural, en ocasión para comunicar a otros la alegría de la fe. Se trata de entender que en el ADN de todo bautizado se enraíza de manera inseparable la llamada a la santidad y al apostolado. No

---

[4] San Josemaría Escrivá, *Conversaciones con Monseñor Escrivá de Balaguer*, 114.

[5] San Juan Pablo II, *Homilía en la canonización del Beato Josemaría Escrivá de Balaguer*, 6-10-2002.

son categorías *premium* de un cristiano avanzado, sino la condición natural de todo bautizado.

Que el ejemplo, los escritos y la intercesión de san Josemaría nos ayuden y acompañen en nuestro camino de santidad.

29 DE JUNIO
SAN PEDRO Y SAN PABLO, APÓSTOLES

1. El método de Dios.

2. San Pedro, cabeza de la Iglesia.

3. San Pablo, enamorado de Jesucristo.

1. Chicos y chicas. Convivencia al norte de Italia, junto al maravilloso lago de Como. Un paisaje excepcional: verde, frondoso, lleno de luz. Un pequeño paraíso, una vista deliciosa, un momento idílico. Lástima de aquella figura casi esférica que empezó a cruzar el lago. Pantalón corto, sin camiseta, red de pesca, cerveza en mano, guiando la barquichuela. Un pescador local.

Una de las jóvenes reparó en aquel hombre curtido por sus horas de brega. Llena de estupefacción, golpeó a su novio, situado a su derecha, y le dijo: «¿Ves a aquel hombre? A uno como ese eligió Cristo como cabeza de la Iglesia, y a diez más como fundamento de la fe».

En efecto, Pedro –y probablemente los demás apóstoles– no iba mucho más allá de aquel viejo pescador del lago de Como. Así eran: hombres que se ganaban la vida con oficios sencillos, que tenían en la vida objetivos normales, y en sus proyectos, un horizonte limitado a su comarca. De hecho, el evangelio nos revela que en ocasiones no brillaban por su inteligencia, ni siquiera eran capaces de comprender los simples ejemplos que el Señor ponía en forma de parábolas. Tampoco eran sencillos, es más, a veces son ambiciosos, y se pelean para ver quién tendría más poder –y fama– en el reino de Cristo. Así eran. Y, sin embargo, «a pesar de todo eso» (a lo mejor, «a causa de todo eso»), Cristo los eligió. ¿Por qué? Porque *quiso*, porque Dios no piensa como los hombres, sino que es capaz de ver lo profundo de los corazones de los hombres. A nosotros nos parece una locura, pero como nos reveló Él mismo, por boca de Isaías: *no son mis pensamientos vuestros pensamientos, ni vuestros caminos son mis caminos* (*Is* 55, 8).

Además, Dios no se cansó. Tiempo después eligió a Pablo. ¡Este sí que era valeroso, inteligente, arrojado, fuerte…! Pero era también un soberbio de primera categoría y, por tanto, poco útil para servir. Solo más tarde se dio cuenta del *método de Dios*, el que usa para elegir a los suyos. Escribiendo a los de Corinto, afirma sin hipocresía que *Dios escogió la necedad del mundo para confundir a los sabios y Dios eligió la flaqueza del mundo para confundir a los fuertes; Dios escogió a lo vil, a lo despreciable del mundo, a lo que es nada, para destruir lo que es (…), para que, como está escrito: «El que se gloría, que se gloríe en el Señor»* (*1 Co* 1, 26-31).

Dios y su «metodología». ¡Qué distinta es de la nuestra! Eligió a Pedro y a Pablo, tan distintos, tan pequeños… y hoy tan grandes. ¡Qué gran alegría poder celebrarlos hoy con toda la Iglesia! San Pedro y San Pablo: admírate.

2. Centremos ahora nuestra atención en san Pedro. En la primera lectura de la Misa escuchamos que toda la Iglesia estaba orando por su liberación mientras se hallaba en la cárcel.

Elegido por Cristo para ser apóstol, Pedro había recibido un encargo muy especial en Cesarea de Filipo: *te daré las llaves de reino de los cielos; lo que ates en la tierra quedará atado en el cielo, y lo que desates en la tierra quedará desatado en el cielo* (*Mt* 16, 19). Desde entonces, Pedro y sus sucesores tienen poder para gobernar la Iglesia, para afirmar la doctrina y guiar a todos los cristianos con su magisterio. Pedro aquel día llegó a ser Papa, un padre para todos los hijos de la Iglesia.

No mucho después, recibirá de nuevo la confirmación de su misión, cuando escuche aquella confidencia de Cristo: *¡Simón, Simón! Mira que Satanás ha solicitado el poder cribaros como trigo, pero yo he rogado por ti para que tu fe no desfallezca. Y tú, cuando hayas vuelto, confirma a tus hermanos* (*Lc* 22, 32). Desde ese día, Pedro recibió la gracia para alentar en el camino a aquellos que abrazaran la fe en Cristo: con su palabra, con su ejemplo, con su entrega.

El poder universal de Pedro, que es servicio, y su encargo de alentar en la fe a la Iglesia entera continúan en la persona del Romano Pontífice.

Hoy, como hacía ya la primitiva comunidad cristiana, toda la Iglesia se reúne –nos reunimos– a rezar por él, sea quien sea. Amamos al Papa, no puede ser de otra manera. Es buen día para pensar: ¿cuánto está presente en mis oraciones? ¿Ofrezco un sacrificio diario por su persona y sus intenciones? No tiene por qué ser muy grande... pero que sea diario. Sinceramente, ¿rezas por él? ¿Por qué no comenzar –o recomenzar– hoy?

3. Ahora, san Pablo: un enamorado de Cristo. Solo de un corazón lleno de amor pueden salir palabras como estas: *cuanto era para mí ganancia, por Cristo lo estimo como pérdida. Aún más, considero que todo es pérdida ante la sublimidad del conocimiento de Cristo Jesús, mi Señor. Por él perdí todas las cosas, y las considero como basura con tal de ganar a Cristo* (*Flp* 3, 7-8).

En la segunda lectura de hoy, contemplamos a Pablo, ya anciano, haciendo confidencias a su muy querido Timoteo. Le conocía de antiguo: Timoteo siempre había sido cristiano, pues había recibido la fe de su abuela Loida y de su madre Eunice. Era un discípulo fiel.

Pablo le tenía mucho afecto, y no teme comunicarle los secretos de su alma: *el momento de mi partida es inminente*, reconoce con sencillez. Pero encara la muerte con esperanza: *he luchado en el noble combate, he alcanzado la meta, he guardado la fe*. Como un amante, sueña con el momento de encontrar a su Amor: *me está reservada la merecida corona que el Señor, el Justo Juez, me entregará en aquel día. Y no solo a mí, sino también a todos los que desean con amor su venida* (*2 Tm* 4, 6-8).

Pablo enamorado. Pablo apóstol, misionero. Pablo fiel. Pablo anciano… y Pablo joven. En definitiva, Pablo, sin Cristo, es nada… ¿y tú?

3 DE JULIO
SANTO TOMÁS APÓSTOL

1. Que la momentánea incredulidad
no impida ver al apóstol.
2. Una medida para la fe.
3. Una bienaventuranza para ti.

1. Hoy celebra toda la Iglesia a uno de los Doce, Tomás, apodado el Mellizo, y conocido sobre todo por el episodio que protagoniza ocho días después del Domingo de Resurrección, tal como nos relata san Juan en el evangelio de la Misa del día. A causa de su incredulidad inicial para aceptar la resurrección conforme al testimonio de los demás, cuando se le nombra suele hablarse, sobre todo, de esto. Incluso en alguna ocasión he oído predicar animando a no ser como santo Tomás, sino más bien a tener una fe fuerte y vigorosa. Y te confieso que tal modo de predicar de santo Tomás me resulta algo imprudente. Porque con todos los defectos que tuviera el bueno de santo Tomás, y por más que evidentemente el día de la Resurrección no brillase por su conducta, de ahí a decir que no seamos como él. Más bien, si lo piensas, habría que decir que ojalá seamos como santo

Tomás. Si no te convences, considera lo que sabemos de su vida.

En los evangelios, además de su mención y del episodio que leemos en la Misa de hoy, aparece en dos ocasiones más. La primera diciendo con entusiasmo que vayan a morir con Lázaro, dando prueba así de su notable valor y amor al Señor, pues Este acaba de decir que la muerte de Lázaro es para su bien, pues será causa de que crean más en Él (cfr. *Jn* 11, 14ss). La segunda cuando pregunta sin rodeos a Jesús cuál es el camino para seguirle, arrancando así de labios de Cristo aquellas bellas palabras que son desde entonces un auténtico faro para todo discípulo del Señor: *Yo soy el camino y la verdad y la vida* (*Jn* 14, 6). Tomás era un lanzado, una persona que vivía las cosas con pasión. Ya solo este rasgo, puramente humano, explica que Cristo se fijara en él y le llamase para estar a su lado y para enviarle a llevar el evangelio a los demás. Ya solo esta manera de ser de Tomás es suficiente para pedirle a Jesús que te dé a ti la mitad de ese espíritu intrépido y apasionado que es imprescindible para las grandes empresas, y tú quieres que tu vida sea una de ellas.

2. Pero además de las noticias recogidas en los evangelios, sabemos cuál fue la suerte posterior de Tomás y hasta qué punto hizo honor a su talante lanzado y apasionado que se trasluce en los relatos evangélicos. Santo Tomás llegó ni más ni menos que hasta la India en su predicación. Allí fundó la Iglesia Malankara, los conocidos como Cristianos de Santo Tomás. Durante siglos, aquellas iglesias fueron solo un rumor alimentado por relatos como el de Marco Polo, sin embargo, cuando los portugueses llegaron a la India en el siglo XV se encontraron con que eran una sorprendente realidad. Aquellas gentes que se decían cristianas y que tenían unos ritos y usos muy diferentes de los latinos se tenían por hijos de la predicación de santo Tomás, cuyo cuerpo custodiaban desde que muriera en aquellas tierras. Un cuerpo hasta el que fueron llevados los portugueses y que se conserva hasta hoy en una iglesia que lleva su nombre y que junto con San Pedro del Vaticano y la Catedral de Santiago de Compostela son las únicas construidas sobre la tumba de un apóstol.

Cuidado entonces con proclamarle como el incrédulo, porque por la fe Tomás llegó a tierras muy lejanas y murió allí asesinado por llevar el evangelio. ¿Qué prueba más grande quieres de su fe? Porque la medida más adecuada de la fe la encuentras no en nada subjetivo, sino en lo que se hace por ella. Lo dice la *Carta de Santiago: Así es también la fe: si no tiene obras, está muerta por dentro. Pero alguno dirá: «Tú tienes fe y yo tengo obras, muéstrame esa fe tuya sin las obras, y yo con mis obras te mostraré la fe». Tú crees que hay un solo Dios. Haces bien. Hasta los demonios lo creen y tiemblan. ¿Quieres enterarte, insensato, de que la fe sin las obras es inútil?* (*St* 2, 17-19).

3. Mira entonces a santo Tomás y toma ejemplo de su audacia y de su fe. Sí, de su fe. La que manifiesta cuando se rinde ante Jesús resucitado exclamando: ¡Señor mío y Dios mío! (*Jn* 20, 28), y la que proclaman sus obras y su entrega en la India. Entonces podrán cumplirse en ti las palabras proféticas de Jesús con las que termina el evangelio de hoy: *Bienaventurados los que crean sin haber visto* (*Jn* 20, 29). A veces, al pensar en estas palabras de Jesús nos centramos en exceso en la cuestión de ver o no ver las llagas del resucitado como sí hizo Tomás. Y puede de este modo quedar en segundo plano el motivo fundamental de esta bienaventuranza: creer. Ahí radica la alegría y el ser bienaventurado, en creer como hizo Tomás. Algo que Él hizo, como los demás apóstoles porque vieron al Señor, pero que nosotros, los que hemos venido después, hemos de hacer no por verle a Él, sino por acoger el testimonio de sus apóstoles. En esto se distinguen los Doce del resto: ellos con su testimonio son el cimiento de la fe del resto que serán bienaventurados, no por ver esto o aquello, sino por escucharlos y acoger su testimonio. ¡Ojalá que, con ocasión de la fiesta de este apóstol, se actualice en tu vida esta bienaventuranza para todos los creyentes!

6 DE JULIO
SANTA MARÍA GORETTI

1. Santa María Goretti.
2. La pureza vale la pena.
3. Modelo vigente.

1. El 24 de junio de 1950 tuvo lugar en Roma la canonización de una niña de doce años, acontecimiento hasta cierto punto normal –ha habido muchas canonizaciones a lo largo de la historia– pero que por dos motivos se ha convertido en un acontecimiento único en la vida de la Iglesia: fue la primera vez, y de momento la única, que una madre asiste a la canonización de su hija, y la acompañaba el que le ocasionó la muerte, para entonces ya un convertido religioso franciscano.

Santa María Goretti, cuya memoria celebramos hoy, murió el 6 de julio de 1902 a manos de un joven amigo de la familia por defender la virtud de su castidad. Resintiéndose a los malos deseos de aquel, recibió varias puñaladas que días después provocaron su muerte; antes de expirar quiso poner de manifiesto sus sentimientos más internos: no solo perdonaba a su asesino, sino que le pedía a Jesús poder compartir el Paraíso con él. Pronto su testimonio se difundió por toda la Iglesia: un ejemplo de pureza y perdón; una niña de corta edad que había respondido con madurez a la voz de Dios.

«¿Qué dice a los jóvenes de hoy esta muchacha frágil, pero cristianamente madura, con su vida y, sobre todo, con su muerte heroica? Marietta –así la llamaban familiarmente– recuerda a la juventud del tercer milenio que la verdadera felicidad exige entereza y espíritu de sacrificio, rechazo de cualquier componenda con el mal y disposición a pagar personalmente, incluso con la muerte, la fidelidad a Dios y a sus mandamientos.

»¡Qué actual es este mensaje! Hoy se exaltan a menudo el placer, el egoísmo o incluso la inmoralidad, en nombre de falsos ideales de libertad y de felicidad. Es necesario reafirmar con claridad que se debe defender la pureza del corazón y del cuerpo, porque la castidad "custodia" el amor auténtico.

»Que santa María Goretti ayude a todos los jóvenes a experimentar la belleza y la alegría de la bienaventuranza evangélica: *Bienaventurados los limpios de corazón, porque ellos verán a Dios*. La pureza de corazón, como toda virtud, exige un entrenamiento diario de la voluntad y una constante disciplina interior. Requiere, ante todo, invocar asiduamente a Dios *en la oración*.

»Las múltiples ocupaciones y el ritmo acelerado de la vida dificultan a veces el cultivo de esta importante dimensión espiritual. Pero las «vacaciones de verano», que para algunos comienzan precisamente en estos días, si no se "queman" en la disipación y en la simple diversión, pueden convertirse en una ocasión propicia para reavivar la vida interior»[1].

---

[1] San Juan Pablo II, *Ángelus*, 6-07-2003.

2. Muchas generaciones de hombres y mujeres a lo largo de la historia han crecido y han desarrollado todas sus capacidades deseando imitar a alguien: las antiguas mitologías, los libros de caballería en la Edad Media, los superhéroes y protagonistas de tebeos, etc., no tenían otra misión que la de suscitar en el espectador o el oyente –dependiendo de los casos– el deseo de crecer. La Iglesia ha puesto en el candelero a unos pocos cristianos, en comparación con la multitud de santos que hay en el cielo, para que nos sirvan de modelo, para que viéndolos a ellos nosotros no desfallezcamos en el camino de la santidad personal.

Cada santo, con su vida, su muerte y su doctrina, nos ilumina un aspecto del misterio de Dios; los santos no agotan a Dios. Aunque sumáramos todos los méritos de todos los santos de todos los tiempos, no tendríamos más que una partecita de la inmensidad de la Santísima Trinidad. María Goretti nos habla del valor de la pureza. Es verdad que no está de moda, que son muchos los ataques que desde fuera y desde dentro de nosotros mismos experimentamos contra ella, que es tan fácil caer, que la tentación está al alcance de un click en internet en una marquesina de autobús.... Porque en el fondo hemos perdido la idea de lo que significa ser hombre; es una crisis de antropología.

La virtud de la castidad está en relación con la dignidad del hombre y de la mujer, con entendernos a cada uno como sujetos capaces de amar y ser amados, con una dimensión de eternidad; pero cuando esto se olvida, nos vemos reducidos a la pura satisfacción de unos instintos que más parecido tienen con los animales que con los hombres. Esta santa nos recuerda que merece la pena que retomemos la lucha por devolver a esta virtud

el lugar que le corresponde y, junto a ella, a otras hermanas pequeñas suyas que también han sido arrinconadas,
como el pudor y la decencia. Qué importantes son estos
elementos en la educación de las nuevas generaciones,
por parte de los padres y educadores.

El criterio de que todos lo hacen no sirve, mira a
Jesús camino, verdad y vida. Y la pureza es una afirmación no solo corporal o biológica, sino también espiritual de querer que Él sea el centro de nuestra vida
y desde donde queremos explicar todos nuestros actos.

3. «¡Qué luminoso ejemplo para la juventud! A la mentalidad de apatía, que impregna a gran parte de la sociedad y de la cultura de nuestro tiempo, le cuesta a veces
comprender la belleza y el valor de la castidad. El comportamiento de esta joven santa denota una percepción
elevada y noble de su propia dignidad y de la ajena, que
se reflejaba en las opciones diarias, confiriéndoles plenitud de sentido humano. ¿No es una lección de gran
actualidad? Ante una cultura que sobrevalora el aspecto
físico en las relaciones entre el hombre y la mujer, la
Iglesia sigue defendiendo y promoviendo el valor de la
sexualidad como factor que comprende todos los aspectos de la persona y que, por tanto, debe vivirse con una
actitud interior de libertad y de respeto recíproco, a la
luz del designio originario de Dios. Desde esta perspectiva, la persona se descubre destinataria de un don y llamada a hacerse, a su vez, don para el otro»[2].

---

[2] San Juan Pablo II, *Mensaje al obispo de Albano*, 6-07-2002. También para lo que sigue.

»(...) Queridos jóvenes, a vosotros os corresponde ser los centinelas de la mañana (cfr. *Is* 21, 11-12) que anuncian la llegada del sol, que es Cristo resucitado (n. 3: *L'Osservatore Romano*, edición en lengua española, 3 de agosto de 2001, p. 3). Caminar tras las huellas del divino Maestro entraña siempre una decidida toma de posición por él. Es preciso comprometerse a seguirlo dondequiera que vaya (cfr. *Ap* 14, 4). Sin embargo, en este camino, los jóvenes saben que no están solos. Santa María Goretti y los numerosos adolescentes que a lo largo de los siglos han pagado con el martirio su adhesión al Evangelio están a su lado para infundir en su corazón la fuerza de permanecer firmes en la fidelidad. Así podrán ser los centinelas de una radiante mañana, iluminada por la esperanza».

11 DE JULIO
SAN BENITO,
PATRÓN DE EUROPA

1. Un viaje de un valle hasta un monte
y su sentido para la vida cristiana.
2. Una luz para iluminar al resto.
3. Ora et labora.

1. Hoy se celebra la fiesta de san Benito, patrono de Europa junto con los santos Cirilo y Metodio y las santas Catalina de Siena, Brígida y Teresa Benedicta de la Cruz. Nació en torno al año 480 en la región italiana de Nursia dentro de una familia acomodada, lo cual le permitió estudiar en Roma la cultura y las letras clásicas. Todavía muy joven, decepcionado por la vida superficial y dedicada solo a los placeres mundanos de muchos de sus compañeros, se marchó a Subiaco, donde había una comunidad de monjes eremitas. Después de su paso por este lugar marchó a Montecassino, donde fundó su propio monasterio y donde permaneció hasta su muerte. Allí escribió su famosa regla que ha dado forma a la vida monástica de toda Europa.

San Gregorio Magno, cuyos *Diálogos* constituyen una fuente extraordinariamente importante para conocer la vida de san Benito, interpreta de manera muy singular el paso de Subiaco a Montecassino. Detenernos en ello pienso que puede ser de utilidad en nuestro rato de oración. Para san Gregorio, la salida de Benito desde el valle del Anio, donde muy cerca de Subiaco había fundado sus primeros monasterios, hacia Montecassino, situado en la cima de un monte que domina una extensa llanura, tiene un fuerte carácter simbólico. El sentido de este traslado de san Benito de aquel valle hasta el monte donde viviría el resto de sus días sería manifestar que, teniendo la vida monástica en el ocultamiento una razón de ser, un monasterio también tiene una finalidad pública para la vida de la Iglesia y de la sociedad: dar visibilidad a la fe como fuerza de vida. Esta dimensión de servicio a los demás está siempre presente en toda forma de vocación cristiana, por eso no es de extrañar que sea uno de los aspectos que haya recordado con más fuerza el Papa Francisco en su exhortación sobre la llamada a la santidad *Gaudete et exsultate*. Conviene no olvidarlo.

2. Porque, como dice Jesús en el Sermón de la Montaña explicando a sus discípulos –entre ellos nos contamos tú y yo, no lo olvides– que son sal y luz de la tierra: *No se puede ocultar una ciudad puesta en lo alto de un monte* (*Mt* 5, 14). San Benito puso físicamente esa ciudad al fundar en lo alto su monasterio de Montecassino, una ciudad que iluminó desde su altura toda Europa y que sigue iluminando a todos los creyentes con la vida y doctrina de este gran santo. Pero iluminar desde la altura para que otros encuentren su camino

–y eso hizo san Benito para muchas generaciones– requiere antes escalar hasta la cumbre. Como bien puedes comprender, ser luz no se improvisa, ni se nace con ello, sino que requiere de la gracia de Dios y de la correspondencia humana. Esa preparación para poder iluminar desde la altura de su vida santa la vivió san Benito en Subiaco. Aquel periodo de su vida fue un tiempo de soledad con Dios, un momento de maduración. Tuvo que soportar y superar las tres tentaciones fundamentales de todo ser humano: la tentación de la autosuficiencia y el deseo de ponerse a sí mismo en el centro; la tentación de la sensualidad; y, por último, la tentación de la ira y de la venganza. Examina tu conciencia y piensa cada día cómo va tu combate para no dejarte llevar por ninguna de ellas. Porque lo normal es que tu batalla en este punto ha de ser diaria. Algunas veces, con mayor intensidad en uno u otro ámbito, otras, con una situación más pacífica y sosegada.

El camino de madurez de san Benito, la lucha contra estas tentaciones que te mencionaba antes, tiene validez universal. Dicho de otro modo, tú también, si quieres crecer y madurar en tu vida cristiana para poder ser –como es voluntad de Cristo– luz para los demás, has de luchar contra la tentación de ponerte tú en el medio, de buscar el placer desordenadamente y de dejarte llevar por la ira.

3. Muchas cosas se pueden decir de san Benito, y hasta ahora nos hemos fijado en algunas para nuestra meditación. Pero ¿por qué es patrono de Europa? Es una buena pregunta cuya respuesta pienso que podemos encontrarla en unas palabras de san Juan Pablo II: «Él es Patrono de Europa en esta época nuestra. Lo es no solo por sus méritos particulares hacía este continente, hacia su historia y su civilización. Lo es, además, por la nueva actualidad de su figura en relación con la Europa contemporánea. El trabajo se puede separar de la oración y hacer de él la única dimensión de la existencia humana. La época contemporánea lleva consigo esta tendencia. (...) Se tiene la impresión de que prevalece la economía sobre la moral, de que prevalece la temporalidad sobre la espiritualidad. Por una parte, la orientación casi exclusiva hacia el consumo de los bienes materiales quita a la vida humana su sentido más profundo. Por otra parte, el trabajo está volviéndose en muchos casos casi una coacción alienante para el hombre, sometido al colectivismo, y se separa, casi a cualquier precio, de la oración, quitando a la vida humana su dimensión ultratemporal. Entre las consecuencias negativas de una semejante actitud de cerrarse a los valores transcendentes, hay una de ellas que hoy preocupa de modo especial: consiste en el clima cada vez más difundido de tensión social, que degenera tan frecuentemente en episodios absurdos de feroz violencia terrorista»[1].

No han perdido vigencia las palabras del santo papa polaco. El materialismo, la deshumanización del trabajo, la oposición entre lo material y lo espiritual... para superar todo eso podemos encontrar en el *ora et labora* de san Benito una inspiración. Quizá no en lo específico de la vida monástica, pero sí en la intuición de que toda actividad que hagas puedes convertirla en ocasión de encuentro con Dios si la vives honestamente y elevas tu alma a Él.

---

[1] San Juan Pablo II, *Homilía*, 23-03-1980.

16 DE JULIO
NUESTRA SEÑORA DEL CARMEN

1. María es nuestra guía y nuestra protectora.
2. Fomentar el deseo de hacer a la Virgen sentirse especial.
3. El escapulario.

1. Era el verano de 1845 cuando el barco inglés «Rey del Océano» se hallaba en medio de un feroz huracán. Las olas lo azotaban sin piedad y el fin parecía cercano. Un ministro protestante llamado Fisher, en compañía de su esposa e hijos y otros pasajeros, fue a la cubierta para suplicar misericordia y perdón.

Entre la tripulación se encontraba el irlandés John McAuliffe. Al constatar la gravedad de la situación, el joven abrió su camisa, se quitó el Escapulario y, haciendo con él la Señal de la Cruz sobre las furiosas olas, lo lanzó al océano. En ese preciso momento, el viento se calmó. Solamente una ola más llegó a la cubierta, trayendo con ella el Escapulario, que quedó depositado a los pies del muchacho.

El ministro había estado observando cuidadosamente las acciones de McAuliffe y fue testigo del milagro. No podía creerlo. Fue a hablar con él, y así conoció la devoción a la Santísima Virgen y su Escapulario. El Sr. Fisher y su familia resolvieron ingresar en la Iglesia católica lo antes posible, y acogerse a la gran protección del Escapulario de Nuestra Señora.

El mar, grande, temeroso, terrible. Sobrecoge pensar que los antiguos se lanzaran a la mar sin más aparejos y seguridades que aquellas antiguas cáscaras de nuez. Hombres recios y quizá poco religiosos encontraban en la Virgen del Carmen una protectora inigualable en las oscuras noches en ese inmenso desierto de agua y sal.

Es momento de reconocernos humildes y, con corazón de hijos, acudir a María. «Siéntate aquí, a mi lado, madre amorosa, que hoy quiero más que nunca rezar contigo, sentir tu protección, experimentar tu ternura. El camino es largo, las tentaciones duras, mi pobreza grande: ven, madre del amor hermoso, enséñame a conducirme con pureza y generosidad».

2. El monte Carmelo es un lugar maravilloso al borde del Mediterráneo, en Tierra Santa. En él, desde tiempo inmemorial, se ha dado culto a diversos dioses.

Allí –cuenta la Escritura– se reunió Elías con los profetas de Baal, y tuvo lugar aquella peculiar disputa sobre cuál era el verdadero Dios. El fuego que cayó del Cielo demostró que el Señor, el Dios de Israel, es el único Dios, vivo y verdadero.

En los siglos III y IV d.C. se dieron cita en este monte hombres austeros que, llevados por su espíritu de oración y penitencia, se retiraron a este lugar. Más tarde, en el siglo XII, un grupo de devotos procedentes de Occidente, que habían visitado la tierra donde nació Jesús, decidió tomar morada permanente en el monte Carmelo. Construyeron la primera iglesia dedicada a

Nuestra Señora y quisieron vivir en oración y pobreza, amando muy especialmente a la Virgen María. Ese primer grupo fue el origen de una orden hoy tan conocida: los carmelitas.

La devoción a Santa María del Monte Carmelo pronto se extendió por toda la cristiandad, quizá como una respuesta natural que tenemos los hombres de reconocer nuestra necesidad de fuertes protectores. En María encontramos muchas veces la fortaleza que nos falta y, al mismo tiempo, la ternura de la vida cristiana.

¿Te has fijado? Los chicos pueden llegar a ser muy finos cuando quieren tratar con delicadeza a la chica que les gusta. Los que eran desgarbados y más bien «brutotes» se vuelven vulnerables al encuentro con la delicadeza femenina: se deshacen en detalles, buscando que nada dañe a la chica que quieren, que se sienta como nunca, que se sepa muy querida, que conozca que no hay nada, absolutamente nada más que ella, en lo íntimo de su corazón.

Es maravillosa la experiencia de hacer a una chica sentirse especial... y es bonito para las chicas sentirse así, ¿no es verdad?

Pongamos más amor y ternura en nuestra piedad, intentando hacer que María se sienta única porque la cuidamos hasta el extremo: con jaculatorias sencillas, con pequeños actos de ofrecimiento, con detalles fervorosos de servicio y de sacrificio. Verás luego cómo Ella te mostrará de mil modos lo mucho que tus esfuerzos por agradarla alegran su corazón.

Es fantástico el deseo de tratar a María como a la chica más delicada. ¡Qué bonita es la piedad mariana!

3. En 1251, la Bienaventurada Virgen María, acompañada de una multitud de ángeles, se apareció a san Simón Stock, General de los Carmelitas. Llevaba en sus manos el escapulario de la Orden, y le dijo: «Tú y todos los Carmelitas tendréis el privilegio de que quien muera con él no padecerá el fuego eterno»; es decir, quien muera con él se salvará.

Originalmente, el *escapulario* era un hábito religioso, que cubría el cuerpo entero. Poco a poco se redujo, de modo que hoy es sencillamente un pedacito de tela, o una medalla que se lleva al cuello con la imagen de la Virgen del Carmen y el Sagrado Corazón. La tradición es clara: los que lo porten y lo tengan impuesto por el sacerdote, serán llevados al Cielo por la Virgen el sábado posterior a su muerte, en recompensa de su piedad mariana.

Esta preciosa devoción nos ayuda a confiar nuestra vida por entero a la Virgen: es como una consagración a su amor y a su persona. Además, llevar esta cadena al cuello es signo de pertenencia a María. Qué hermoso es, durante la jornada, besar la medalla, tocarla muchas veces, decirle un piropo a nuestra Madre.

Cuando tengas tentaciones y la sensualidad azote con su furia: besa a la Virgen del Carmen. Cuando tengas agobio y estés estresado por mil cosas, agarra con firmeza tu cadena al cuello y recuerda qué gran protectora te acompaña. Ella serena las olas en tu navegar cotidiano. Háblale al oído, y ella te escuchará.

Con María, todo es fácil. Tenlo *siempre* en cuenta.

22 DE JULIO
MARÍA MAGDALENA

1. *Cristo llama a una mujer por su nombre:*
signo de predilección y de confianza.
2. *María Magdalena aprendió a amar.*
3. *María Magdalena aprendió a sufrir.*

1. Qué duda cabe que es opinable. Que se puede estar o no de acuerdo. Así que, si no lo estás, cierras el libro y a otra cosa. Pero a mí me gusta considerarlo así. Aún más: la experiencia de la vida me hace pensar que es tan cierto como que me dispongo a contarlo. Allá va.

Jesús «nunca o casi nunca» llamaba a las mujeres por su nombre. Basta dar un vistazo a los evangelios. De hecho, aunque el trasfondo teológico pueda dar otra explicación razonable, no deja de ser sorprendente que a la Virgen la llame con ese genérico término «mujer»: mujer en Caná, mujer en la cruz.

No obstante, en el evangelio de hoy sucede justamente lo contrario. La de Magdala recibe de labios de Cristo el privilegio de ser llamada por su nombre: *¡María!* La escena es preciosa. En la mañana de la Resurrección, apenas apuntada el alba, la brisa de la primavera acariciando un mundo nuevo. María ha ido a prodigar sus cuidados al cuerpo muerto del Maestro. Tal como la describen los relatos, parece que hay dos circunstancias que explican la confidencia del Maestro.

En primer lugar, se aprecia un amor especial hacia la santa que celebramos hoy. Entre los apóstoles sabemos que existía un discípulo privilegiado: san Juan, que se entregó joven al amor y correspondió desde pequeño. De modo análogo, podemos pensar –¿por qué no?– que entre el conjunto de mujeres que le seguían habría algunas cuyo ejemplo y amor conmoverían especialmente al Maestro. La Virgen María era la primera entre ellas, muy por encima del resto. Ahora bien, Jesús no se mostraba impasible ante la entrega de la Magdalena, la delicadeza de sus cuidados y la belleza de su caridad. Si Cristo se admiraba por la fe de algunos, ¿cómo no se iba a sobrecoger por la dulzura de María?

Indisolublemente unido a lo anterior hay otro punto: la certeza absoluta que Cristo tenía acerca de la sinceridad de esas mujeres. Le profesaban tal amor que no deseaban otra cosa sino lo que Él quisiera. El simple hecho de que una orden o una sugerencia vinieran de Jesús era suficiente para calificarlo como útil, verdadero, santo y bueno. «En Él, ellas amaban a Dios, sin hueco a familiaridades confusas».

Amándole a Él, amaban al Padre y seguían su vocación, su particular camino de entrega. Y esto –no tengas duda– alegraba infinitamente el corazón de Jesús. Enfréntate a esta mujer enamorada. Piensa que Él se sigue llenando de gozo cuando contempla mujeres que, como la de Magdala, se cosen al madero de la continua e inexorable ternura del amor a Dios y al prójimo.

2. María fue una mujer que aprendió a amar y a sufrir. Primero, a amar. Fue un encuentro con Cristo lo que cambió su vida: de pecadora en discípula. No hizo nada para merecerlo: solo la gratuidad de Jesús, todo misericordia, la atrajo de nuevo por el camino de la gracia. Así, en la vida de María –como en la de tantos otros– se distinguen dos mitades: sin Cristo y con Cristo. ¡Qué luz debió de aportar la mirada y la palabra de Jesús! Fue sin duda la caridad de Cristo y la poderosa acción del Espíritu la que atrajeron a María a una entrega sin reservas.

Escucha lo que afirmaba el Papa Benedicto XVI: «Todo cristiano revive la experiencia de María Magdalena. Es un encuentro que cambia la vida: el encuentro con un hombre único, que nos hace sentir toda la bondad y la verdad de Dios, que nos libra del mal, no de un modo superficial, momentáneo, sino que nos libra de él radicalmente, nos cura completamente y nos devuelve nuestra dignidad. He aquí por qué la Magdalena llama a Jesús "mi esperanza": porque ha sido Él quien la ha hecho renacer, le ha dado un futuro nuevo, una existencia buena, libre del mal. "Cristo, mi esperanza", significa que cada deseo mío de bien encuentra en Él una posibilidad real: con Él puedo esperar que mi vida sea buena y sea plena, eterna, porque es Dios mismo que se ha hecho cercano hasta entrar en nuestra humanidad»[1].

Cristo mi esperanza. Cristo mi amor... y mi todo. ¿Por qué no lo vamos a repetir tú y yo muchas veces?

3. Estamos intentando aquietar nuestros sentidos y hacer oración. Busquemos en nuestra plegaria a María

---

[1] BENEDICTO XVI, *Mensaje Urbi et Orbi*, 8-04-2012.

Magdalena, y preguntémosle cuándo sufrió más su corazón. Poco sabemos de su vida de pecado, pero ciertamente es mucho lo que conocemos de su caminar junto a Jesús. Cruz. Lágrimas. Aflicción. ¿Cuándo sufriste más, María?, ¿cuándo?, ¿sin Cristo o con Él?

Es fea la tristeza que es fruto del pecado. Solo encuentra consuelo en el chapoteo de su propia miseria, volviendo una y otra vez a reincidir en los actos, como buscando consuelo, como tratando de encontrar descanso.

Qué distinta es la tristeza que es fruto del amor. Contemplamos a María de Magdala, anhelante de volver a tener ante su vista a Cristo, aunque sea en la fría expresión de un cadáver por tres días enterrado. Acude presta a buscar a Jesús: quiere estar con Él, seguir cuidándole, aun cuando sea solo en los despojos que con el tiempo serán polvo, ceniza, nada. La ausencia del Amado alimenta el deseo, mueve las almas a lo mejor si saben ser pacientes, motiva a los corazones para dar muestras de lo mucho que pueden llegar a amar. Pueden bombear la vida divina y repartirla por los cinco continentes. Lo pueden todo.

¡Dichosas vosotras que sostuvisteis la fe en la noche del mundo! ¡Alabada sea la Virgen Madre de Dios, y también la santa de Magdala! Amorosa y ardiente, operativa: vive para Cristo. Ejemplo de amor, modelo de apóstol. No se entiende a ella misma sin Cristo. Se ve muy sola sin Él.

Y Jesús, conocedor de su amor, bien consciente de su pureza... la llama por su nombre.

25 DE JULIO
SANTIAGO APÓSTOL

1. Una oración al patrón de España.
2. Uno de los «Boanerges» no es cualquier cosa.
3. El primero en beber el cáliz del Señor.

1. Hoy se celebra en toda la Iglesia al apóstol Santiago. En las listas de los Doce que nos refieren los evangelios aparecen mencionadas dos personas con este nombre: Santiago, el hijo de Zebedeo, y Santiago, el hijo de Alfeo, que suelen ser denominados como Santiago el Mayor y Santiago el Menor. Ciertamente, estas designaciones no pretenden medir su santidad, sino solo constatar la diversa importancia que reciben en los escritos del Nuevo Testamento. Hoy centramos nuestra atención en Santiago el Mayor, el hijo de Zebedeo, que es además patrón de España, motivo por el cual conviene que hoy te acuerdes en tu oración de pedir por España y por sus gobernantes, para que busquen siempre el bien común y la paz. Es verdad que el reino de Cristo no es de este mundo y que los cristianos somos ciudadanos del cielo que caminamos por esta tierra hacia la patria definitiva. Pero eso no significa que las cuestiones temporales den igual y que no hayas de preocuparte e interesarte por ellas, entre otras cosas, porque tu camino al cielo pasa por tu dedicación y entrega a las cosas de este mundo sirviendo a Dios y al prójimo. Entonces comprenderás bien la necesidad de rezar por la patria y por los gobernantes que la rigen, porque de su acierto o desatino dependen muchas cosas de aquí abajo, pero también en buena medida cómo poder caminar adecuadamente el camino hacia el cielo.

Y junto con la oración un espíritu de servicio a los demás, de contribuir a ese bien común de todos tus conciudadanos, aportando lo mejor de ti. Sin ser profeta de calamidades ni pensar que tenemos solución para todo, pero sin complejos para, con sencillez y humildad, ofrecer lo más valioso que tienes, y eso, sin duda, es tu fe y tu compromiso con el amor y la verdad.

2. Pero volvamos de nuevo al Apóstol Santiago, de quien, en palabras de Benedicto XVI, «podemos aprender muchas cosas: la prontitud para acoger la llamada del Señor incluso cuando nos pide que dejemos la "barca" de nuestras seguridades humanas, el entusiasmo al seguirlo por los caminos que él nos señala más allá de nuestra presunción ilusoria, la disponibilidad para dar testimonio de él con valentía, si fuera necesario hasta el sacrificio supremo de la vida. Así, Santiago el Mayor se nos presenta como ejemplo elocuente de adhesión generosa a Cristo»[1]. Y en estos tres aspectos que se señalan en este texto te propongo que nos detengamos.

---

[1] BENEDICTO XVI, *Audiencia General,* 21-06-2006.

Santiago, por lo que cuentan de él los evangelios, debía de ser un hombre de fuerte carácter, junto con su hermano es apodado por el mismo Cristo como «Boanerges» –hijos del trueno–, a causa de su fogoso temperamento. Ese mismo temperamento le lleva a no dudar un instante cuando, estando en la barca de su padre repasando las redes, recibió la llamada del Señor a seguirle más de cerca. En la vida, a veces hay que tener un arranque para decir sí al Señor, porque hay cosas que, si las pensamos demasiado, el enemigo termina por engañarnos y hacernos ser demasiado prudentes o, más que prudentes, timoratos. Y es que si pensamos demasiado en lo que nos supone dejar algo por el Señor, fácilmente nos agarraremos con más fuerza todavía a eso que hemos de soltar. Pídele a Dios tener, cuando sea oportuno, esos arranques de generosidad con Él para decirle que sí sin preguntar o pensar demasiado, haciendo lo justo, lo necesario, no sea que al final te eches atrás y pierdas la ocasión que te brinda en Señor.

Pero el arranque es solo el principio. Santiago probó su fortaleza no en un instante, sino en la perseverancia, heroica incluso, en la misión que había recibido. Él fue hasta el confín de la tierra, como Cristo les había mandado, y lo hizo incluso físicamente cuando llegó hasta el *finis terrae*, en tierras de Hispania. Y eso no se hace en un arranque, sino en muchos días de perseverancia. Días en los que también se encontró al borde del desánimo y necesitó del consuelo y la asistencia de María en Zaragoza. También los más grandes y fuertes necesitan de la ayuda y el apoyo, en particular, del de una madre. El apóstol te enseña de esta manera a dejarte ayudar por María y a ponerte en sus manos.

3. El entusiasmo de Santiago y la fuerza de su carácter le llevan también a desear ser el primero, junto con su hermano, al lado del Señor; así lo manifiesta su madre –que menuda debía de ser también– en el evangelio de la Misa de hoy. A veces ese deseo de los dos hermanos lo vemos de entrada como algo muy egoísta, pero no necesariamente es todo egoísmo lo que hay en ellos. Conociéndolos, hay también en su ánimo el deseo de estar más cerca de Jesús y de serle más fiel en esa misión de la que Él les habla y que, probablemente, no entienden todavía del todo en qué consiste. Por eso el Señor reconduce su deseo al preguntarles si son capaces de beber el cáliz que Él va a beber, porque esa es la condición para participar de su misión. Y de nuevo sale el carácter de los «hijos del trueno»: *Podemos* (*Mt* 20, 22), responden a Cristo. Ojalá tengas también tú esta grandeza de ánimo de decirle sí al Señor cuando te presenta el cáliz de su pasión. Pídele muchas veces saber decirle que sí, como aquellos dos hermanos, y ponerte así en sus manos. Luego, el beber el cáliz ya lo concederá o no el Señor. A Juan le libró de ello, a Santiago le concedió, en cambio, no estar a su derecha, sino ser el primero de los Doce en seguirle en el camino de la cruz dando la vida por el evangelio.

29 DE JULIO
SANTOS MARTA, MARÍA Y LÁZARO

1. Invitados a Betania.
2. No somos tontos.
3. Regañando con cariño.

1. Cada uno sabemos lo importante que es tener amigos, y la suerte que supone estar rodeado de un buen grupo de ellos. La Biblia reconocerá que quien tiene un amigo tiene un tesoro; por eso no es de extrañar que Jesucristo, perfecto Dios y perfecto hombre, gozara también de esas realidades de amistad; algunos de ellos le acompañarán hasta la cima del Calvario. Hoy celebramos la memoria de tres personas que con razón pueden ostentar el título de «amigas del Señor»: los santos hermanos Marta, María y Lázaro.

Si Cafarnaún se convirtió en el centro de operaciones de la vida pública de Jesús en Galilea, Betania era el lugar del descanso y amistad, en la vertiente oriental del monte de los Olivos, a tres kilómetros de Jerusalén. Suponía, junto a la vecina Betfagé, el último descanso para quienes subían a la ciudad desde Jericó. En la antigüedad no pasaba de ser una aldea, aunque no era del todo desconocida pues aparece citada en otros lugares de la Sagrada Escritura.

Allí residían los hermanos Lázaro, Marta y María. Allí el Maestro se encontraba como en su casa, gozaba de la hospitalidad y cuidado de aquella familia a la que profesaba un cariño entrañable; debía de ser visita obligada siempre que fuera a Jerusalén.

Jesús quiere establecer también con nosotros esa relación de familiaridad y amistad; ese querernos tanto y permanecer siempre a nuestro lado es lo que le llevó a instituir el sacramento de la Eucaristía, presencia real y compañía verdadera. «No comprendo cómo se puede vivir cristianamente sin sentir la necesidad de una amistad constante con Jesús en la Palabra y en el Pan, en la oración y en la Eucaristía. Y entiendo muy bien que, a lo largo de los siglos, las sucesivas generaciones de fieles hayan ido concretando esa piedad eucarística. Unas veces, con prácticas multitudinarias, profesando públicamente su fe; otras, con gestos silenciosos y callados, en la sacra paz del templo o en la intimidad del corazón.

»Ante todo, hemos de amar la Santa Misa, que debe ser el centro de nuestro día. Si vivimos bien la Misa, ¿cómo no continuar luego el resto de la jornada con el pensamiento en el Señor, con la comezón de no apartarnos de su presencia, para trabajar como Él trabajaba y amar como Él amaba? Aprendemos entonces a agradecer al Señor esa otra delicadeza suya: que no haya querido limitar su presencia al momento del Sacrificio del Altar, sino que haya decidido permanecer en la Hostia Santa que se reserva en el Tabernáculo, en el Sagrario.

»Os diré que para mí el Sagrario ha sido siempre Betania, el lugar tranquilo y apacible donde está Cristo, donde podemos contarle nuestras preocupaciones, nuestros sufrimientos, nuestras ilusiones y nuestras alegrías, con la misma sencillez y naturalidad con que le hablaban aquellos amigos suyos, Marta, María y Lázaro. Por eso, al recorrer las calles de alguna ciudad o de algún pueblo, me da alegría descubrir, aunque sea de lejos, la silueta de una iglesia; es un nuevo Sagrario, una ocasión más de dejar que el alma se escape para estar con el deseo junto al Señor Sacramentado»[1].

2. En una de esas frecuentes visitas de Jesús a Betania tiene lugar una de las escenas más conocidas de la vida de Marta. Como siempre, la presencia del Maestro en su casa era algo que les honraba y llenaba de inmensa alegría, como nos sucede a nosotros cuando nos visita un amigo. Cuidarían con sumo cuidado todos los detalles: prepararían de comida aquellos platos que sabían que más le gustaban, sacarían un buen vino y darían un repaso a la limpieza de la casa. Esperarían a Jesús en la puerta, se cruzarían los saludos de ritual –nada forzado ni solemne, solo la alegría típica de los amigos que se encuentran– y se sentarían dentro a charlar.

A la hora convenida, Marta sacrifica seguir escuchando al Maestro para ir organizando la comida. Los paseos a la cocina se suceden, pero aprovecha para seguir escuchando a retazos la conversación de Jesús; coge frases sueltas que iría meditando en su interior. Hasta que, de pronto, en uno de esos viajes el demonio comienza a susurrarle al oído: «¿y tu hermana María? Pareces boba, tú matándote a trabajar y mírala a ella, ahí sentada sin hacer nada». Marta lo rechaza, pero va

---

[1] San Josemaría Escrivá, *Es Cristo que pasa*, 154.

llenándose de razones; ya no escucha a Jesús, sino que solo se mira a sí misma; hasta que explota delante de Él: «¿No te importa que mi hermana me deje sola con el servicio?».

¡Cuántas veces nos pasa a nosotros exactamente lo mismo! ¡Cuántas veces sucumbimos también nosotros ante esa tentación de pensar en nosotros mismos, comparándonos con los demás! Eso no sirve de nada, cada uno debemos responder libremente; cuando empiezan las comparaciones, el corazón se encoje. Marta se olvidó del privilegio que suponía servir a Jesús, solo tenía ojos para sí. El egoísmo es el pecado capaz de romper cualquier relación; cuando uno solo sabe mirarse a sí mismo, acaba perdiendo la noción de la realidad y cae en el victimismo. Entender la vida como servicio a los demás no es ser tonto; solo los que entregan de verdad su vida pueden alcanzar la auténtica felicidad. Pidámosle al Señor la gracia de nunca caer en esta tentación.

3. Al ver esa reacción ciertamente desproporcionada, Jesús mira con cariño a Marta y le dirige unas palabras que ella no olvidará nunca: *Marta, Marta, andas preocupada por muchas cosas y una sola es importante. María ha escogido la mejor parte y no se la arrebatarán.* Redirige su mirada hacia lo que es verdaderamente importante: su presencia en medio de ellos; hacer las cosas por amor a Dios, reconocer a Jesús junto a nosotros es lo que importa. Es otro modo de afirmar la conocida sentencia: lo importante es el ser y no el hacer.

«¿Qué quiere decir Jesús? ¿Cuál es esa cosa sola que necesitamos? Ante todo, es importante comprender que no se trata de la contraposición entre dos actitudes: la escucha de la Palabra del Señor, la contemplación, y el servicio concreto al prójimo. No son dos actitudes contrapuestas, sino, al contrario, son dos aspectos, ambos esenciales para nuestra vida cristiana; aspectos que nunca se han de separar, sino vivir en profunda unidad y armonía. Pero entonces, ¿por qué Marta recibe la reprensión, si bien hecha con dulzura? Porque consideró esencial solo lo que estaba haciendo, es decir, estaba demasiado absorbida y preocupada por las cosas que había que «hacer». En un cristiano, las obras de servicio y de caridad nunca están separadas de la fuente principal de cada acción nuestra: es decir, la escucha de la Palabra del Señor, el estar –como María– a los pies de Jesús, con la actitud del discípulo. Y por esto es que se reprende a Marta»[2].

Que Santa Marta interceda por nosotros y nos enseñe a estar siempre muy cerca de Jesús y a la vez muy cerca de los hombres.

---

[2] Papa Francisco, *Ángelus*, 21-07-2013.

4 DE AGOSTO
SANTO CURA DE ARS

1. Si fuera sacerdote, desearía conquistar muchas almas.

2. Tú me muestras el camino a Ars, yo te
mostraré el camino al cielo.

3. Dos pasiones: Eucaristía y confesión.

1. «A las dos de la mañana del 4 de agosto de 1859, san Juan Bautista María Vianney, terminado el curso de su existencia terrena, fue al encuentro del Padre celestial para recibir en herencia el reino preparado desde la creación del mundo para los que siguen fielmente sus enseñanzas (cfr. *Mt* 25, 34). ¡Qué gran fiesta debió de haber en el paraíso al llegar un pastor tan celoso! ¡Qué acogida debe de haberle reservado la multitud de los hijos reconciliados con el Padre gracias a su obra de párroco y confesor!»[1].

Celebramos hoy la fiesta de San Juan María Vianney, el Santo Cura de Ars. Nació en la pequeña aldea de

---

[1] Benedicto XVI, *Audiencia General*, 5-08-2009. También para el resto de las citas.

Dardilly el 8 de mayo de 1786, en una familia material-
mente pobre pero muy rica en la fe. Eran años difíciles:
tiempo de persecución a la Iglesia católica en la Francia
napoleónica. El pequeño Juan María aprendió de su familia una fe sólida.

Sus tareas eran las de un adolescente de campo: cuidar de los frutos de la tierra y apacentar a los animales,
hasta el punto de que a los diecisiete años aún era anal-
fabeto. Pero su corazón ocultaba un secreto: el deseo de
ser sacerdote. Alcanzarlo no le resultó fácil.

Llegó a la ordenación presbiteral después de muchas
incomprensiones y gracias a la ayuda de sacerdotes prudentes «que no se detuvieron a considerar sus límites
humanos, sino que supieron mirar más allá, intuyendo
el horizonte de santidad que se perfilaba en aquel joven
realmente singular (...). Por fin, a la edad de 29 años,
después de numerosas incertidumbres, no pocos fracasos y muchas lágrimas, pudo subir al altar del Señor y
realizar el sueño de su vida».

Así pudo comenzar a poner por obra su más alta y
honda aspiración, que en alguna ocasión había manifestado a su propia madre: «Si fuera sacerdote, querría
conquistar muchas almas».

2. San Juan María Vianney pronto fue destinado a la
parroquia donde pasaría el resto de su vida. El obispo
le había advertido que Ars era un pueblo nada fácil: «en
ese lugar hay muy poco amor de Dios –le había dicho–:
tendrá que ponerlo usted».

Con sus pocas pertenencias, el nuevo sacerdote se
puso en camino. El pueblo se halla encajado en medio
de una pequeña vaguada, y debido a su escaso tamaño
no resulta fácil de ver. Juan María Vianney, un poco per-

dido, decidió preguntar a un muchacho que encontró en el camino. «¿Me podrías indicar el camino a Ars?». El chico respondió que estaba dispuesto a acompañarle, porque estaba muy cerca, a lo que el buen cura replicó: «tú me enseñas hoy el camino a Ars. Yo te mostraré el camino al cielo». Un pequeño monumento a la entrada de Ars recuerda aquel encuentro. Al pie, una placa informa al peregrino que el muchacho acabó siendo sacerdote.

Ser sacerdote o enseñar a los hombres el camino al cielo: es lo mismo.

Y me pregunto: ¿hasta qué punto nosotros nos esforzamos por buscar el buen camino y mostrárselo –a modo de pequeños buenos pastores– a los demás?

3. El buen cura llegó a un pueblo comido por las envidias, el juego, la bebida y las relaciones ilícitas. Su receta fue, sobre todo, cuidar las cosas de Dios. Mejoró la iglesia, compró un nuevo Sagrario, ornamentos y, con frío o calor, pasó innumerables horas en oración. La gente lo sabía, porque veía una pequeña luz brillar dentro de la iglesia: «es el cura que reza».

Además, celebraba la Misa con una piedad sobrecogedora. La gente asistía conmocionada. El sacerdote hablaba con Cristo presente en la Sagrada Hostia como extasiado, parecía que se encontraba a las puertas del cielo. La belleza de sus movimientos, la ternura de su cara, la suavidad de sus gestos comunicaban una presencia muy particular y una trascendencia elevadísima. Su amor a Dios en la liturgia y en los sacramentos conmovía los corazones más agresivos e indolentes.

«Logró tocar el corazón de la gente no gracias a sus dotes humanas, ni basándose exclusivamente en un esfuerzo de voluntad, por loable que fuera; conquistó las almas, incluso las más refractarias, comunicándoles lo que vivía íntimamente, es decir, su amistad con Cristo. Estaba "enamorado" de Cristo, y el verdadero secreto de su éxito pastoral fue el amor que sentía por el Misterio eucarístico anunciado, celebrado y vivido, que se transformó en amor por la grey de Cristo, los cristianos, y por todas las personas que buscan a Dios».

Su otra pasión fue el confesonario. El Santo Cura llegó a pasar más de quince horas al día escuchando confesiones. Su fama se extendió por toda Francia, e incluso por toda Europa. Personas sencillas y personajes famosos se encaminaron a Ars a recibir el sacramento del perdón. El Santo Cura de Ars supo comunicar la inmensa misericordia de Dios.

«Así pues, san Juan María Vianney se distinguió como óptimo e incansable confesor y maestro espiritual. Pasando, "con un solo movimiento interior, del altar al confesonario", donde transcurría gran parte de la jornada, intentó por todos los medios, en la predicación y con consejos persuasivos, que sus feligreses redescubriesen el significado y la belleza de la Penitencia sacramental, mostrándola como una íntima exigencia de la Presencia eucarística».

Pide al Santo Cura de Ars un renovado amor a la Eucaristía y a la confesión. Y a propósito, pregúntate: ¿qué lugar ocupan una y otra en este verano? ¿No podrían ser un poquito más importantes en tu vida?

6 DE AGOSTO
TRANSFIGURACIÓN DEL SEÑOR

1. La energía del universo.
2. La potencia del reino.
3. El «bien estar» con Jesús.

1. La fiesta de la transfiguración puede decirse que es la fiesta de la luz, una luz que en los relatos evangélicos parece desbordarse en este día de manera muy singular. Todo parece dominado por ese blanco deslumbrador de los vestidos de Jesús. La luz, que es lo que permite nuestra visión de las cosas cuando es reflejada por ellas, es, sin embargo, imposible de ver en sí, no lo permiten nuestros ojos que quedan deslumbrados. Por eso fijarse en ella es especialmente complicado, también lo ha sido a lo largo de la historia para físicos y filósofos cuando han intentado conocerla mejor. De hecho, la física no acierta a definirla de un modo del todo unívoco y ha de mantener cuando se aproxima a ella la dualidad de considerarla como una onda o como un corpúsculo. Pero lo que sí está fuera de toda duda es que se trata de una energía. Una energía que irradian los cuerpos lumínicos, como las estrellas.

La luz es energía, la energía más formidable del universo. Es la energía de las estrellas, de nuestro sol; sin ella, la vida sería del todo imposible.

Por eso esta fiesta dirige nuestra mirada al misterio de la luz de Dios. Una luz presente ya en el origen de todas las cosas. Presente al comienzo del libro del Génesis cuando dijo Dios: *Exista la luz* (*Gn* 1, 3) y con ella iluminar la oscuridad. Y nos recuerda así que todo el poder y la grandeza que percibimos en el universo tienen su único origen en Dios. La luz creada por él nos revela su gloria y por eso acompaña sus manifestaciones, como sucede en la de hoy. Luz que hoy envuelve a Cristo ante sus discípulos en un anticipo de lo que sucederá plenamente en la resurrección cuando la luz de Dios penetre por completo la humanidad de Cristo y haga de su cuerpo un cuerpo glorioso. Quédate junto a Pedro, Santiago y Juan, y llénate de su alegría y de su asombro por la luz gloriosa de Cristo.

2. Lo que sucede hoy en el Monte Tabor es el cumplimiento de lo que Jesús había anunciado seis días antes, cuando les dijo: *En verdad os digo que algunos de los aquí presentes no gustarán la muerte hasta que vean el reino de Dios en toda su potencia* (*Mc* 9, 1). Dicho y hecho. Porque toda la potencia del reino está en Jesús y Él permite en este día que los más íntimos de su círculo puedan contemplarla por unos instantes. Unos instantes en los que para los discípulos no hubo ni una ligera sombra de tiniebla o de oscuridad. Por un momento la luz venció todo aquello como anticipo de la victoria definitiva de Cristo en la cruz. Y, sin embargo, enseguida vuelta a lo de antes, como relata Marcos con sobriedad: *De pronto, al mirar alrededor, no vieron a nadie más que a Jesús, solo* *con ellos* (*Mc* 9, 8). ¿De qué les ha servido entonces? Y a esta pregunta puedes, quizá, añadir la concerniente a esos momentos de tu oración, de tu intimidad con el Señor, en los que le has sentido muy cerca y has percibido algo de su luz, ¿dónde quedan cuando bajas de la montaña?, ¿cuál es su sentido?

La tentación es convertirlos en un refugio nostálgico en el pasado al que acudir para evadirse de lo que hay delante. Y desde luego no es esto para lo que Cristo muestra su luz. Si Él permite que veamos la potencia del reino en esa luz maravillosa, es para que nos acompañe y guíe entre las oscuridades que todavía nos rodean y acechan. De la luz del Tabor vivieron los discípulos en las oscuras horas de la pasión. De la luz de tu oración vivirás tú y superarás la oscuridad que todavía te resta por vencer para llegar a la luz del cielo.

3. La teoría de la relatividad dice que, a velocidades cercanas a la luz, el tiempo transcurre más despacio, de manera que un segundo puede equivaler a cien años para quien está fuera de tal velocidad. Vaya, que en la luz parece que el tiempo se detiene, como les sucede a los discípulos de Cristo. Sin llegar a términos de la relatividad, seguro que has experimentado esta sensación de perder la noción del tiempo con algo tan bueno que, cuando te vuelves a mirar el reloj, han pasado horas y sin embargo te han parecido apenas unos minutos. Ojalá te suceda eso con Jesucristo en los sacramentos y en la oración, y descubras que con Él estás como con nadie más. Un «bien estar» que no es meramente físico o emotivo, sino que nace del don de Dios, como en el Tabor. Por eso empieza por pedírselo con insistencia.

Es verdad que es un regalo del Señor, pero no es menos cierto que solo se lo da a aquellos tres cuando estos se han retirado con Él a solas. Y por ahí debes empezar cuando se lo pides. Y se han retirado a la cima de una montaña. Ha requerido tiempo entonces llegar al lugar donde Jesús les ha mostrado su luz. No es algo inmediato, ni exento de esfuerzo o de lucha, como está implicado necesariamente en el camino a la cumbre de un monte. Te das cuenta entonces que ese estar bien con Jesús no es el que puede seguirse de una versión sensiblona y acomodada del evangelio. Sin escalar a la cumbre no hay transfiguración; y en esto no existen los atajos, has de seguir el camino con toda su dureza. Pero no olvides que lo haces junto al Maestro, Él va siempre a tu lado.

9 DE AGOSTO
SANTA TERESA BENEDICTA DE LA CRUZ

1. Dios visto de cerca por una pagana.
2. Ante el fracaso: suicidio y esperanza.
3. Donde quiera que me lleves.

1. Edith era la pequeña de una numerosa familia judía de Prusia, actualmente Polonia. Nació a finales del siglo XIX y murió en el campo de concentración de Auschwitz durante la segunda guerra mundial. Su vida fue una constante búsqueda de la verdad que la condujo a surcar el inmenso océano de la filosofía, hacerse posteriormente católica y, finalmente, ingresar como carmelita en la alemana ciudad de Colonia.

El sostenimiento de la familia dependía de una pequeña industria maderera que generaba algunos puestos de trabajo. Con la prematura muerte del padre, la madre de Edith (Auguste Stein) hubo de hacerse cargo de la gestión de la empresa. Aprendió contabilidad, visitaba los campos, cuidaba de la casa y del trabajo; era una mujer fuerte, judía convencida y piadosa que luchó hasta el final por los suyos.

Edith fue, desde siempre, muy inteligente. Quiso ir a la escuela antes de tener la edad necesaria, y pasaba los cursos con extraordinaria facilidad debido a su brillantísima capacidad. A los quince años abandonó conscientemente la oración. Le parecía superflua, absurda, inservible. Dios estaba muy lejos y ella dejó explícitamente el judaísmo que hasta entonces había practicado. En la universidad estudió filosofía, y pronto trabajó para uno de los más brillantes pensadores de inicios de siglo: Edmund Husserl. Poco a poco, Edith comenzó a ser reconocida en todo el mundo por su competencia filosófica y su gran capacidad de trabajo.

Sin embargo, aunque ella se había alejado de Dios, Dios no se había alejado de ella. Algunos impensados acontecimientos hicieron que recapacitara y acabara retornando al Dios verdadero. Vamos a meditar algunos de ellos.

Como ella misma cuenta, un punto fundamental fue su estancia en Frankfurt. En esta ciudad se encontró con su amiga Pauline, hermana de Adolf Reinach.

«Teníamos mucho que contarnos mientras recorríamos lentamente la ciudad antigua, que me era tan familiar por los *Pensamientos y recuerdos,* de Goethe. Pero me impresionaron más otras cosas que el Monte de Roma y la Tumba del ciervo. Entramos unos minutos en la catedral, y, mientras estábamos allí en respetuoso silencio, entró una señora con un cesto del mercado y se arrodilló en un banco, para hacer una breve oración. Esto fue para mí algo totalmente nuevo. En las sinagogas y en las iglesias protestantes, a las que había ido, se iba solamente para los oficios religiosos. Pero aquí llegaba cualquiera en medio de los trabajos diarios a la iglesia vacía como para un diálogo confidencial. Esto no lo he podido olvidar».

Dios en medio de las cosas más humanas... y casi sin darse cuenta, Edith comenzó a tener envidia de los que podían relacionarse así con el Todopoderoso.

2. La joven y prometedora profesora de filosofía, cuya clarividencia intelectual era sobresaliente, había hecho gran amistad con una familia protestante: los Reinach. Su afecto era sincero, afectuoso, próximo: se apreciaban.

La trágica muerte de Adolf Reinach en el frente de Flandes el 16 de noviembre de 1917 le dio mucho que pensar. Pocos días después recibió una carta de la viuda en la que le rogaba fuera a Gotinga, si le era posible, «a ordenar los papeles que su marido había dejado».

Edith no sabía qué palabras de consuelo podría usar con la viuda, que sería seguramente presa de una profunda desesperación.

El impacto que le causó el encuentro jamás será olvidado. La encontró serena y llena de esperanza. Más tarde, en el funeral, escuchó palabras de consuelo y de futuro. Edith se daba cuenta de que la Cruz significa algo muy distinto del sufrimiento sin sentido que ella había imaginado, pero lo calló durante años. Más tarde, una vez convertida y hecha religiosa carmelita, nos hará esta confidencia:

«Fue este mi primer contacto con la Cruz y con la virtud divina que comunica a los que la llevan. Por primera vez vi palpablemente ante mí a la Iglesia nacida de la Pasión redentora de Cristo en su victoria sobre el aguijón de la muerte. "Fue el momento en que se quebró mi incredulidad, palideció el judaísmo y apareció

Cristo: Cristo en el misterio de la Cruz". Por eso, en mi toma de hábito no acertaba a expresar otro deseo que el de llamarme, en la Orden, con el apelativo *de la Cruz*».

Una vez más, Edith sintió envidia –de la buena– de los creyentes en Cristo.

3. Hubo un paso decisivo en su conversión. Una tarde de julio en la casa de los Conrad Martius (otra pareja de filósofos amigos), entró en la biblioteca, tomó por casualidad un libro y comenzó a leer. Era la vida de Santa Teresa de Jesús. Pasó toda la noche en vela, leyéndolo. A la mañana siguiente, solo alcanzaba a repetir una frase: «Esta es la verdad».

Edith, que había pasado toda su vida buscando, por fin había encontrado la verdad: y por eso decidió hacerse católica. Cuando lo comunicó en casa, la decepción de su madre fue mayúscula. Una tristeza muy grande invadió su alma: difícilmente podía dirigirle una sola palabra.

Edith no la dejó de lado, sino que seguía apoyándola en sus labores e incluso la acompañaba cada sábado a la sinagoga. Era un camino silencioso, transido por el dolor de madre e hija, que experimentaban una indeseada lejanía a pesar de estar tan cerca.

Un día, volviendo de la enseñanza sabática, Auguste Stein estalló, y dijo a su hija, como increpándola: «¡¡¡Si yo no tengo nada contra ese hombre, salvo que se hizo igual a Dios!!! ¿Qué necesidad tenía de asemejarse a Dios? ¡Dímelo!».

Había comprendido que Jesucristo afirmaba de sí mismo ser verdadero Dios y hombre verdadero, y le parecía una blasfemia. Para Edith, por el contrario, esa *es* la verdad, y una vez conocida no podía abandonarla.

Años más tarde decidió entregar su vida entera a Jesucristo entrando en el Carmelo. Confiesa que, el día en que se lo comunicó a su madre, fue el más triste de su vida. Permanecieron las dos juntas, llorando, sin poder articular palabra...

No obstante, Edith siguió su camino. Cuando se recrudeció la persecución de Hitler contra judíos y católicos, fue enviada al campo de concentración, donde murió.

La vida de Edith: búsqueda, cruz y verdad. Confiemos en que el Señor nos lleve a nosotros también a comprender, un poquito mejor, la verdad por la que merece la pena comprometer la vida entera.

10 DE AGOSTO
SAN LORENZO

1. Los tesoros de la Iglesia.
2. La recompensa del que sirve.
3. La santa imprudencia.

1. Relata una tradición muy antigua sobre el martirio del diácono san Lorenzo, cuya fiesta celebramos hoy, que, cuando Lorenzo vio que al Papa Sixto lo iban a matar, le dijo: «Padre mío, ¿te vas sin llevarte a tu diácono?». A lo que le contestó el Santo Papa: «Hijo mío, dentro de pocos días me seguirás». Algo que se cumplió sin demora y en la misma persecución desatada por el emperador Valeriano dio testimonio de su fe con la vida. Pero antes, el procurador romano encargado de la persecución a los cristianos en Roma llamó a Lorenzo y le dijo: «Sé que los cristianos empleáis copas y vasos de oro en vuestros sacrificios, que tenéis candelabros muy valiosos y otras muchas riquezas. Ve a reunir todos los tesoros de la Iglesia y tráelos, porque el emperador necesita dinero para costear una guerra que va a empezar. Si así lo haces, podrás salvar la vida». Lorenzo le pidió que le diera tres días de plazo para poder juntar todas las riquezas y bienes de la Iglesia. En esos días llamó a todos los pobres, lisiados, mendigos, huérfanos, viudas, ancianos, mutilados, ciegos y leprosos que él ayudaba con sus limosnas. Y al tercer día se presentó con ellos al procurador y le dijo: «Aquí tienes todos los tesoros de la Iglesia. Son más valiosos que todo cuanto posee el emperador». El procurador montó en cólera por la burla de que había sido objeto y condenó a Lorenzo a una muerte aún más cruel que la de los otros cristianos, sería asado en una parrilla.

El gesto, no exento de cierta chulería, de Lorenzo puso de manifiesto cuál es en verdad el tesoro de la Iglesia: el servicio. El servicio a todos los hombres, especialmente a los más necesitados. Ahí tienes la mayor de las riquezas. ¡Ojalá tú también seas rico en ellas y puedas decir cada día que has buscado servir al Señor y al prójimo en aquello que tuviste ocasión!

2. El servicio es un tesoro por muchas razones. Una, te la enuncia el evangelio de la Misa de hoy, en palabras de Jesús a sus discípulos: *Donde esté yo, allí también estará mi servidor; a quien me sirva, el Padre lo honrará* (*Jn* 12, 26). ¿Quieres estar cerca de Jesús? Pues ya sabes cuál es la clave: el servicio. Por eso, por muchos ratos de oración que hicieras, si te falta espíritu de servicio, difícilmente te ayudaría a tenerle cerca de verdad. Y esto es así porque el mismo Cristo ha venido a la tierra para servir, no para ser servido. Él ha venido para realizar el servicio supremo a toda la humanidad, un servicio que no es otro que rescatar a todos los hombres de la muerte y darles la esperanza de la salvación. Cuando le sirves y cuando lo haces en esos sus hermanos más pequeños, te estás pareciendo a Él y por eso puedes estar seguro de que allí está Cristo, con su servidor.

Pero, en realidad, la razón que ofrece el evangelio es doble. Además de la compañía del Señor, garantizada para quien, como Él, se pone a servir a sus hermanos, también se anuncia el honor que dará el Padre a quien tome ese camino que le asemeja a su Hijo. A lo mejor objetas interiormente: ¿no es algo egoísta esperar re-compensa? Es verdad que el premio en ciertos ámbitos y personas se ha cargado de mala prensa, pero no es en sí negativo. Depende del premio y depende del medio para alcanzarlo. De hecho, el premio es muchas veces cuestión de justicia, ¿o se ha de poner la misma nota en un examen a quien lo hizo bien y al que se nota que no domina la materia en cuestión? Esperar el premio de Dios y esforzarse por alcanzarlo no es cosa mala, al con-trario. Porque el premio de Dios es su amor y su amistad por toda la eternidad. Así que además de la compañía de Cristo no está demás que desees ese honor que el Padre reserva a los que le sirven con fidelidad, algo que, por otra parte, hizo el diácono san Lorenzo hasta el final.

3. Antes, cuando traíamos a la mente la historia del martirio de san Lorenzo, se puso de manifiesto el punto desafiante, incluso con un toque de chulería, que tuvo el santo con la autoridad romana. Pues esa actitud no se detuvo ahí, sino que salió a relucir, y lo hizo con más fuerza todavía si cabe, en el momento en que die-ron cumplimiento a la condena a que había sido sen-tenciado. Cuenta el relato de su martirio que después de estar un rato sobre la parrilla dijo desafiante a sus verdugos: «Ya estoy asado por un lado. Dadme ahora la vuelta para que se ase también el otro». Cosa que hicieron inmediatamente. Así quemado por completo murió Lorenzo el diez de agosto de 258. El poeta Prudencio dice que el martirio de san Lorenzo sirvió mucho para la conversión de Roma porque la vista del valor y constancia de este gran hombre convirtió a varios senadores.

Este valor de san Lorenzo que llega al atrevimiento de mostrarse desafiante con los que le van a matar, no lo confundas con la imprudencia o la mala educación ni con el orgullo o la soberbia. Nada tiene que ver con eso. Es el atrevimiento que da la libertad de servir a Jesús. Es la libertad de quien no tiene nada que perder porque lo ha ganado todo. Es, en definitiva, la santa imprudencia de quien no tiene que hacer cálculo alguno ni medir sus palabras porque todo lo fía a su Señor. Pídele a Dios tener tú esa libertad para no agachar la cabeza ante los poderes del mundo y las tentaciones del enemigo. Plántales cara con desparpajo, sin miedo, con esa gallardía de quien se sabe bien acompañado y seguro de la victoria.

15 DE AGOSTO
SOLEMNIDAD DE LA ASUNCIÓN
DE LA VIRGEN

1. Rezar con la imaginación.
2. La Asunción en mi vida concreta.
3. Una lejanía muy cercana.

1. ¿Jerusalén? Posiblemente. ¿Día y hora exacta? Desconocidas. ¿Circunstancias? Pasaron desapercibidas. Como el resto de su vida, los últimos días en la tierra de la Virgen no dejaron una huella escrita en la historia. Si murió o no murió, si se la enterró o no, de cómo fueron sus últimos momentos o de cómo se enteraron los Doce Apóstoles, dejémoslo en el misterio de Dios y celebremos hoy llenos de alegría que, cumplido el curso de su vida terrena, fue asunta en cuerpo y alma a los cielos.

En esta primera parte de la oración te invito a utilizar tu imaginación, déjala correr, que tu corazón sueñe sobre aquella escena que la Biblia no nos cuenta; métete en una esquina del cielo y mira.

Hay un gran revuelo, los Ángeles caminan presurosos de un lado a otro, hay grandes guirnaldas de rosas y flores variadas, se han puestos las más ricas alfombras y los coros angélicos ensayan sus mejores piezas. Todo es un ambiente de fiesta y regocijo, nadie sabe por qué, pero es un día grande; recuerda aquella mañana gloriosa de domingo en la que la Segunda Persona de la Trinidad hecha hombre volvió victorioso de la tierra, con su cuerpo glorioso marcado con las cinco llagas, a ocupar el lugar de preeminencia que le correspondía a la derecha del Padre; y así volvían a quedar abiertas las puertas del Paraíso.

¿Qué pasa hoy? Hay un ambiente de expectación. Tú tampoco lo entiendes del todo, pero quieres poner tu granito de arena y adecentas un trono que han preparado para alguien, al terminar, das un beso al apoyabrazos donde el misterioso personaje reposará su mano. Y, de pronto, se abren de par en par las puertas del Cielo y entra Ella. Los Ángeles enmudecen y tú estás asombrado; María, la humilde doncella de Nazaret, entra más hermosa que nunca; cuerpo y alma en el cielo. Es recibida por el Padre y el Hijo y el Espíritu Santo. Todos inclinan reverentes sus cuerpos (es una manera de hablar) ante la Madre de Dios. José, discreto como siempre, contempla en segunda fila la escena. Se respira una emoción controlada. ¡Corre hacia la Virgen! ¡Felicítala! Dale gracias por lo buena que ha sido siempre contigo, siente que te abraza y que te besa (se cumple el deseo del *Cantar de los Cantares*: *bésame con los besos de tu boca*). Tienes a María delante, ¿qué quieres decirle? Ojalá que nunca te falte conversación con tu Madre, y, si te faltara, solo mírala: más hermosa que ninguna, su mirada, su sonrisa, sus manos... ¡Y esta es mi Madre!

2. «Pero ahora nos preguntamos: ¿qué da a nuestro camino, a nuestra vida, la Asunción de María? La primera respuesta es: en la Asunción vemos que en Dios hay espacio para el hombre; Dios mismo es la casa con muchas moradas de la que habla Jesús (cfr. *Jn* 14, 2); Dios es la casa del hombre, en Dios hay espacio de Dios. Y María, uniéndose a Dios, unida a él, no se aleja de nosotros, no va a una galaxia desconocida; quien va a Dios, se acerca, porque Dios está cerca de todos nosotros, y María, unida a Dios, participa de la presencia de Dios, está muy cerca de nosotros, de cada uno de nosotros. Hay unas hermosas palabras de san Gregorio Magno sobre san Benito que podemos aplicar también a María: san Gregorio Magno dice que el corazón de san Benito se hizo tan grande que toda la creación podía entrar en él. Esto vale mucho más para María: María, unida totalmente a Dios, tiene un corazón tan grande que toda la creación puede entrar en él, y los exvotos en todas las partes de la tierra lo demuestran. María está cerca, puede escuchar, puede ayudar, está cerca de todos nosotros. En Dios hay espacio para el hombre, y Dios está cerca, y María, unida a Dios, está muy cerca, tiene el corazón tan grande como el corazón de Dios.

Pero también hay otro aspecto: no solo en Dios hay espacio para el hombre; en el hombre hay espacio para Dios. También esto lo vemos en María, el Arca santa que lleva la presencia de Dios. En nosotros hay espacio para Dios y esta presencia de Dios en nosotros, tan importante para iluminar al mundo en su tristeza, en sus problemas, esta presencia se realiza en la fe: en la fe abrimos las puertas de nuestro ser para que Dios entre en nosotros, para que Dios pueda ser la fuerza que da vida y camino a nuestro ser. En nosotros hay espacio; abrámonos como se abrió María, diciendo: *He aquí la esclava del Señor, hágase en mí según tu Palabra*. Abriéndonos a Dios no perdemos nada. Al contrario: nuestra vida se hace rica y grande.

(...) Una cosa, una esperanza es segura: Dios nos aguarda, nos espera; no vamos al vacío; él nos espera. Dios nos espera y, al ir al otro mundo, nos espera la bondad de la Madre, encontramos a los nuestros, encontramos el Amor eterno. Dios nos espera: esta es nuestra gran alegría y la gran esperanza que nace precisamente de esta fiesta. María nos visita, y es la alegría de nuestra vida, y la alegría es esperanza»[1].

3. «La solemnidad de hoy nos impulsa a elevar la mirada hacia el cielo. No un cielo hecho de ideas abstractas, ni tampoco un cielo imaginario creado por el arte, sino el cielo de la verdadera realidad, que es Dios mismo: Dios es el cielo. Y él es nuestra meta, la meta y la morada eterna, de la que provenimos y a la que tendemos.

María fue elevada en cuerpo y alma a la gloria del cielo, y con Dios es reina del cielo y de la tierra. ¿Acaso así está alejada de nosotros? Al contrario. Precisamente al estar con Dios y en Dios, está muy cerca de cada uno de nosotros. Cuando estaba en la tierra, solo podía estar cerca de algunas personas. Al estar en Dios, que está cerca de nosotros, más aún, que está "dentro" de todos nosotros, María participa de esta cercanía de Dios. Al estar en Dios y con Dios, María está cerca de cada uno de nosotros, conoce nuestro corazón, puede escuchar nuestras oraciones, puede ayudarnos con su bondad materna. Nos ha sido dada como "madre" –así lo dijo el Señor–, a la que podemos dirigirnos en cada momento.

---

[1] Benedicto XVI, *Homilía,* 15-08-2012.

Ella nos escucha siempre, siempre está cerca de nosotros; y, siendo Madre del Hijo, participa del poder del Hijo, de su bondad. Podemos poner siempre toda nuestra vida en manos de esta Madre, que siempre está cerca de cada uno de nosotros»[2].

---

[2] BENEDICTO XVI, *Homilía,* 15-08-2005.

22 DE AGOSTO
SANTA MARÍA REINA

1. *¡Viva la Reina!*

2. *Muéstranos a Jesús.*

3. *La letra de una canción.*

1. Oí hace tiempo una anécdota, de la que nunca he encontrado su referencia histórica, quizá pudo ser producto de la devoción de la cabeza de algún entusiasta. Se enmarcaba en un viaje oficial del rey Balduino a alguna región de su país. Los belgas, entusiasmados con su monarca, habían preparado un recibimiento a la altura de las circunstancias: adornos florales, banderolas, calles engalanadas, la población ocupando todas las aceras y parques, etc. Cuando apareció el coche oficial comenzaron los vítores y aclamaciones, el rey saludaba sonriente y complacido al ver el cariño y respeto de su pueblo. Pero la persona que le acompañaba comenzó a percibir, entre los gritos de la muchedumbre, un ¡viva la Reina!, que fue apoderándose de la garganta de todos los presentes (su esposa, Fabiola, no había podido acompañarle en aquella ocasión por encontrarse enferma). Entonces se dirigió a Balduino y le preguntó si no le incomodaba, o le parecía un desprecio hacia su persona, que, en vez de vitorearle a él, lo hicieran a su esposa ausente.

El rey le miró sonriente y le explicó: «el pueblo me conoce bien y sabe que mi gran amor es mi mujer, mentarla a ella es traer a mi corazón el recuerdo de su presencia. No me molesta nada, al contrario, ¡me encanta! Y continuó la comitiva...

La solemnidad de la Asunción de la Virgen en cuerpo y alma a los cielos se prolonga jubilosamente en la celebración de esta fiesta de la Realeza de María, que tiene lugar ocho días después y en la que se contempla a Aquella que, sentada junto al Rey de los siglos, resplandece como Reina e intercede como Madre. Lo consideramos en el quinto misterio glorioso del Santo Rosario: «Eres toda hermosa, y no hay en ti mancha. –Huerto cerrado eres, hermana mía, Esposa, huerto cerrado, fuente sellada. –*Veni: coronaberis.* –Ven: serás coronada (*Cant.*, IV, 7, 12 y 8).

»Si tú y yo hubiéramos tenido poder, la habríamos hecho también Reina y Señora de todo lo creado.

»Una gran señal apareció en el cielo: una mujer con corona de doce estrellas sobre su cabeza. –Vestida de sol. –La luna a sus pies (*Ap* 12, 1). María, Virgen sin mancilla, reparó la caída de Eva: y ha pisado, con su planta inmaculada, la cabeza del dragón infernal. Hija de Dios, Madre de Dios, Esposa de Dios.

»El Padre, el Hijo y el Espíritu Santo la coronan como Emperatriz que es del Universo. Y le rinden pleitesía de vasallos los Ángeles..., y los patriarcas y los profetas y los Apóstoles..., y los mártires y los confesores y las vírgenes y todos los santos..., y todos los pecadores y tú y yo»[1]. Métete en la escena, y dale un beso.

2. Hoy volvemos a trasladarnos al Cielo, como hacíamos el día 15 y nos quedamos embelesados contemplando la belleza de María. El cielo puede parecernos lejano, el apelativo «Reina» puede alejarla todavía más de nosotros; pero la realidad es la contraria. La Reina es ante todo Madre; María, «después de su Asunción a los cielos, no ha dejado esta misión salvadora, sino que con su múltiple intercesión continúa obteniéndonos los dones de la salvación eterna. Con su amor materno se cuida de los hermanos de su Hijo, que todavía peregrinan y se debaten entre peligros y angustias, hasta que sean conducidos a la patria bienaventurada. Por este motivo, la Santísima Virgen es invocada en la Iglesia con los títulos de Abogada, Auxiliadora, Socorro, Mediadora. Lo cual, sin embargo, ha de entenderse de tal manera que no reste ni añada a la dignidad y eficacia de Cristo, único Mediador»[2].

Algunas personas creen que la devoción que los católicos tenemos a la Virgen está desenfocada, que la Madre ensombrece al Hijo, que la hemos convertido en una semidiosa... ¡No es verdad! «La finalidad última del culto a la bienaventurada Virgen María es glorificar a Dios y empeñar a los cristianos en una vida absolutamente conforme a su voluntad. Los hijos de la Iglesia, en efecto, cuando, uniendo sus voces a la voz de la mujer anónima del Evangelio, glorifican a la Madre de Jesús,

---

[1] San Josemaría Escrivá, *Santo Rosario*, Quinto misterio glorioso.

[2] Concilio Vaticano II, Constitución *Lumen Gentium*, n. 62.

exclamando, vueltos hacia Él: *Dichoso el vientre que te llevó y los pechos que te crearon* (*Lc* 11, 27), se verán inducidos a considerar la grave respuesta del divino Maestro: *Dichosos más bien los que escuchan la palabra de Dios y la cumplen* (*Lc* 11, 28). Esta misma respuesta, si es una viva alabanza para la Virgen, como interpretaron algunos Santos Padres y como lo ha confirmado el Concilio Vaticano II, suena también para nosotros como una admonición a vivir según los mandamientos de Dios y es como un eco de otras llamadas del divino Maestro: *No todo el que me dice: "Señor, Señor" entrará en el reino de los Cielos, sino el que hace la voluntad de mi Padre que está en los cielos* (*Mt* 7, 21)»[3].

Dirígete hoy a María, pídele que te enseñe a ser buen discípulo de su Hijo; Ella no se queda con nada, no quiere atraer las miradas ni la atención hacia Sí. Ella, hoy, como en Belén, solo quiere mostrarnos a Jesús, entregárnoslo. Ella, hoy, como en Caná, solo nos repite: haced lo que Él os diga.

3. A lo largo de los siglos, la piedad del pueblo cristiano ha querido plasmar en las diversas manifestaciones del arte su amor y cariño a la Madre de Dios y Madre suya; imágenes, cuadros, retablos, etc. Pero también poesías, pregones, bordados y filigranas de plata y madera. Hace tiempo escuché una canción, que nos puede servir como punto final para nuestra oración de hoy. Léela despacio, díselo a Ella y reza con su letra:

---

[3] San Pablo VI, Exhortación Apostólica *Marialis cultus*, n. 39.

Cuando miro tus ojos radiantes
más hermosos que el brillo del sol,
Oh, Madre de Amor,
el placer se desborda en mi alma
cual corriente de luz y de amor.
Cuando pienso que estás en el cielo,
Que moras allí,
y me veo tan lejos de Ti
yo quisiera remontar a Tu altura,
Estar muy cerca de Ti,
sin Ti ya nada me hace feliz.
Fresca rosa que con Tu perfume
vas cantando el poder de tu Dios,
Tu fragancia trajo del cielo
la mirada de Dios en tu candor.
Antes que en nada, ya en Ti pensó.
Yo te canto porque eres la Reina
que me llena de intensa emoción,
yo te canto porque eres la Reina
que despierta mi amor hacia Dios.
¡Eres mi Reina y mi amor!

24 DE AGOSTO
SAN BARTOLOMÉ

1. «Aquel de quien escribieron Moisés en la ley y los profetas».
2. Los buenos amigos.
3. La tozudez como virtud.

1. Lo raro es que uno encuentre algo que no busca, a veces pasa, pero es raro. Lo normal es que encontremos las cosas cuando las buscamos, aunque, en ocasiones, solo se encuentre después de mucho tiempo y esfuerzo. Esto es lo que pasó en la vida de Bartolomé, también llamado Natanael, uno de los doce apóstoles de Jesús. Su amigo Felipe se había entusiasmado con el maestro de Nazaret y va, a toda prisa, a contárselo a su amigo Natanael. Es muy elocuente de qué modo comienza la conversación. Felipe estalla de alegría: *Aquel de quien escribieron Moisés en la ley y los profetas, lo hemos encontrado: Jesús, hijo de José, de Nazaret* (*Jn* 1, 45). No empieza diciendo: «hemos encontrado al Mesías» o al «Salvador de Israel», sino a aquel de quien escribieron Moisés en la ley y los profetas. Es decir, Bartolomé estaba preocupado –¡llevaría años en ello!– en saber a quién se referían las Escrituras de Israel, era un hombre que se había dedicado con ahínco a leer y reflexionar los escritos de Moisés y de los profetas, lo que hoy llamaríamos Antiguo Testamento. Solo así tienen sentido las palabras de su amigo Felipe. Encontró a Cristo porque llevaba tiempo buscándole en la meditación –la oración– de la Sagrada Escritura. Tú también –por eso tienes este librito entre las manos o lo lees en tu pantalla– llevas tiempo leyendo con atención la Palabra de Dios, o quizá hayas comenzado hace poco, pero te propones seguir en ello con empeño: estás en el camino apropiado para encontrarte con Jesucristo. Se necesita tiempo, pero al final se acaba uno encontrando con Él. Hay que empeñarse, seguir a diario las huellas de Jesús en los relatos de los evangelistas y, un día, el que el Señor elija, tú no sabrás cuál, Él se cruzará contigo y te invitará a seguirle más de cerca.

2. Un refrán, con gran sabiduría, dice: «quien a buen árbol se arrima, buena sombra le cobija». Y hay otro, aún más elocuente, que enseña: «dime con quién andas y te diré quién eres». Un elemento importantísimo en la vida de cualquier persona son las personas de las que se rodea, es decir, sus amigos. Los amigos nos influyen muchísimo, sea para bien o para mal. Tan decisivo como que de ello puede depender que una persona se encuentre o no con Cristo; que Dios pueda entrar en tu vida o no. Es verdad que Él puede hacer las cosas como quiera, pero suele valerse de las circunstancias ordinarias de la vida de las personas. Así le pasó a Bartolomé, también llamado Natanael en los evangelios. Él, que como hemos visto había concentrado tanto esfuerzo en las Escrituras, no se había rodeado de personas que pasaran completamente del tema. Él y sus amigos, entre ellos Felipe, ardían en deseos de llegar a ver al Mesías prometido por Dios en el Antiguo Testamento. Quizá hoy no sabríamos nada de Bartolomé si no fuera porque tuvo a Felipe como amigo. A lo mejor, Bartolomé nunca hubiera conocido a Cristo más que de lejos. Pero tuvo un amigo que, lleno de entusiasmo, le animó a conocer a Jesús: *Ven y verás* (*Jn* 1, 46). Medita ahora tú y repasa quiénes son tus amigos, de qué clase de personas te gusta rodearte, ¿son gente que te acerca a Dios, que te anima a vivir cada vez con mayor entrega? ¿O es gente que te «enfría», que te arrastra a unas conversaciones y a unos sitios que no hacen ningún bien a tu alma? Piénsalo ahora al revés: ¿qué clase de amigo soy? ¿Mi prioridad es que mis amigos participen conmigo de la alegría de ser cristiano? ¿Los animo a confesarse, ir a Misa y hacer oración?, ¿les doy buenos consejos? Si descubres haciendo este rato de oración que no, que más bien algunas veces alejas a tus amigos de Dios con tus actitudes o conversaciones, proponte con firmeza hacer las cosas, a partir de ahora, de un modo diferente. Pide perdón al Señor y, si es necesario, acércate a la Confesión. Dile: «Jesús, a partir de este momento, yo quiero ser sal y luz en medio del mundo».

3. Detrás de toda historia grande suele haber toda una «prehistoria» de pequeños –o no tan pequeños– fracasos. Los grandes hombres de ciencia, los arqueólogos famosos, los descubridores de nuevas tierras... no suelen acertar a la primera. Lo que pasa es que son tozudos. No se rinden ni al primer ni al segundo golpe, sino que sacan de los fracasos –aparentes– nuevas fuerzas para intentarlo de nuevo. Así funciona también el apostolado.

Cuando Felipe llega a su amigo Natanael y le habla de Cristo, la respuesta no puede ser más desilusionante: *¿de Nazaret puede salir algo bueno?* (*Jn* 1, 46). Un corte de esos que dejan temblando. Pero Felipe no huye a «lamerse las heridas», insiste con audacia. Con tanta más audacia cuanto mayor es la indiferencia demostrada por Bartolomé: ven y verás. Es como decir: «Vale, si te pones en mal plan, no te voy a dar explicaciones. Pero como amigo al menos acompáñame, y si no te gusta, haz lo que te dé la gana». Bien sabía Felipe que Jesús no podía dejar indiferente a su amigo. Pero el comienzo del diálogo Bartolomé-Jesús tampoco parece muy halagüeño. Jesús rompe el hielo con una alabanza hacia Bartolomé, pero este sigue a la defensiva: ¿de qué me conoces? (*Jn* 1, 48). Y Felipe, que lo está presenciando todo, no se pone en medio para intentar arreglar la situación. Felipe deja hacer a Jesús. Y las palabras de Cristo, tan oscuras para nosotros pero que tan claras debieron de ser para Bartolomé, le desmontan por completo: *Rabí, tú eres el hijo de Dios, tú eres el rey de Israel* (*Jn* 1, 49). Y el «pasota» se ha convertido en uno de los Doce. Y todo gracias a la tozudez de Felipe.

29 DE AGOSTO
MARTIRIO DE SAN JUAN BAUTISTA

__1.__ Tres acciones criminales igualmente impías que no debemos imitar.
__2.__ No participar en infames celebraciones.
__3.__ Un modo sencillo de dilapidarlo todo por nada.

1. Todo está preparado. La fiesta va a comenzar. Herodes celebra su cumpleaños, y ha dispuesto que no falte nada. Hay comida en abundancia y bebida sin límite. Sería lo que modernamente viene a ser llamada «una fiesta con barra libre»: vino y licores de todo tipo, pero también comida de todo género, dulce o salado, embutidos, carnes, pescados y postres variados. No faltaban los músicos, apostados en un lugar discreto, dando un tono musical a toda la velada.

Herodes era conocido por su lascivia e impureza. Había tomado para sí a Herodías, la mujer de su hermano Filipo, y Juan Bautista había denunciado sucesivas veces esta situación y por eso lo había mandado encarcelar. Hemos de suponer que la celebración que había montado como homenaje suyo debía ser un auténtico desastre de voluptuosidad e intemperancia: la gula y la lujuria eran, sin duda, el denominador común de sus reuniones festivas.

En medio de este desmadre, la hija de Herodías danzó delante de todos, *gustando mucho a Herodes y a todos los invitados*. El monarca, llevado por la pasión, se envalentonó, y formuló un juramento que luego se arrepentirá de haberlo siquiera formulado: *pídeme lo que quieras y te lo doy, incluso la mitad de mi reino*.

Herodías, que escuchaba todo esto, vio en ello la oportunidad de librarse del Bautista, a quien tanto odiaba: *tráeme en una bandeja la cabeza de Juan el Bautista*. Bravucona promesa, blasfemo cumplimiento.

«Hemos escuchado –dice san Beda– tres acciones criminales igualmente impías: la infame celebración del cumpleaños, el lascivo baile de la joven y el temerario juramento del rey; de cada una de las tres debemos aprender a no comportarnos de ese modo»[1].

2. Una acción que no debemos imitar: participar de infames celebraciones. ¿Qué esperas que resulte de una fiesta de esas características? ¿Aún piensas que quedarás inmune yendo de vacaciones a un sitio de ese género? ¿Piensas que eres de piedra?

Volviendo del colegio –contaba un muchacho de dieciséis años– íbamos en el metro medio vacío Lucía, Rodelas y yo. Nosotros íbamos agarrados a las barras del vagón y ella decidió tomar el brazo de Rodelas, que sin mirarla siquiera dijo con desdén: «niña, a la barra, que no soy de piedra». Lo que más me llamó la atención

---

[1] S. Beda, *Homiliae*, 2, 23.

es que Rodelas, de religión cero, porque ni siquiera está bautizado, hizo un razonamiento puramente lógico. «Niña, agárrate a la barra, que no soy de piedra».

No somos de piedra. Menos mal. Es muy sensato someter a juicio *por dónde* sales de marcha o en qué lugares te diviertes, así como el modo mismo de vestir, porque puede estar en la raíz de ese punto de falta de entusiasmo que eventualmente puede caracterizar tu conducta.

¿Y si fueras capaz de generar un ocio alternativo, sano, divertido y joven?

3. En la narración del martirio de Juan el Bautista se pone de manifiesto cómo los hombres son capaces de perder la razón cuando una fuerza primaria aprieta: en este caso, la sensualidad. Conocemos en la Escritura otro paso donde se produce un hecho de semejantes características: Esaú vendió la primogenitura (¡la herencia!) sencillamente porque tenía un hambre que se moría y le ofrecieron un plato de lentejas. ¡Un plato de lentejas por la promesa de Dios de ser padre de un pueblo grande y poderoso: Israel!

Parece tremendo, pero es una experiencia conocida: los hombres, presionados por el hambre o por las fuerzas más primarias, son capaces, como Herodes, de hacer los juramentos y las promesas más absurdas. El monarca luego se lamentó, dice el texto sagrado, pero ya no podía echarse atrás, y «asesinó a Juan el Bautista, a pesar de que lo apreciaba».

Alimentemos nuestros deseos de no hacer nunca «temerarios juramentos» que comprometan la vida de otros o la gracia de Dios en nosotros. Ahora bien: seamos muy sensatos sobre cómo es la naturaleza humana, y huyamos de las ocasiones: somos muy capaces de tirarlo todo por la borda por una tentación de lujuria o gula. Bien lo sabía Herodías, que, llena de malicia, pone a su hija a bailar delante de él.

Herodes debería haber mirado para otro lado durante el «lascivo baile de la joven» o haberla mandado quitar de su presencia: una vez iniciado el proceso, es difícil parar.

Remover la tentación o quitarse de en medio será siempre la opción más valiente y razonable.

5 DE SEPTIEMBRE
SANTA TERESA DE CALCUTA

1. Una monja mundialmente conocida.
2. Maestra del auténtico amor.
3. Una santa sonriente.

1. El viernes 5 de septiembre de 1997 nos levantamos con la noticia de que había muerto «la Madre de los pobres», Teresa de Calcuta; una monja de origen albanés que había dedicado su vida al cuidado de los más pobres de entre los pobres. Su foto ocupó las portadas de periódicos y revistas en los días sucesivos, y los informativos conectaban en directo con las solemnes honras fúnebres que le tributaron en India. Mandatarios de todo el mundo, representando a sus respectivos países, cubrían de flores el féretro que contenía los restos de aquella humilde mujer.

Una monja menuda, encorvada por el peso de los años, de mirada penetrante y, últimamente, rostro arrugado; vestida con el traje típico indio, el sari, blanco y azul que se convirtió pronto en signo distintivo de la caridad. «Ha muerto una santa», se repetía en esos días,

el pueblo intuía lo que la Iglesia proclamaría públicamente escasos años después.

«Con particular emoción recordamos hoy a la madre Teresa, una gran servidora de los pobres, de la Iglesia y de todo el mundo. Su vida es un testimonio de la
dignidad y del privilegio del servicio humilde. No solo
eligió ser la última, sino también *la* servidora de los últimos. Como verdadera madre de los pobres, se inclinó
hacia todos los que sufrían diversas formas de pobreza.
Su grandeza reside en su habilidad para dar sin tener
en cuenta el coste, dar "hasta que duela". Su vida fue un
amor radical y una proclamación audaz del Evangelio.

»El grito de Jesús en la cruz *tengo sed* (*Jn* 19, 28)
expresa que la profundidad del anhelo de Dios por el
hombre penetró en el alma de madre Teresa y encontró
un terreno fértil en su corazón. Saciar la sed de amor y
de almas de Jesús en unión con María, la madre de Jesús, se convirtió en el único objetivo de la existencia de
la madre Teresa, y en la fuerza interior que la impulsaba
y la hacía superarse a sí misma e "ir deprisa" a través del
mundo para trabajar por la salvación y la santificación
de los más pobres de entre los pobres»[1].

Es importante darse cuenta de que el origen de la
actividad de la madre Teresa no está en la contemplación de la pobreza, es decir, en un puro sentimiento de
compasión o conmiseración humana, es algo mucho
más profundo: brota de contemplar la sed de Jesús en
la cruz. Ella ve en los otros el rostro sufriente de Cristo,
como nueva Verónica quiere enjugar el rostro del Salvador en el rostro desfigurado de aquellas personas su-

---

[1] San Juan Pablo II, *Ángelus*, 7-09-1997.

frientes. De ahí se entiende la prioridad absoluta que la oración, celebración y adoración eucarística tuvieron en la vida de la madre Teresa. No existe auténtica caridad, solo un revestimiento externo, imitación burda, si no brota del Amor que contemplamos, y del que debemos vivir, manifestado en la Sagrada Eucaristía.

2. «Misionera de la Caridad: eso es lo que fue la madre Teresa, de nombre y de hecho, dando un ejemplo tan fascinante, que atrajo a sí muchas personas, dispuestas a dejar todo para servir a Cristo, presente en los pobres. Misionera de la Caridad. Su misión comenzaba cada día, antes del alba, delante de la Eucaristía. En el silencio de la contemplación, la madre Teresa de Calcuta sentía resonar el grito de Jesús en la cruz: Tengo sed. Este grito, recogido en lo profundo de su corazón, la impulsaba por las calles de Calcuta y de todos los arrabales del mundo, en busca de Jesús en el pobre, en el abandonado y en el moribundo.

»Amadísimos hermanos y hermanas, esta religiosa universalmente conocida como madre de los pobres, deja un ejemplo elocuente para todos, creyentes y no creyentes. Nos deja el testimonio del amor de Dios que, acogido por ella, transformó su vida en una entrega total a sus hermanos. Nos deja el testimonio de la contemplación, que se hace amor, y del amor, que se hace contemplación. Las obras que realizó hablan por sí mismas y manifiestan a los hombres de nuestro tiempo el alto significado de la vida, que, por desgracia, a menudo parece que se pierde.

»Le gustaba repetir: "Servir a los pobres para servir a la vida". La madre Teresa no perdía ocasión para expresar, de cualquier modo, el amor a la vida. Sabía por experiencia que la vida cobra todo su valor, aun en medio de dificultades y contradicciones, cuando encuentra el amor. Y siguiendo el Evangelio, se hizo "buen samaritano" de cada una de las personas que encontró, de toda existencia en crisis, dolorida y despreciada»[2].

Los santos ponen delante de nosotros el auténtico sentido de la vida; reducir la vida y la obra de la madre Teresa a una pura acción social es traicionarla. Como todos los santos, ella es una luz que Jesús enciende para iluminar nuestra propia vida, tantas veces encerrada en nosotros mismos –gustos, pasiones, diversiones, etc.– e incapacitados para amar de verdad. Se podría decir, quizá, que la Santa de Calcuta es una maestra accesible de saber querer, con obras y de verdad, a Dios y a los hombres.

3. «Buscó ser un signo del "amor, de la presencia y de la compasión de Dios", y así recordar a todos el valor y la dignidad de cada hijo de Dios, "creado para amar y ser amado". De este modo, la madre Teresa "llevó las almas a Dios y Dios a las almas" y sació la sed de Cristo, especialmente de aquellos más necesitados, aquellos cuya visión de Dios se había ofuscado a causa del sufrimiento y del dolor (...). Veneremos a esta pequeña mujer enamorada de Dios, humilde mensajera del Evangelio e infatigable bienhechora de la humanidad. Honremos en ella a una de las personalidades más relevantes de nuestra época. Acojamos su mensaje y sigamos su ejemplo.

---

[2] San Juan Pablo II, *Homilía de la Beatificación de M. Teresa de Calcuta*, 19-10-2003.

»La madre Teresa amaba decir: "Tal vez no hablo su idioma, pero puedo sonreír". Llevemos en el corazón su sonrisa y entreguémosla a todos los que encontremos en nuestro camino, especialmente a los que sufren. Abriremos así horizontes de alegría y esperanza a toda esa humanidad desanimada y necesitada de comprensión y ternura»[3].

---

[3] Papa Francisco, *Homilía de la Canonización de la Beata Teresa de Calcuta*, 4-09-2016.

8 DE SEPTIEMBRE
NATIVIDAD DE LA BIENAVENTURADA
VIRGEN MARÍA

1. *Una Niña que es Mujer.*
2. *Conversación entrañable.*
3. *Rezando con un santo.*

1. «Esta festividad mariana es toda ella una invitación a la alegría, precisamente porque con el nacimiento de María Santísima Dios daba al mundo como la garantía concreta de que la salvación era ya inminente: la humanidad que, desde milenios, en forma más o menos consciente, había esperado algo o alguien que la pudiese liberar del dolor, del mal, de la angustia, de la desesperación, y que dentro del Pueblo elegido había encontrado, especialmente en los Profetas, a los portavoces de la Palabra de Dios, confortante y consoladora, podía mirar finalmente, conmovida y emocionada, a María "Niña", que era el punto de convergencia y de llegada de un conjunto de promesas divinas, que resonaban misteriosamente en el corazón mismo de la historia.

»Precisamente esta Niña, todavía pequeña y frágil, es la "Mujer" del primer anuncio de la redención futura,

235

contrapuesta por Dios a la serpiente tentadora: *Pongo perpetua enemistad entre ti y la mujer y entre tu linaje y el suyo; este te aplastará la cabeza, y tú le morderás a él el calcañal.*

»Precisamente esta Niña es la "Virgen" que *concebirá y parirá un hijo, y le pondrá por nombre Emmanuel, que quiere decir 'Dios con nosotros'.* Precisamente esta Niña es la "Madre" que parirá en Belén *a aquel que señoreará en Israel.*

»La liturgia de hoy aplica a María recién nacida el pasaje de la *Carta a los Romanos,* en la que san Pablo describe el designio misericordioso de Dios en relación con los elegidos: María es predestinada por la Trinidad a una misión altísima; es llamada; es santificada; es glorificada.

»Dios la ha predestinado a estar íntimamente asociada a la vida y a la obra de su Hijo unigénito. Por esto la ha santificado, de manera admirable y singular, desde el primer momento de su concepción, haciéndola "llena de gracia"; la ha hecho conforme con la imagen de su Hijo: una conformidad que, podemos decir, fue única, porque María fue la primera y la más perfecta discípula del Hijo»[1].

También cada uno de nosotros somos fruto del amor de Dios; con la libre cooperación de nuestros padres, Dios nos dio el ser, nacidos del amor de Dios y para el amor. Parémonos hoy por un momento a dar gracias por los cuidados recibidos de Él, empezando por el don de nuestra existencia. Demos gracias por el don de la fe, del Bautismo, que posiblemente recibimos de pequeños.

---

[1] SAN JUAN PABLO II, *Homilía en Frascati*, 8-09-1980.

Y no olvidemos que también nosotros estamos llamados –elegidos por Dios– para cumplir una misión grande en la tierra y, luego, disfrutar de Él en el cielo para siempre.

2. Hoy en muchas poblaciones de España se celebran con inmenso cariño diversas advocaciones marianas: Covadonga en Asturias, de la Vega y de la Peña en Salamanca, de la Cinta en Huelva... distintos nombres para honrar uno solo: ¡María! El que aquellos benditos Joaquín y Ana pusieron a la recién nacida.

Como todas sus fiestas, hoy es un buen día para establecer un diálogo con Ella, un diálogo filial y confiado, enamorado y pedigüeño; sobre las palabras que te propongo a continuación, construye tú tu propia conversación: «Es la Inmaculada, la Pura, la Incontaminada. Se acerca a un mundo corrompido que quiere salvar solícita con ternura de madre cariñosa. La única esperanza en la noche del paganismo que cubre la tierra (...).

»Te quiero, Madre. ¡Bendita entre las mujeres! Visitas hoy la tierra de mi corazón, lo embriagas de amor, multiplicas sus riquezas. Te quiero. "Dios te salve, María". Mi corazón se enternece de amor (...). Te quiero, y quiero quererte más, enamorarme de ti, pues la única medida para amarte es amarte sin medida, como me enseña san Bernardo. Solo así, con el corazón lleno de tu amor, estaré inmunizado, no me contaminarán cariños de tierra, seré fiel hasta la muerte.

» (...) Ayúdame. Soy la debilidad andando, caigo mil veces en el camino del Evangelio. Ayúdame. Te pido un milagro. Sí, uno de esos milagros que te gusta tanto conceder. Quiero entrar por el camino de la santidad, sencilla y alegre como la tuya. Ayúdame, eres todopoderosa, la omnipotente suplicante, la Inmaculada Concepción.

(...) Ayúdame. Dame tu poderosa mano para escalar el cielo. Es la súplica que haré con mis hermanos del mundo unificados en la Iglesia santa. Señor, el corazón de tu Madre Inmaculada proteja con su ayuda maternal a cuantos nos sacia el celestial alimento, para que lleguemos a la patria eterna»[2].

3. El evangelio de hoy nos describe la genealogía de Jesús, una concatenación de nombres raros que evidencian el cuidado de Dios sobre los hombres; no hay azar o casualidad, sino providencia amorosa. María es historia, no nace por casualidad, es Hija del pueblo de Israel, cumple las promesas de Dios. Piensa la alegría de Joaquín y Ana, sus padres; mírala recién nacida en sus brazos; ¡María Niña! Ella, pequeña, indefensa... Importancia de lo pequeño, lo sencillo...

Terminemos este rato de meditación con una oración de san Juan Pablo II dirigida a la Virgen en un día como hoy, repítela despacio:

«¡Oh Virgen naciente, esperanza y aurora de salvación para todo el mundo, vuelve benigna tu mirada materna hacia todos nosotros, reunidos aquí para celebrar y proclamar tus glorias!

¡Oh Virgen fiel, que siempre estuviste dispuesta y fuiste solícita para acoger, conservar y meditar la Palabra de Dios, haz que también nosotros, en medio de las dramáticas vicisitudes de la historia, sepamos mantener siempre intacta nuestra fe cristiana, tesoro precioso que nos han transmitido nuestros padres!

---

[2] VENERABLE TOMÁS MORALES, *Semblanzas de testigos de Cristo para los nuevos tiempos*, II, 112-113 y 117.

¡Oh Virgen potente, que con tu pie aplastaste la cabeza de la serpiente tentadora, haz que cumplamos, día tras día, nuestras promesas bautismales, con las cuales hemos renunciado a Satanás, a sus obras y a sus seducciones, y que sepamos dar en el mundo un testimonio alegre de esperanza cristiana!

¡Oh Virgen clemente, que abriste siempre tu corazón materno a las invocaciones de la humanidad, a veces dividida por el desamor y, también, desgraciadamente, por el odio y por la guerra, haz que sepamos siempre crecer todos, según la enseñanza de tu Hijo, en la unidad y en la paz, para ser dignos hijos del único Padre celestial! Amén»[3].

---

[3] San Juan Pablo II, *Homilía en Frascati*, 8-09-1980.

12 DE SEPTIEMBRE
DULCE NOMBRE DE MARÍA

1. Un Nombre muy especial.
2. Bienaventuranzas marianas.
3. Un camino seguro.

1. Celebramos hoy la memoria del Santísimo Nombre de la Virgen María, «en este día se evoca el amor de la Madre de Dios a su Santísimo Hijo, y se pone ante los ojos de los fieles la figura de la Madre del Redentor para que sea invocada piadosamente». Se trata de una fiesta surgida en la España del siglo XVI y extendida posteriormente a la Iglesia universal; el Papa san Juan Pablo II quiso revitalizar su celebración en la liturgia de la Iglesia.

La primera referencia a este santísimo Nombre la encontramos en el evangelio de san Lucas, cuando al narrar el episodio de la Anunciación nos dice escuetamente: *el nombre de la virgen era María.* Pensemos por un momento en el cariño con que lo pronunciarían sus padres, Joaquín y Ana; el amor encendido con que saldría de labios de José; la veneración con la que lo han cantado los santos a lo largo de la historia; el consuelo que ha producido en los mártires; la confianza en los moribundos o la esperanza en los pecadores. En cambio, Jesús se dirigiría a Ella con un apelativo familiar y entrañable, un «mamaíta» o algo similar.

Está previsto por la liturgia de la Iglesia que, como signo de reverencia ante los nombres de Jesús y María, se incluye también el de los santos en los días de su celebración, que el sacerdote incline reverente la cabeza al pronunciarlos; gesto pequeño que, si va acompañado con el cariño del corazón, produce fruto abundante. No nos olvidemos de acudir a nuestra Madre del cielo, a llamarla, a recurrir a su poderosa intercesión.

«Al detener, una vez más, nuestra mirada sobre su vida, descubrimos en Nuestra Señora un modelo perfecto de discípulo de Jesús. Como tras la Resurrección y Ascensión de Jesús al cielo, descubrimos a los Once, luego también a Matías, en torno a María; así hemos de estar en torno a Ella los apóstoles de todos los tiempos.

»La cita diaria más común con María suele ser el rezo del Rosario, que no es una práctica piadosa del pasado, como oración de otros tiempos en los que se podría pensar con nostalgia. Al contrario, el rosario está experimentando una nueva primavera (...). En el mundo actual, tan dispersivo, esta oración ayuda a poner a Cristo en el centro, como hacía la Virgen, que meditaba en su corazón todo lo que se decía de su Hijo, y también lo que él hacía y decía.

»Con María, el corazón se orienta hacia el misterio de Jesús. Se pone a Cristo en el centro de nuestra vida, de nuestro tiempo, de nuestras ciudades, mediante la contemplación y la meditación de sus santos misterios.

» (...) En efecto, cuando se reza el rosario de modo auténtico, no mecánico y superficial, sino profundo, trae paz y reconciliación. Encierra en sí la fuerza sanadora del Nombre santísimo de Jesús, invocado con fe y con amor en el centro de cada avemaría»[1].

2. Podemos detenernos en el inicio del Sermón de la Montaña, que nos presenta las Bienaventuranzas. Muchos autores han reconocido en este texto un retrato robot del cristiano y otros han visto una autorrevelación del propio Jesús. Sin embargo, teniendo presente esta memoria de la Virgen, podríamos profundizar en el carácter también mariano –en cuanto modelo perfecto de seguimiento de Jesús– de las Bienaventuranzas.

Bienaventurados los pobres, porque vuestro es el reino de los cielos. Pensemos en la sencillez del hogar de Nazaret y en la pobreza de Belén; lo que supuso la vuelta a Egipto y cómo se desarrolló la vida diaria de María. Nunca tuvo más ambición ni deseo que cumplir la Voluntad de Dios, y con Jesús tenía todos los tesoros que un alma puede desear. Su deseo había sido saciado con su Hijo, era plenamente feliz. ¿Qué más podía querer?

Bienaventurados los que ahora tenéis hambre, porque quedaréis saciados. Y no se refiere principalmente a un hambre material, sino, como explicita otro evangelista, se trata de hambre y sed de justicia. Ella la toda pura, sin pecado, deseaba que todos pudieran gozar de esa vida en la gracia de Dios; hombres y mujeres que vivan en gracia y de la gracia de Dios. Su felicidad radicaba en vivir cara a Dios.

---

[1] Benedicto XVI, *Palabras al final del Rezo de Rosario en la Basílica de Santa María la Mayor,* 3-05-2008.

Bienaventurados los que ahora lloráis, porque reiréis. El Calvario, la Madre que asiste firme y fiel a la muerte del Hijo, espada de doble filo que traspasa su alma. Triste, pero no abatida. Llorosa, mas no desesperanzada. Rota, aunque de pie... Pero también alegría que la embarga en la mañana de Resurrección al ver al Hijo.

Bienaventurados vosotros, cuando os odien los hombres, y os excluyan, y os insulten, y proscriban vuestro nombre como infame, por causa del Hijo del hombre. La mañana del Viernes Santo tiene que sufrir el desprecio del pueblo, la mirarían con una dosis alta de desprecio, algunos con una compasión forzada por las circunstancias. Y ahora reina gloriosa en cuerpo y alma en el cielo.

¿Cómo vives tú cada bienaventuranza?

3. San Bernardo nos dice en este día del Santísimo y Dulce Nombre de María: «No apartes tu mirada del resplandor de esta estrella, si no quieres sucumbir entre las olas del mundo. Cuando soplen vientos de tentaciones o te abatan tribulaciones, mira a la estrella, invoca a María. Cuando olas furiosas de soberbia, ambición o envidia amenacen tragarte, mira a la estrella, invoca a María Si la ira, avaricia o impureza quieren hundir la nave de tu alma, mira a la estrella, invoca a María. Si, desesperado por la multitud de tus pecados, anegado por tus miserias, empiezas a desconfiar de tu salvación, piensa en María. En los peligros, en los sufrimientos, en tus trabajos y luchas, piensa en María, invoca a María. Que su nombre no se aleje de tu corazón ni se separe de tus labios, y para conseguir los sufragios de su intercesión, no te desvíes de los ejemplos de su virtud. No te descaminarás si la sigues, no desesperarás si le ruegas, no te perderás si en ella piensas. Si ella te tiene de su mano, no caerás; si te protege, nada tendrás que temer; no te fatigarás, si es tu guía; llegarás felizmente al puerto, si ella te ampara»[2].

Recibe, Madre mía, la felicitación emocionada de todos tus hijos, llena de confianza en el poder de tu Nombre santísimo. Nos unimos a toda la Iglesia y con ella nos llenamos de inmensa alegría venerando tu Dulce Nombre para merecer llegar, después, a las eternas alegrías del cielo, a la Bienaventuranza que no tiene fin, al cumplimiento de todas las promesas, a la saciedad de todos nuestros más nobles deseos y aspiraciones.

---

[2] SAN BERNARDO, *Sobre las excelencias de la Virgen Madre*, 2, 17.

14 DE SEPTIEMBRE
EXALTACIÓN DE LA SANTA CRUZ

1. El hombre que odiaba la cruz.
2. En la cruz está el sentido del sufrimiento.
3. Tus cruces de cada día.

1. Comienza Chesterton su novela *La esfera y la cruz* con un divertido diálogo entre el Arcángel san Miguel y Lucifer a propósito del odio a la cruz de este último. San Miguel le habla de un hombre que odiaba profundamente la cruz por ser para él representación de la barbarie y la sinrazón, por ser imagen de dolor y sufrimiento. Aquel hombre no permitía que hubiera ninguna en su casa, ni que su mujer llevara una, aunque fuera pequeña, colgada del cuello. Había destrozado la cruz del campanario de su pueblo y todas las que había encontrado por los caminos. Un día descubrió que la empalizada que llevaba a su casa era en realidad un ejército de cruces entrelazadas y las destruyó. Pero seguía viendo cruces por todos lados, en los muebles, en la cama, en las puertas. Terminó prendiendo fuego a su propia casa preso de la desesperación. Al final, concluye el Arcángel, lo encontraron en el río.

No es una novedad el rechazo de la cruz, ni siquiera en su manifestación más externa. Al contrario, es tan antiguo como la misma predicación evangélica. Recuerda lo que le sucedió a san Pablo en el Areópago de Atenas. Había comenzado su predicación a los atenienses con un discurso muy brillante apoyándose en sus filósofos y poetas, pero, al mencionar la muerte y resurrección de Cristo, provoca el rechazo de la multitud, que le deja de escuchar y se marcha; solo unos pocos abrazan la fe. Pero eso no apartó a san Pablo de la cruz, ni hizo que la ocultara al anunciar a Jesús. Antes bien, el mismo Pablo dirá en su *Primera Carta a los Corintios: yo mismo, hermanos, cuando vine a vosotros a anunciaros el misterio de Dios, no lo hice con sublime elocuencia o sabiduría, pues nunca entre vosotros me precié de saber cosa alguna, sino a Jesucristo, y este crucificado* (*1 Co* 2, 1-2). No te alarmes si la cruz no está de moda, que eso no te aparte de ella como no apartó a san Pablo, y busca descubrir en sus trazos esa sabiduría incomparable de la que te habla el santo de Tarso.

2. Es verdad, la cruz es dura, angosta, nos habla de sufrimiento, dolor, de nuestros fracasos y, en último término, de nuestro pecado y de nuestras culpas. Por eso cuesta aceptarla, y por eso, tantos la rechazan y buscan huir de cualquier sombra que se le parezca por puro temor y miedo. También ahí encontrarás la razón de que un mundo que se cree autosuficiente y capaz por sí mismo de su perfección, la vea como enemiga irreconciliable: es un recuerdo permanente de hasta dónde ha llegado el mal producido por los hombres, hasta dónde su fracaso. Pero también, hasta qué extremo ha llegado Dios para rescatarnos. Es la lógica de la cruz que el mundo no puede asimilar.

No te digo que sea fácil aceptarla como el camino de salvación elegido por Dios y consumado por Cristo. Ya aquellos griegos antiguos no podían comprender un Dios que sufriera en la cruz. En el fondo, esta incomprensión es la que, ante la experiencia del mal y del sufrimiento, se pregunta ¿dónde está Dios? o ¿cómo lo permite? Pero Dios te ha ofrecido en la Santa Cruz su respuesta. Solo mirándola a ella podrás entender algo del misterio del dolor y el sufrimiento.

Quizá en tu interior objetas: «hay cosas que ni mirando la cruz alcanzo a entender, como el llanto de una madre que ha perdido a su hijo». Aun así, y con más razón entonces, te digo: mira a la cruz. Que si no todo lo podemos comprender ahora –hay cosas que solo entenderemos en el cielo–, sí encontrarás en ella el consuelo para tu alma, la fortaleza para resistir y la luz para seguir adelante.

3. Al hablar de la cruz y reflexionar sobre nuestra vida, nos pasa con frecuencia que fijamos la mirada casi exclusivamente en las grandes penas o sufrimientos pasados o, si no nos han llegado todavía, en los posibles. Y se nos puede olvidar que la cruz no solo nos habla de lo extraordinario, es decir, del sentido y el modo de sobrellevar los grandes males que nos depare la vida. Abrazar la cruz no es algo reservado únicamente para momentos estelares –llamémoslos así– de la vida, en los que se exige un sacrificio supremo o una abnegación heroica, sino que también tiene que ver con lo cotidiano, con saber encajar los pequeños golpes del día a día. «¡Cuántos que se dejarían enclavar en una cruz, ante la mirada atónita de millares de espectadores, no saben sufrir cristianamente los alfilerazos de cada día! –Piensa, entonces, qué es lo más heroico»[1].

Identifica esas pequeñas cruces de tu jornada, esos alfilerazos, y busca tomarlos con sentido sobrenatural. Vive en ellos la sabiduría de la cruz. Convierte lo que parece obstáculo, incomodidad o fastidio, en ocasión de unirte a Jesús en la cruz con tu humilde sacrificio. Puede ser esa sonrisa amable a quien te resulta tan molesto por su manera de comportarse. O soportar con paciencia, sin decir nada, ese pequeño defecto de tal persona que tanto te incomoda –pero no es tan grave–. Y así puedes elaborar tu pequeña lista de «cruces de cada día» para poder abrazarlas y ver en ellas un instrumento para tu santificación.

Una última cosa, por si te sirve. Si llevas contigo, quizá en el bolsillo, una cruz, cuando te cueste especialmente algo, cuando el alfilerazo veas que te parece más un arpón que no puedes resistir, aprieta el crucifijo con tu mano y repite para ti: «Por ti, Señor, por ti, Señor».

---

[1] SAN JOSEMARÍA ESCRIVÁ, *Camino* 204.

15 DE SEPTIEMBRE
BIENAVENTURADA VIRGEN
MARÍA DE LOS DOLORES

1. La Madre estaba de pie.

2. Acogerla entre nuestras cosas.

3. Con traducción de Lope de Vega.

1. Es lógico que, si ayer nos parábamos a contemplar el misterio de la cruz, hoy dirijamos nuestra mirada a Aquella que permanece en pie, erguida, junto a la cruz de su Hijo. El Evangelio es escueto, y de sobra conocido por todos. María ha acompañado a Jesús hasta el final; desde aquel *Fiat* en Nazaret, su vida ha estado marcada por un deseo incontenible de cumplir en todo la Voluntad de Dios. ¡Qué bien entendió Ella aquella petición del Padrenuestro: «hágase tu voluntad en la tierra como en el Cielo»! San Pablo VI recordaba que esta «memoria de la Virgen Dolorosa era una ocasión propicia para revivir un momento decisivo de la historia de la salvación y para venerar junto con el Hijo "exaltado en la Cruz a la Madre que comparte su dolor"»[1].

---

[1] San Pablo VI, *Marialis cultus*, 7.

Mira a María: lo primero que nos dice el Evangelio es que está de pie, no se retuerce por el suelo, no grita, no busca llamar la atención; combina el dolor con la serenidad; sufre, pero no se desespera. Mira al crucificado y sabe mirar más allá de esas heridas, de esa sangre, de esa muerte; ve al Hombre, pero ve también a Dios. Quizá la primera petición a la Virgen, en este día, es que nos enseñe a mirar.

¡Qué distintos son los personajes que circundan el Calvario! Los insultos y las burlas de los judíos, las exigencias e impertinencias de los sumos sacerdotes, el pasotismo neutro de los romanos... Y apenas un grupo de cuatro o cinco personas que permanecen fieles al amor de Dios, liderados por María. Los primeros solo saben ver a un embustero, a un criminal, a una especie de basurero sobre el que pueden lanzar impunemente toda su basura; son incapaces de reconocer al Dios que les está salvando, no quieren convertirse y, como ya habían anunciado los profetas, ven sin ver y oyen sin escuchar.

Nosotros también muchas veces nos conducimos así por el mundo, viendo solo aquellos aspectos de la realidad más evidentes a nuestros sentidos, relegando a un segundo o tercer plano una visión sobrenatural. No se trata de misticismos baratos o paranoias espirituales, sino la capacidad –gracia del Espíritu Santo– de saber descubrir la presencia de Dios junto a nosotros en cada suceso de nuestra vida. Dios no está lejos, somos nosotros los que no alcanzamos a verlo por nuestra falta de docilidad a la gracia.

2. Jesús agonizante mira a su Madre y a Juan y los entrega mutuamente; pero este diálogo –recogido en el evangelio de hoy– es mucho más que un mero deseo de un hijo a punto de morir de encargar a alguien que cuide de su madre viuda.

«Las palabras: *He ahí a tu madre* expresan la intención de Jesús de suscitar en sus discípulos una actitud de amor y confianza en María, impulsándolos a reconocer en ella a su madre, la madre de todo creyente.

»En la escuela de la Virgen, los discípulos aprenden, como Juan, a conocer profundamente al Señor y a entablar una íntima y perseverante relación de amor con él. Descubren, además, la alegría de confiar en el amor materno de María, viviendo como hijos afectuosos y dóciles.

»La historia de la piedad cristiana enseña que María es el camino que lleva a Cristo y que la devoción filial dirigida a ella no quita nada a la intimidad con Jesús; por el contrario, la acrecienta y la lleva a altísimos niveles de perfección.

»(...) El texto evangélico, siguiendo el original griego, prosigue: *Y desde aquella hora el discípulo la acogió entre sus bienes*, subrayando así la adhesión pronta y generosa de Juan a las palabras de Jesús, e informándonos sobre la actitud que mantuvo durante toda su vida como fiel custodio e hijo dócil de la Virgen.

»La hora de la acogida es la del cumplimiento de la obra de salvación. Precisamente en ese contexto, comienza la maternidad espiritual de María y la primera manifestación del nuevo vínculo entre ella y los discípulos del Señor.

»Juan acogió a María "entre sus bienes". Esta expresión, más bien genérica, pone de manifiesto su iniciativa, llena de respeto y amor, no solo de acoger a María en su casa, sino sobre todo de vivir la vida espiritual en comunión con ella.

»En efecto, la expresión griega, traducida al pie de la letra "entre sus bienes", no se refiere a los bienes materiales, dado que Juan –como observa san Agustín– "no poseía nada propio", sino a los bienes espirituales o dones recibidos de Cristo: la gracia, la Palabra, el Espíritu, la Eucaristía... Entre estos dones, que recibió por el hecho de ser amado por Jesús, el discípulo acoge a María como madre, entablando con Ella una profunda comunión de vida.

»Ojalá que todo cristiano, a ejemplo del discípulo amado, "acoja a María en su casa" y le deje espacio en su vida diaria, reconociendo su misión providencial en el camino de la salvación»[2].

3. Y para terminar hoy, te copio unas estrofas de la Secuencia que libremente se puede recitar hoy antes del Evangelio, medítala despacio; alguna de las peticiones que se recogen te pueden servir como jaculatoria para repetir durante el día de hoy:

> La madre piadosa estaba
> junto a la Cruz y lloraba,
> mientras el Hijo pendía.

> Cuya alma triste y llorosa,
> traspasada y dolorosa,
> fiero cuchillo tenía.

---

[2] SAN JUAN PABLO II, *Audiencia General*, 7-05-1997.

Oh, cuán triste y afligida
se vio la Madre escogida,
de tantos tormentos llena.

Cuando triste contemplaba
y dolorosa miraba
del Hijo amado la pena.

Y ¿cuál hombre no llorara
y a la Madre contemplara
de Cristo en tanto dolor?

Y ¿quién no se entristeciera,
piadosa Madre, si os viera
sujeta a tanto rigor? (…)

Oh Madre, fuente de amor,
hazme sentir tu dolor
para que llore contigo.

Y que por mi Cristo amado,
mi corazón abrasado
más viva en él que conmigo.

Y porque a amarte me anime
en mi corazón imprime
las llagas que tuvo en sí.

Y de tu Hijo, Señora,
divide conmigo ahora
las que padeció por mí.

Hazme contigo llorar
y de veras lastimar
de su pena mientras vivo.

Porque acompañar deseo
en la Cruz, donde le veo
tu corazón compasivo (…).

Haz que su Cruz me enamore;
y que en ella viva y more,
de mi fe y amor indicio.

Porque me inflame y encienda
y contigo me defienda
en el día del juicio.

Haz que me ampare la muerte
de Cristo, cuando en tan fuerte
trance vida y alma estén.

Porque cuando quede en calma
el cuerpo, vaya mi alma
a su eterna gloria. Amén».

21 DE SEPTIEMBRE
SAN MATEO

1. Mateo, a la orilla del lago, piensa que todo es insuficiente.

2. Por grandes y vergonzantes que sean tus pecados: no pasa nada.

3. Mateo comprendió que la familiaridad con Jesús no le permitía seguir realizando actividades desaprobadas por Dios.

1. La humildad del apóstol Mateo es muy grande. A pesar de haber escrito un evangelio, son escasísimos los datos que conocemos acerca de su vida. No nos ofrece nada suyo: porque quería escribir de Jesús, hablar de Jesús, poner en conocimiento de todos los cristianos de todo tiempo la grandeza de Cristo; comunicar la experiencia del Amor más grande. Mateo, en su palabra y en su vida, supo desaparecer para que se hiciera presente la gracia de Dios.

El buen publicano sabía muchas cosas de Jesús antes de ser llamado por Él. Pequeños detalles del texto sagrado nos permiten descubrir que su tienda de cobrador de impuestos estaba cerca del mar de Galilea. Desde allí, pudo ver el milagro de la pesca milagrosa, así como las entradas y salidas de Jesús de casa de Pedro. Había escuchado, quizá indirectamente, la palabra de Cristo. Sin que él lo deseara, se había sembrado en su corazón una inquietud.

Así, poco a poco, todo lo que antes le parecía de sobra, ahora se torna insuficiente. Mateo miraba de otra forma. Los pobres que se agolpaban en torno a Cristo le herían profundamente en el corazón. Se hacía cada vez más claro en su conciencia que su enriquecimiento tal vez no era del todo justo. Reflexionaba en el silencio de su oración y de la noche, luchando: porque el alma le pedía algo más que su pequeño mundo, que ahora le sabía a poco. Empezaba a ser consciente de la dificultad de su vida cómoda. En resumen, la inquietud se había instalado en su alma.

La presencia de Jesús frente al telonio y su palabra fueron definitivas: *¡Sígueme!* Mateo respondió de inmediato.

Hay una sana inquietud: la del que comienza a experimentar que «todo es poco» para amar. Sabes que «Dios te pide más»; y experimentas la dura tensión del querer y no querer. No es cuestión solo de generosidad: también –y sobre todo– de gracia de Dios. Por eso, pide a Dios la ayuda del Espíritu para responder, con decisión, a esas pequeñas o grandes inquietudes que alguien (una predicación, una palabra amiga, una circunstancia) sembró en tu corazón y solo tú conoces.

2. Mateo pertenecía al despreciado grupo de los «publicanos». Su nombre solía ir asociado al de otros dos colectivos de nulo prestigio social: los «pecadores» y las «prostitutas». En cierto sentido, eran palabras sinónimas. Ser cobrador de impuestos era un oficio odioso porque significaba trabajar para una autoridad extranjera ávida de tributos que podían ser establecidos arbitrariamente[1]. Eran calificados de ladrones, injustos y adúlteros.

Lo sorprendente es pensar que, a uno de esos, «justamente a uno de esos», le eligió el Señor para ser apóstol. Jesús quería manifestar su infinita misericordia mostrando que uno de los que aparentemente estaban más alejados de la santidad, por el perdón divino, podía ser un discípulo suyo.

Dios tiene poder para llamar a quien quiera. Benedicto XVI recoge un comentario de san Juan Crisóstomo, muy significativo del modo en que Dios elige: «de todos los apóstoles, solo se menciona el trabajo que realizaban unos pocos. En concreto, se dice que Pedro, Andrés, Santiago y Juan eran pescadores, y Mateo, cobrador de impuestos: "No hay nada más detestable que el recaudador y nada más común que la pesca" (*In Matth. Hom.*, PL 57, 363). Así pues, la llamada de Jesús llega también a personas de bajo nivel social, mientras realizan su trabajo ordinario».

Dios nunca desprecia a nadie, es más, elige hombres de lo más vulgares en medio de los trabajos más cotidianos para cubrir el magnífico camino de la santidad. Somos tú y yo, por el bautismo, los elegidos por Él.

Por eso –grábate bien esto en la cabeza–, por grandes y continuos que sean tus pecados, por vergonzosas que lleguen a ser tus faltas, por ruinosa que te pueda

---

[1] Para esto y lo que sigue, cfr. BENEDICTO XVI, *Audiencia general*, 30-08-2006.

parecer tu vida, en todo caso –incluso en ese caso–, «no pasa nada». No pasa nada, porque, con la fuerza de su sígueme, Dios es capaz de mostrar el mayor de sus poderes: la misericordia. Basta que tú y yo nos reconozcamos pecadores, poca cosa, barro que se rompe de continuo. Él hace el resto.

3. En la radical respuesta de Mateo a Jesús descubrimos aún otra enseñanza. «Mateo comprendió que la familiaridad con Jesús no le permitía seguir realizando actividades desaprobadas por Dios, –y añade Benedicto XVI– se puede intuir fácilmente su aplicación también al presente: tampoco hoy se puede admitir el apego a lo que es incompatible con el seguimiento de Jesús, como son las riquezas deshonestas. En cierta ocasión dijo tajantemente: *Si quieres ser perfecto, anda, vende lo que tienes y dáselo a los pobres, y tendrás un tesoro en los cielos; luego, ven y sígueme* (*Mt* 19, 21). Esto es precisamente lo que hizo Mateo: se levantó y lo siguió. En este levantarse se puede ver el desapego de una situación de pecado y, al mismo tiempo, la adhesión consciente a una existencia nueva, recta, en comunión con Jesús».

Piensa ahora, en el silencio de tu oración, si no hay actividades en tu vida cotidiana que te alejan del seguimiento de Cristo. A lo mejor, es la tele o el uso de internet en el móvil lo que te aparta de Dios: si es así, sé valiente, y piensa que no pasa nada si prescindes un poquito (o del todo) de él. Quizá tengas un apegamiento excesivo a tu ropa, a tu fondo de armario o, incluso, a tu vestidor: miles de prendas que se incrementan en cada cambio de estación… para ser utilizadas una vez y por si acaso. No te quiero hablar ahora de la dependencia de las redes sociales o de la falta de generosidad con las cosas o el derroche de dinero... En el silencio de tu oración, si te pones en presencia de Dios, tú verás más claro lo que Él te pide. *¡Ven y sígueme!* Mateo no se arrepintió jamás de haber dejado todo por Jesús. El joven rico... *abiit tristis* –se fue triste.

Considéralo despacio, pidiendo a Dios la gracia necesaria para tomar decisiones valientes de renuncia y abandono. San Mateo te ayudará desde el cielo.

29 DE SEPTIEMBRE
SANTOS ARCÁNGELES MIGUEL, GABRIEL Y RAFAEL

1. Dios ha creado también para ti una realidad invisible que escapa a los sentidos.

2. Un poderoso aliado para vencer al enemigo.

3. Arcángel San Miguel, defiéndeme en la batalla.

1. Profesamos en el Credo que Dios es el «Creador del cielo y de la tierra, de todo lo visible y lo invisible». La fiesta de hoy nos lleva a poner la mirada en el cielo y en lo invisible de la creación. En particular, nos fijamos en los santos ángeles, de los que los Arcángeles Miguel, Gabriel y Rafael son miembros destacados.

La palabra ángel significa, en el griego del que procede, mensajero. Los ángeles son, por tanto, mensajeros, enviados por Dios para alguna misión, ministros suyos. Lo que define a los ángeles es precisamente su misión. Aquellos de los que conocemos su nombre, como en los tres de la fiesta de hoy, lo reciben precisamente del encargo que Dios les confía. De este modo, Miguel significa *¿quién como Dios?* porque su misión es manifestar el poder que solo Dios tiene. Es quien lucha y vence a la serpiente, pues solo el poder de Dios puede vencer al demonio. Gabriel quiere decir *fortaleza de Dios*, y es enviado a María para anunciar la entrada en el mundo del Señor de cielo y tierra, del fuerte que ha establecido los astros. Y, por último, Rafael es *medicina de Dios*, porque aparece en la Escritura siendo enviado a curar a Tobías.

Dios los ha creado para manifestar su gloria y para su servicio santo, pero también los ha creado para ti, porque Dios ha querido que los ángeles sirvan a sus hijos. Al admirable presente de la creación visible que nos hace Dios se une el de esta creación invisible digna de nuestro asombro. Dale gracias a Dios por estos mensajeros celestiales que vienen en nuestro auxilio y velan por nosotros. Y acude a la poderosa intercesión de estos aliados que ha querido darte para tu provecho. Quizá de niño aprendiste la oración del ángel de la guarda, o alguna semejante, pero la devoción a los ángeles no es solo cosa para niños. Cambiarán tus palabras y la manera de dirigirte a ellos, pero no tu necesidad de su ayuda y consejo.

2. Se ha difundido extensamente una historia sobre el origen de la oración del papa León XIII a San Miguel –que mandó recitar a toda la Iglesia después de la Misa–, que si bien no ha sido nunca corroborada oficialmente, nos puede ayudar en nuestra meditación. El 13 de octubre de 1884, el Papa León XIII tuvo una visión horrible. Después de celebrar la Santa Misa, estaba consultando sobre ciertos temas con varios cardenales en su capilla privada cuando de pronto se detuvo al pie del altar. Su rostro adquirió una expresión de horror y estupor a la vez que se fue palideciendo. De repente, se incorporó y se fue a su estudio privado. Lo siguieron y le preguntaron: «¿Qué le sucede a su Santidad? ¿Se siente mal? Él respondió: ¡Oh, qué imágenes tan terribles se me han permitido ver y escuchar!», y se encerró en su despacho.

Había visto demonios y oído sus crujidos, sus blasfemias, sus burlas. La espeluznante voz de Satanás desafiando a Dios, diciendo que él podía destruir la Iglesia y llevar todo el mundo al infierno si se le daba suficiente tiempo y poder. Satanás pidió permiso a Dios de tener 100 años para poder influenciar al mundo como nunca antes había podido hacerlo. También León XIII pudo comprender que, si el demonio no lograba cumplir su propósito en el tiempo permitido, sufriría una derrota humillante. Vio a san Miguel Arcángel aparecer y lanzar a Satanás con sus legiones en el abismo del infierno.

Después de media hora, llamó al Secretario para la Congregación de Ritos. Le entregó una hoja de papel con una oración que él mismo había escrito y le ordenó que la enviara a todos los obispos del mundo indicando que debía recitarse después de cada Misa. La oración de León XIII decía así:

Arcángel San Miguel, defiéndenos en la batalla,

sé nuestro amparo contra la perversidad y las asechanzas del demonio.

Pedimos suplicantes que Dios lo mantenga bajo su imperio;

y tú, Príncipe de la milicia celestial,

arroja al infierno con el poder divino a Satanás y a los otros espíritus malvados que vagan por el mundo para la perdición de las almas.

Amén.

3. Tras el Concilio Vaticano II se suprimió la obligación de recitar esta oración después de la Santa Misa, pero libremente puede seguirla haciendo quien lo crea conveniente. En cualquier caso, lo que resulta muy consolador es pensar que no luchamos solos, Dios lucha de nuestro lado con sus santos ángeles, y en especial con el más poderoso de ellos, san Miguel.

Acude con frecuencia a la intercesión de este poderoso aliado, con la oración de León XIII o con la que tú quieras. Sobre todo, ve a él cuando precises ayuda para rechazar una tentación del enemigo. San Miguel es el *experto* en esto, Él aparece en el libro del Apocalipsis venciendo a la serpiente y arrojándola a la tierra. No puedes tener mejor aliado en tu lucha contra las asechanzas del enemigo. Ante un peligro grande, ten la valentía de pedir ayuda. No te dejes engañar por el enemigo, que es astuto y sabe –por viejo– más que tú y que yo. No combatas con él a solas. A la tentación únicamente le podrás hacer frente con el auxilio divino. Solo con tu lucha da por seguro que terminarás claudicando.

Cuando apriete el enemigo y venga contra ti con sus insidias, aprieta en tu mano la cruz del Señor y di: «¡Arcángel san Miguel, defiéndeme en esta batalla!».

1 DE OCTUBRE
SANTA TERESA DEL NIÑO JESÚS

1. Puedes vencer al mal con la fuerza de Jesús.
*2. Un motivo de auténtica alegría: tu nombre
inscrito en el cielo.*
3. El camino de los pequeños.

1. *Señor, hasta los demonios se nos someten en tu nombre* (*Lc* 10, 17). Esto le dicen a Jesús los setenta y dos discípulos, llenos de alegría y asombro, al regresar de la misión que les había encomendado el Señor de ir a predicar en pueblos y aldeas. Satanás cae como el rayo, pierde su poder aplastado por la Santa Cruz. Acaban de vivir un anticipo, y vuelven entusiasmados. El poder de las tinieblas no tiene la última palabra, puede ser derrotado.

Una experiencia semejante tuvo la santa que hoy conmemoramos, Santa Teresita del Niño Jesús, carmelita descalza, doctora de la Iglesia a pesar de morir con tan solo 24 años, patrona de las misiones sin salir de su convento. Ella cuenta que con 14 años sentía un ardoroso deseo por arrancar de la pena del infierno el alma de los grandes pecadores. Se propuso alcanzar la conversión de un terrible criminal, Henri Pranzini, que había degollado a dos mujeres y a una niña para robar. Pranzini había sido detenido, juzgado y condenado a muerte. Teresita confiesa que, «sabiendo que por mí sola no podía nada, ofrecí a Dios los méritos infinitos de nuestro Señor, los tesoros de la Santa Iglesia»[1]. Le pedía una señal a Dios, alguna muestra de arrepentimiento en el reo que le ofreciera la certeza de que este podría acogerse a la misericordia divina. Su deseo le fue concedido. En el periódico del día siguiente a la ejecución de Pranzini pudo leer cómo este, ya subido al cadalso, repentinamente se volvió hacia el sacerdote, tomó el crucifijo que le ofrecía y besó tres veces las llagas del crucificado.

Dios no pierde batallas, y Teresita, con su oración e insistencia, había logrado su propósito. Aquel criminal moría arrepentido. Satanás cae como el rayo, pero solo ante el nombre del Señor, solo bajo el peso de la cruz. Si quieres vencerle, únicamente tienes ese camino y esas armas. Aprende de los setenta y dos, aprende de Teresa de Lisieux, y combate al enemigo con el poder del nombre del Señor.

2. Es el poder del Señor el que vence el mal, también en ti. Él da poder a los suyos para que las asechanzas del enemigo no nos derroten, para que, en definitiva, podamos vencer frente a la tentación. Es entonces cuando pisoteamos, como Teresa de Lisieux al lograr la conversión de Pranzini, la cabeza de la serpiente sin que el veneno de esta nos alcance. Y esto es motivo de alegría: el

---

[1] Santa Teresa del Niño Jesús, *Historia de un Alma*, 137.

mal es vencido con la fuerza de la cruz. Pero cuidado con quedarte y recrearte en el poder que te ha dado el Señor por su gracia. No olvides que las victorias terrenas son para la gloria del cielo. Alégrate porque el Señor inscribe tu nombre en el cielo, y no tanto por lo que has conquistado en la tierra.

La vanidad espiritual es una sutil tentación que puede hacerte gran daño. Cuando hemos vencido por gracia de Dios en la lucha contra una tentación muy fuerte, o hemos conseguido desarraigar un vicio de nuestra vida, ten cuidado de que no te atrape la autocomplacencia. No te mires gustándote, como el que se mira al espejo continuamente, incluso aprovechando las cristaleras de las calles para recrearse cada momento en lo bien que se ve. Vuele la mirada a Dios, dale gracias, y alza los ojos al cielo para recordar que allí radica la razón última de tu alegría y el anhelo profundo del corazón. Para eso luchas, y para eso quieres vencer.

El día que te pienses inmune a tal o cual tentación, porque antes te hacía caer a menudo y ahora con la gracia de Dios la vences –y hasta parece haber desaparecido–, ese día puede haber comenzado el principio de tu derrota. Nunca terminamos la lucha, nunca terminamos de vencer hasta que lleguemos al cielo. Mirar victorias pasadas y llenarnos de orgullo solo puede allanar el camino para el ataque mortal del enemigo. Tú no dejes de mirar al cielo y así recordar hacia dónde caminas. Y no olvides que solo la petición humilde del auxilio divino y la confianza en la fuerza de Dios, en lugar de en la nuestra, derrotan a la serpiente.

3. ¡Qué bien lo entendió santa Teresa de Lisieux!, el secreto del cielo y del camino a él Dios lo ha revelado a los pequeños. No son los sabios y entendidos según el mundo los que pueden conocer lo íntimo de Dios y el camino a Él, sino aquellos a quien el Hijo se lo revela, y estos son los humildes de corazón, los pequeños.

Teresa, siempre frágil de salud, descubrió enseguida que ella no podría nunca alcanzar lo que deseaba en lo más profundo de su corazón. Veía la vida de santos que habían hecho por Jesús y el Evangelio cosas admirables y se entristecía al pensar que ella nunca podría llegar a cotas tan altas. No se veía capaz de subir la dura escalera de la perfección espiritual. Pensó entonces si no habría para ella un ascensor que la llevara a donde sus fuerzas se lo impedían. Buscó en las Escrituras y en su oración y descubrió el camino de la *infancia espiritual*. Hacerse pequeña, confiarse en las manos del Padre y abandonarse en Dios, para que fuera Él quien la alzara a donde ella no podría llegar sola.

Abandonarte en las manos de Dios, confiar en Él, alegrarte porque te ha dado a conocer su intimidad y seguir siendo espiritualmente de los *pequeños*. No olvides que de los que son como niños es el reino de los cielos (cfr. *Mt* 19, 14). Hacerse niño, hacerse pequeño ante Dios, reconocernos necesitados de Él, levantar las manos como hacen los niños pequeños con sus padres para que les levanten cuando han caído. Este fue el camino que descubrió santa Teresita y que recorrió con tanto provecho. Es también tu camino y el mío. Pídele a Dios reconocerlo y recorrerlo con la humildad precisa para ser contados entre los bienaventurados.

2 DE OCTUBRE
SANTOS ÁNGELES CUSTODIOS

1. No son cuentos infantiles.
2. El mejor nombre para un Custodio.
3. No desaproveches la oportunidad.

\

1. Me da pena cuando, al hablar sobre los ángeles, se produce una sonrisa boba o comentario sutil calificando nuestra creencia en ellos como algo infantil o fruto de épocas pasadas. Se cumplen así las palabras del refrán que dice que «no hay mayor desprecio que el no hacer aprecio».

Como veíamos recientemente en la fiesta de los Santos Arcángeles, estos seres espirituales han sido creados para glorificar a Dios y ayudar a los hombres. «El tema al que hemos aludido podrá parecer "lejano" o "menos vital" a la mentalidad del hombre moderno. Y sin embargo, la Iglesia, proponiendo con franqueza toda la verdad sobre Dios creador incluso de los ángeles, cree prestar un gran servicio al hombre. El hombre tiene la convicción de que en Cristo, Hombre-Dios, es Él (y no los ángeles) quien se halla en el centro de la Divina Revelación. Pues bien, el encuentro religioso con el mundo de los seres puramente espirituales se convierte en preciosa revelación de su ser no solo cuerpo, sino también espíritu, y de su pertenencia a un proyecto de salvación verdaderamente grande y eficaz dentro de una comunidad de seres personales que para el hombre y con el hombre sirven al designio providencial de Dios»[1].

A través de los datos que nos encontramos en la Sagrada Escritura, «la Iglesia se ha podido formar la persuasión sobre el ministerio confiado a los ángeles en favor de los hombres. Por ello, la Iglesia confiesa su fe en los ángeles custodios, venerándolos en la liturgia con una fiesta especial, y recomendando el recurso a su protección con una oración frecuente, como en la invocación del "Ángel de Dios". Esta oración parece atesorar las bellas palabras de san Basilio: "Todo fiel tiene junto a sí un ángel como tutor y pastor, para llevarlo a la vida"».

2. Muchos santos mantuvieron con los ángeles una relación de verdadera amistad, y son numerosos los episodios que testimonian su ayuda en ocasiones particulares. Como recuerda la *Carta a los Hebreos*, los ángeles son enviados por Dios «a asistir a los que han de heredar la salvación», y, por tanto, son para nosotros un auxilio valioso durante nuestra peregrinación terrena hacia la patria celestial. En nuestra época más reciente destaca la Venerable Sierva de Dios Alexia González-Barros, cuyas virtudes heroicas han sido proclamadas recientemente. Una joven madrileña, fallecida con gran fama de santidad a los 14 años, que nos enseña la sencillez de una santidad vivida con profundidad. Desde pequeña

---

[1] San Juan Pablo II, *Audiencia General,* 6-08-1986.

acudía con frecuencia y recurría a la intercesión de su Ángel de la Guarda, y fue tanta su intimidad, que le puso un nombre propio.

«Cuando salieron de la iglesia, anunció muy decidida: "¿Sabes, mamá? Voy a ponerle nombre a mi Ángel Custodio, porque no quiero llamarle Custodio, como todo el mundo". "¡Ah! ¿Sí? –se interesó la madre–, ¿y qué nombre le vas a poner?". "Hugo" –repuso muy segura, sin dudarlo un momento. "¿Hugo? –se extrañó su madre–. No es un nombre muy corriente, ¿por qué Hugo?". "Porque es un nombre perfecto para mi Custodio" –afirmó muy convencida. "¿Sí? ¿Y por qué?" –quiso saber la madre. Y ella, con el mismo tono de seguridad y firmeza, zanjó la cuestión diciendo: "¡Es evidente!"».

La madre no veía la evidencia por ninguna parte, pero no insistió más. Pero para Alexia debía de ser de una claridad meridiana, porque repitió exactamente lo mismo poco antes de morir, cuando su hermana María José le preguntó por qué le había puesto Hugo a su Ángel Custodio.

Después de su muerte, sus padres buscaron una biografía de san Hugo, por si daba alguna pista; por fin dieron con ella, en un antiguo ejemplar del Año cristiano. Allí se decía que san Hugo, obispo francés, había sido Pastor, y que toda su vida había luchado contra el demonio. Dos características de un buen Custodio: cuidar del alma que le ha sido confiada y ayudar para luchar contra las tentaciones del demonio. En ese sentido, evidentemente, el nombre de Hugo es adecuado para un Custodio.

3. Aprovechemos la fiesta de hoy para retomar o profundizar en nuestra relación con nuestro Ángel de la

Guarda. No acudamos a él solo para que nos consiga un aparcamiento en la calle o nos encuentre lo que hemos perdido; seamos ambiciosos: nuestra santidad, que nos ayude a vivir la Misa, que nos fortalezca en la lucha por las virtudes que más nos cuestan; aprovechemos su presencia invisible en nuestro apostolado; incluso en una discusión pídele a tu Custodio y al de la otra persona que podáis llegar a un acuerdo. Sería más fácil tu vida si acudieras con más frecuencia a la ayuda de aquel que Dios ha puesto junto a ti para conducirte al cielo...

Os propongo terminar con una oración atribuida a san Juan Berchmans, joven novicio jesuita del siglo XVII: «Ángel Santo, amado de Dios, que después de haberme tomado, por disposición divina, bajo tu bienaventurada guarda, jamás cesas de defenderme, de iluminarme y de dirigirme: yo te venero como a protector, te amo como a custodio; me someto a tu dirección y me entrego todo a ti, para ser gobernado por ti. Te ruego, por lo tanto, y por amor a Jesucristo te suplico, que, cuando sea ingrato para ti y obstinadamente sordo a tus inspiraciones, no quieras, a pesar de esto, abandonarme; antes, al contrario, ponme pronto en el recto camino, si me he desviado de él; enséñame, si soy ignorante; levántame, si he caído; sostenme, si estoy en peligro y condúceme al cielo para poseer en él una felicidad eterna. Amén».

4 DE OCTUBRE
SAN FRANCISCO DE ASÍS

1. Todos lo miran desnudo.
2. Los papas también sueñan.
3. Una hermana que se llama muerte.

1. Celebramos hoy la memoria de san Francisco de Asís, quien luchó –con la gracia de Dios– por alcanzar esa plena identificación con Jesucristo, respondiendo a lo que en su caso le pedía a él.

La vida del «poverello de Asís» es rica en matices, aunque popularmente se conozcan cuatro rasgos generales: que fue muy pobre, que fundó la Orden franciscana, que hablaba con los animales o que tuvo los estigmas de la Pasión de Jesús. En la Basílica erigida en su ciudad de Asís se pueden contemplar unos bellos frescos de Giotto que muestran los principales episodios de su biografía; he señalado tres de ellos para que nos ayuden a hacer este rato de oración de hoy.

El primero representa al joven Francisco, desnudo delante de su padre y los principales hombres de la ciudad; tiene la siguiente leyenda a sus pies: «Cuando restituyó todas las cosas al padre, quitose los vestidos, renunció a los perecederos bienes paternos diciendo al padre: "Habiéndome repudiado Pedro de Bernardone, ahora sí puedo efectivamente decir: 'Padre nuestro que estás en los cielos'"». Ante la negativa de su padre a que abrazara ese estilo de vida religiosa, Francisco se desprende de todo lo que pertenece a su padre y comienza a vivir una vida pobre y austera.

La virtud de la pobreza es una virtud cristiana, no exclusiva de los religiosos que hacen voto de pobreza, sino de todos los cristianos, cada uno según su estado y circunstancia: un padre de nueve hijos no puede vivir la virtud del desprendimiento como un joven sin cargas, que acaba de incorporarse a la vida profesional.

Vivir la virtud cristiana de la pobreza exige, de entrada, desasimiento interior: en el deseo, en el pensamiento, en la imaginación... Lo importante no es no poseer esto o carecer de lo otro, sino comportarse de acuerdo con la verdad de que los bienes creados son solo medios. Respecto a esta virtud te propongo un triple campo de examen para ver cómo la estás viviendo.

Existen criterios sencillos y prácticos con los que el cristiano puede medir la autenticidad de su desprendimiento: no considerarse dueño, sino administrador de las cosas que posee –no quejándose, por ejemplo, cuando falta lo necesario, escoger la peor parte para uno: comida, lugar, etc.–; evitar la acumulación de objetos innecesarios –atención a las compras, querer estar a la última en los aparatos tecnológicos– y la limosna para obras de caridad o sostenimiento de labores apostólicas de la Iglesia.

2. La segunda imagen que os propongo es la que representa el sueño del papa Inocencio III, con la siguiente leyenda en la parte de abajo: «Cómo el Papa vio en el sueño que la Basílica de Letrán estaba ya próxima a derrumbarse; pero un miserable pobrecillo, el Bienaventurado Francisco, inclinándose, la sostenía con sus hombros para que no cayese». En un momento de crisis para la Iglesia, Inocencio III entiende que la reforma que precisa la Iglesia no es solo de estructura, sino mucho más profunda: la conversión de los corazones, la santidad que Francisco ha comenzado a vivir con sus primeros compañeros.

Hoy también atravesamos un momento de cambio y desconcierto, muchas voces se levantan para indicar los cambios que la Iglesia debería hacer, cómo debe modernizarse y adaptarse a los tiempos modernos. Por otro lado, vemos también los pecados públicos de miembros de la Iglesia que están reclamando un cambio necesario. Pero esta «revolución» o es la revolución de la santidad o no dará fruto.

En esa Basílica de Letrán que pinta Giotto está representada la Iglesia (Letrán es la sede del Obispo de Roma); tú y yo debemos sentir también sobre nuestros hombros el peso y la responsabilidad de la Iglesia. Universitario, trabajador, padre o madre de familia, jubilado o enfermo: ya no es tiempo de ver pasar la historia por delante de nosotros como si fuéramos espectadores pasivos, ¡somos protagonistas! O entramos en escena o nos quitan nuestro papel, y recuerda que no es «tu» papel, sino el de Cristo.

Pero ¿qué puedo hacer yo? –te preguntarás–. Fácil y difícil a la vez: vivir con coherencia, con radical coherencia –pierde el miedo a la palabra radical cuando hace referencia a plenitud del amor–, tu vocación cristiana. Lo veíamos ayer: movidos por el amor a Dios, y ese amor no admite medias tintas.

3. Y, por último, la tercera escena que os propongo es la que representa la muerte del santo. «En qué modo a la hora del tránsito del Bienaventurado Francisco un hermano vio su alma subir al cielo bajo la forma de una estrella esplendente». Sabiendo que le llegaba la hora, pidió que lo tumbaran en el suelo para morir, como había procurado vivir siempre, pobremente.

Siempre me han producido una sana envidia las últimas palabras de Jesús en la cruz: *Todo está cumplido*. Ojalá se nos concediera la gracia, a cada uno de nosotros, de poder decirlas en la hora de nuestra muerte: «Jesús, he cumplido mi misión en la tierra; he procurado secundar tu voz y obedecerte; con mis caídas y fallos, pero he terminado mi carrera, he mantenido la fe –que diría Pablo».

Esa búsqueda de la identificación con Cristo por amor –nunca por miedo u otra escondida intención– nos llevará a la gloria del cielo. ¿Cómo te gustaría a ti que te encontrara la muerte? («Hermana muerte» la llamaba Francisco). No es esta una pregunta que busca provocar angustia o miedo, lo contrario: como te gustaría que el Señor te encontrara en aquel momento último, procura vivir cada instante de tu vida. Terminar tus días con la conciencia de la misión cumplida. Buscar a Jesús en cada momento para que, cuando aparezca a buscarnos, le reconozcamos, le abracemos y besemos. A un cristiano la muerte no le asusta, no puede ser un tema tabú: yo no temo el día de encontrarme con el Amor.

5 DE OCTUBRE
TÉMPORAS DE ACCIÓN DE GRACIAS Y DE PETICIÓN

1. Irascibles por cosas sin importancia.
2. Vivir en espíritu de Acción de Gracias.
3. Las normas de piedad de siempre.

1. Después de escudriñar al milímetro miles de páginas web, se decidieron por dos obreros de calidad contrastada. La vecina del chalet contiguo les había encargado algunos trabajos y había quedado muy contenta. Además, eran de su pueblo. Gente de fiar. El asunto no podía pintar mejor, porque, tal y como están las cosas, conviene apretar en el precio sin perder un gramo de calidad.

Por otra parte, la obra no era especialmente complicada: se trataba de levantar un muro no muy alto en el jardín cerrando un pequeño espacio para dejar ahí todas las cosas relativas al cuidado de las flores: sacos de abono, herramientas y otras cosas por el estilo. Manolo, que era el jefe, captó enseguida la idea y se pusieron manos a la obra a la mañana siguiente. Aseguraba que en pocos días estaría lista.

Como se trataba de un lugar de paso, pronto conocieron a todos los miembros de la familia. El hijo mediano, que era muy observador, se dio cuenta enseguida de que el muro que estaban construyendo estaba ligeramente torcido. Para no errar en su apreciación y no hacerse pesado, esperó a la noche para fijarse con mayor detenimiento. Confirmado, estaba torcido.

Decidió decírselo él mismo a los operarios por la mañana; lo antes posible. Mientras trabajaban, se quedó mirando cómo lo hacían, y les sugirió: «perdónenme, pero creo que el muro se les está torciendo un poco».

En ese momento, sin mediar palabra, Manolo se puso en pie, miró con desprecio al adolescente y dijo mientras recogía las herramientas: «Paco, vámonos, que aquí se trabaja con mucha presión». Y sin mediar palabra, dejaron todo a medias.

Un simple comentario, inocente, para ayudar, recibe una respuesta desmesurada, ¿no te parece? Sin embargo, ¿no nos pasa a menudo eso mismo? ¿No somos tantas veces irascibles por mil cosas que no tienen ninguna importancia... o, lo que es peor, por advertencias que nos hacen mucho bien? ¿Cómo soportas que te corrijan?

2. Cada uno vive con la presión que quiere. Me explico. La vida te enseña que hay personas que padecen auténticos dramas, pero saben llevar el sufrimiento por dentro y estar ciertamente muy contentos. Todo les parece bien. Es una experiencia común en los jóvenes y mayores que marchan de voluntariado a países pobres: vuelven todos con la sensación de que en aquellas tierras la gente no tiene más que problemas, pero están sumamente contentos.

Nosotros, que tenemos de todo, absolutamente de todo... tristes. ¿Hay quien lo entienda? Quien tiene motivos para sentirse presionado está tranquilo, y quien no tiene sino mínimas preocupaciones está «agobiadísimo».

Chesterton lo expresaba con su habitual perspicacia, a propósito de una inundación en su barrio, de la que se empeñaba en ver *el lado romántico:* «el verdadero dolor, como cuando a uno lo queman vivo en la plaza pública de Smithfield, o le duelen las muelas, es un hecho objetivo; soportable, aunque escasamente placentero. Pero, al fin y al cabo, los dolores de muelas son algo excepcional, y que a uno lo quemen en Smithfield es cosa que solo sucede cada mucho tiempo. La mayoría de los inconvenientes que hacen blasfemar a los hombres y llorar a las mujeres son, en realidad, inconvenientes de índole sentimental o ficticia, pertenecientes todos al ámbito de la imaginación. (...) Los inconvenientes, como ya he dicho, no son más que el aspecto más accidental y menos imaginativo de una situación verdaderamente romántica»[1].

No es cuestión de tener o no tener, sino de vivir según el espíritu de la fiesta que celebramos hoy: la témpora de acción de gracias y de petición. Todo lo que tenemos, todo lo que nos sucede, lo hemos recibido: ¡es un don! Y merece que demos gracias por ello, y que lo disfrutemos. La de hoy comenzó siendo una fiesta dedicada a agradecer a Dios los frutos del campo, y prepararse con la penitencia de cara a las próximas fiestas –en este caso, de Navidad, dentro de algo más de dos meses. Con

---

[1] G. K. CHESTERTON, *Correr tras el propio sombrero (y otros ensayos).*

el tiempo, el sentido de la fiesta se ha ampliado un poco; ha dejado de ser una celebración agraria, para significar el agradecimiento por *todo* lo que nos da, ya sean frutos materiales o espirituales.

Así pues, la Iglesia nos invita hoy a reconocer lo que Dios hace por nosotros y a darle muchísimas gracias. Esta es la actitud del hombre que quiere vivir sin presión: agradecer todo a Dios. En definitiva, se trata de saber que todo depende de su mano, y que lo nuestro es trabajar con paz en el corazón, conscientes de que Él está pendiente de todo.

Aprovecha este rato de oración y haz una pequeña –o no tan pequeña– lista de cosas para dar gracias a Dios. Piensa, en silencio, todo lo que has recibido de Dios y dale gracias.

3. Para conseguir este propósito de una confianza prolongada y cotidiana en Dios, es necesario proponerse metas bien concretas. Es lo que se conoce como las «prácticas de piedad de siempre».

La meditación, la Misa, el rosario o la lectura espiritual son momentos de oración, encuentros con Jesús, que sería deseable que entraran en tu horario. Te harán crecer. Pero hay otras plegarias que pueden acompañarte constantemente, y que pondrán sal y luz a tu día.

Se trata de las acciones de gracias, dichas en el silencio del alma, ante las diversas circunstancias de cada día («gracias, Jesús, por esta cosa, gracias por aquella otra»); se trata de hacer de hijo pródigo muchas veces al día, y de volver con amor entrañable a nuestro Padre Dios para pedirle perdón por tantísimos pequeños fallos; se trata de rezar comuniones espirituales, deseando recibirle mejor la próxima vez que nos acerquemos al altar; se trata de acudir frecuentemente a la Virgen y a los custodios, buscando su ternura y protección.

¿Cómo se incorpora ese vivir sin preocupaciones a nuestra vida cotidiana, en acción de gracias y petición? Dándonos cuenta de que vivimos con Él las 24 horas del día. Ciertamente es más fácil con la ayuda de un acompañante espiritual, e incorporando poco a poco estos propósitos. Hoy, por ejemplo, siendo la fiesta que es, trata de dar las gracias a Dios al menos cinco veces al día.

Y ahora, antes de terminar, en el silencio de tu plegaria, pregúntate si en el trabajo, en el estudio o en tus aficiones te acuerdas lo suficiente de Dios como para experimentar la ternura de estar cien por cien en sus manos.

7 DE OCTUBRE
NUESTRA SEÑORA DEL ROSARIO

1. El rosario: un medio excelente para contemplar,
con María, a Jesús.
2. El rosario: arma para conseguir la paz.
3. El rosario: una oración misionera y universal.

1. La imagen tradicional que representa la fiesta que celebramos hoy nos muestra a la Virgen María con el niño Jesús sostenido en uno de sus brazos, y en la otra mano el rosario de Santo Domingo de Guzmán. La iconografía cristiana parece querernos hacer entender que el rosario es un medio excelente para, con María, contemplar a Jesús. Esta oración tan querida es un camino seguro para amar y seguir al Salvador.

Al comienzo de su encíclica sobre el rosario, Juan Pablo II detallaba que se trata de una oración para todos aquellos que quieran «remar mar adentro». Sí. El rosario no es oración de timoratos o de inútiles, sino de aquellos que, llenos de espíritu apostólico y deseos de santidad, quieren elevar al cielo cientos de piropos a María esperando la misericordia de su divino Hijo.

El Romano Pontífice afirmaba que no ha dejado pasar ocasión sin exhortar a rezar con frecuencia el rosario. Reconocía que «esta oración ha tenido un puesto importante en mi vida espiritual desde mis años jóvenes. Me lo ha recordado mucho mi reciente viaje a Polonia, especialmente la visita al Santuario de Kalwaria. El Rosario me ha acompañado en los momentos de alegría y en los de tribulación. A él he confiado tantas preocupaciones y en él siempre he encontrado consuelo. Hace veinticuatro años, el 29 de octubre de 1978, dos semanas después de la elección a la Sede de Pedro, como abriendo mi alma, me expresé así: "El Rosario es mi oración predilecta. ¡Plegaria maravillosa! Maravillosa en su sencillez y en su profundidad (...). En efecto, con el trasfondo de las Avemarías pasan ante los ojos del alma los episodios principales de la vida de Jesucristo. El Rosario en su conjunto consta de misterios gozosos, dolorosos y gloriosos, y nos ponen en comunión vital con Jesús a través –podríamos decir– del Corazón de su Madre. Al mismo tiempo, nuestro corazón puede incluir en estas decenas del Rosario todos los hechos que entraman la vida del individuo, la familia, la nación, la Iglesia y la humanidad. Experiencias personales o del prójimo, sobre todo de las personas más cercanas o que llevamos más en el corazón. De este modo la sencilla plegaria del Rosario sintoniza con el ritmo de la vida humana"»[1].

Por encima incluso del secular consejo de los Pontífices a rezar el rosario, está el mandato de la misma Madre de Dios a los pastorcitos de Fátima. Les exhorta

---

[1] SAN JUAN PABLO II, *Rosarium Virginis Mariae*, 2.

a rezarlo a diario para la salvación de las almas y para combatir al pecado.

¿Necesitaremos más razones para incorporar ya por fin, de modo definitivo, el rezo del rosario a nuestro horario habitual?

2. Era el 7 de octubre de 1571 cuando se produjo el sangriento enfrentamiento en el golfo de Lepanto situado entre el Peloponeso y Epiro, actualmente en Grecia.

Se enfrentaban dos armadas poderosas: el imperio otomano contra la coalición cristiana, llamada Liga Santa, compuesta por el Reino de España, los Estados Pontificios, la República de Venecia, la Orden de Malta, la República de Génova y el Ducado de Saboya.

La batalla fue tan memorable como sangrienta. Allí encontraron la muerte más de siete mil quinientos hombres de la armada cristiana, mientras que entre veinticinco y treinta mil soldados turcos hicieron de las aguas su tumba.

Es claro que tanto la técnica naval como la pericia en el arte de la guerra tuvo mucho que ver en la victoria de la liga santa. El triunfo fue determinante para frenar el empuje otomano y salvaguardar la fe en Occidente. Consciente de esta necesidad, el papa san Pío V había pedido a toda la cristiandad rezar el rosario implorando el éxito de la campaña. Así ocurrió y por esta razón celebramos, en una misma fecha, la victoria de Lepanto y nuestra señora del Rosario.

Por encima de estas campañas bélicas, el rosario es un arma de paz. Está compuesta por veinte misterios de un padrenuestro, diez avemarías y un gloria, y que se divide en grupos de cinco misterios (luminosos, gozosos, gloriosos y dolorosos). Esta repetición confiada y sosegada nos ayuda a librar la batalla que conduce a la concordia: con nosotros y con los demás.

Reza con constancia el rosario y podrás librar la guerra contra ese vicio o esa enemistad que tanto empaña tu conducta. Ten la seguridad de que la victoria, con la ayuda de María, llegará tarde o temprano.

3. Durante el mes de octubre se celebra, además, el mes misionero. Durante estos días te habrán pedido que colabores con las misiones con tu aportación económica o con tus oraciones.

El rosario es también una oración muy útil para incrementar la sensibilidad apostólica y el espíritu misionero; para que crezca en nosotros el noble deseo de sentirnos dolidos por la ausencia de Cristo en tantos países. Muchos –en nuestras ciudades– han olvidado el nombre de Jesús; pero son incluso más los que nunca supieron de él.

Los misioneros consagran su vida a la predicación del evangelio, y necesitan el sostenimiento de nuestra oración. No es una tarea fácil. Mediante el rezo del rosario con intenciones concretas (tales misioneros, cual persona que necesita ayuda), les ayudamos a ellos y a nosotros mismos, para ser también nosotros portadores del evangelio en esta sociedad tan fría de amor.

«Inflamados por el fuego del Espíritu Santo, los misioneros apostólicos han llegado, llegan y llegarán hasta los confines del mundo, desde uno y otro polo, para anunciar la palabra divina», decía san Antonio María Claret a sus hijos espirituales. «El amor de Cristo nos estimula y apremia a correr y volar con las alas del santo celo. El verdadero amante ama a Dios y a su prójimo; el verdadero celador es el mismo amante, pero en grado superior, según los grados de amor; de modo que, cuanto más amor tiene, por tanto mayor celo es compelido. Y, si uno no tiene celo, es señal cierta de que tiene apagado en su corazón el fuego del amor, la caridad. Aquel que tiene celo desea y procura, por todos los medios posibles, que Dios sea siempre más conocido, amado y servido en esta vida y en la otra, puesto que este sagrado amor no tiene ningún límite.

Y concluye: trabajar, sufrir y procurar siempre y únicamente la mayor gloria de Dios y la salvación de las almas».

¿Entiendes algo?

12 DE OCTUBRE
BIENAVENTURADA VIRGEN MARÍA DEL PILAR

1. Sobre una columna, junto al río.
2. Marca distintiva del apóstol.
3. Rezando con el Papa.

1. Pentecostés, efusión del Espíritu Santo; vigor y empuje apostólico. Aquellos doce hombres antes temerosos y cobardes se convierten en auténticos torbellinos de fuego que arrasan cuanto tocan: conversiones, bautismos en masa... Comienza la extensión de la Santa Iglesia, se están cumpliendo ya las palabras del Maestro: Id al mundo entero y predicad el Evangelio.

Ellos obedientes al imperativo de Cristo cumplen con su misión, van de un sitio a otro, fundan comunidades, el gran Pablo se une a ellos y poco a poco se va difundiendo la fragancia cristiana. La tradición sitúa al apóstol Santiago, hermano de Juan, en España. Pero parece que tuvo sus dificultades, el que en otro tiempo fue apodado por su carácter y fuerza «hijo del trueno» se viene abajo. No consigue que la semilla evangélica prenda en España, las conversiones son minoritarias y el esfuerzo, muy grande; la desesperanza comienza a anidar en su corazón.

Según la tradición, habría llegado a orillas del Ebro y descorazonado se tumba en el suelo, no sabe qué hacer; quiere volver rendido a Jerusalén. Pero no está solo, Dios no le deja. Y viviendo todavía en Israel la Virgen, se le aparece sobre una columna en Zaragoza para reconfortarle y asegurar que su predicación prenderá en la Península. María aparece como «Consoladora de los afligidos», «Reina de los Apóstoles» y Madre celosísima.

La advocación del Pilar nos habla de firmeza frente a las adversidades, de superar obstáculos, de amplitud de miras y de sueños grandes. Nos invita a luchar contra el egoísmo y la comodidad, a no rendirnos ante las dificultades y a abandonarnos en manos de Dios.

Desde entonces la Basílica del Pilar se ha convertido en foco de peregrinaciones para encontrar el consuelo y agradecer su protección. También nosotros en nuestra universidad, trabajo o familia percibimos lo difícil que es acercar a las almas a Dios, pero no lo olvides: ¡no estás solo! Somos apóstoles, Él aseguró su presencia junto a nosotros, es el Espíritu Santo quien marca el rumbo, solo hace falta ser instrumentos dóciles.

2. Pero la Virgen del Pilar nos habla también de nuevos horizontes, hoy se conmemora la llegada a América de Colón. ¡Qué poco se habla de aquella gran empresa de evangelización! Hombres de Dios que dejaron todas sus comodidades y seguridades para cruzar el océano con la sola ilusión de conquistar para Cristo muchas almas; no hablo de los conquistadores, sino de los olvidados misioneros.

Hoy se abren a nuestros ojos panoramas inmensos de apostolado, de nueva evangelización, pero no lejos, sino muy cerca, en nuestros propios ambientes y con los hombres y mujeres con los que compartimos nuestro día a día. También nosotros hoy, como lo hicieron nuestros antepasados españoles en aquella hora única de finales del siglo XV y XVI, debemos llevar la luz de Cristo. ¿Pondrás excusas? ¿Te echarás para atrás en esta empresa divina? ¿Ganarán en ti la vergüenza y los respetos humanos?

Abrázate a María, invócala. «La llegada del Evangelio de Cristo a las Américas lleva el sello de la Virgen María. Su nombre y su imagen campeaban en la carabela de Cristóbal Colón, la "Santa María", que hace cinco siglos arribó al nuevo mundo. Ella fue "Estrella del mar" en la arriesgada y providencial travesía del océano que abrió insospechados horizontes a la humanidad. La tripulación de las tres carabelas, al despuntar el día del descubrimiento, la invocó con el canto de la Salve Regina. Era un 12 de octubre, fiesta de la Virgen del Pilar, memoria tradicional de las primicias de la llegada del Evangelio a España, lo cual representaba el signo providencial de que la evangelización de América se realizaba bajo la protección de la Madre de Dios»[1].

También hoy, ya en el siglo XXI, los apóstoles de Cristo, tú y yo, hemos de llevar grabado a fuego en el corazón un amor tierno y filial, que no infantil, a la Madre de Dios si queremos llevar a cabo la misión que se nos confía.

---

[1] San Juan Pablo II, *Ángelus,* 11-10-1992.

3. Terminemos rezando esta oración con la que el papa san Juan Pablo II se dirigió a la Virgen del Pilar en su peregrinación a aquel lugar en 1982: «¡Dios te salve, María, Madre de Cristo y de la Iglesia! ¡Dios te salve, vida, dulzura y esperanza nuestra! A tus cuidados confío esta tarde las necesidades de todas las familias de España, las alegrías de los niños, la ilusión de los jóvenes, los desvelos de los adultos, el dolor de los enfermos y el sereno atardecer de los ancianos. Te encomiendo la fidelidad y abnegación de los ministros de tu Hijo, la esperanza de quienes se preparan para ese ministerio, la gozosa entrega de las vírgenes del claustro, la oración y solicitud de los religiosos y religiosas, la vida y el empeño de cuantos trabajan por el reino de Cristo en estas tierras. En tus manos pongo la fatiga y el sudor de quienes trabajan con las suyas; la noble dedicación de los que transmiten su saber y el esfuerzo de los que aprenden; la hermosa vocación de quienes con su conciencia y servicio alivian el dolor ajeno; la tarea de quienes con su inteligencia buscan la verdad. En tu corazón dejo los anhelos de quienes, mediante los quehaceres económicos, procuran honradamente la prosperidad de sus hermanos; de quienes, al servicio de la verdad, informan y forman rectamente la opinión pública; de cuantos, en la política, en la milicia, en las labores sindicales o en el servicio del orden ciudadano, prestan su colaboración honesta en favor de una justa, pacífica y segura convivencia. Virgen Santa del Pilar: aumenta nuestra fe, consolida nuestra esperanza, aviva nuestra caridad. Socorre a los que padecen desgracias, a los que sufren soledad, ignorancia, hambre o falta de trabajo. Fortalece a los débiles en la fe. Fomenta en los jóvenes la disponibilidad para una entrega plena a

Dios. Protege a España entera y a sus pueblos, a sus hombres y mujeres. Y asiste maternalmente, oh María, a cuantos te invocan como Patrona de la Hispanidad. Amén».

15 DE OCTUBRE
SANTA TERESA DE JESÚS

1. Auténtico Siglo de Oro.
2. Actualidad de una maestra.
3. Toda de Dios.

1. El siglo XVI (y parte del XVII) es denominado con ra-zón el «Siglo de Oro español», pero no debe este quedar reducido a florecimiento de las artes o las letras, sino que en ese mismo periodo conviven también los grandes colosos de la santidad, como Ignacio de Loyola, Fran-cisco Javier, Juan de la Cruz, Juan de Ávila o la gran Teresa de Jesús, cuya fiesta celebramos hoy.

El contexto en el que se desarrolla la vida de estos santos es complejo; había cosas que no funcionaban en la Iglesia. La vida de los cristianos, empezando por los pastores y almas consagradas a Dios, dejaba mucho que desear. Lutero decide romper la baraja e iniciar un ca-mino de independencia y menosprecio; pero estos san-tos optaron por el camino correcto: la conversión, la identificación con Jesucristo.

«En las vicisitudes de la historia, han sido los ver-daderos reformadores que tantas veces han elevado a la humanidad de los valles oscuros en los cuales está siempre en peligro de precipitar; la han iluminado siempre de nuevo lo suficiente para dar la posibilidad de aceptar –tal vez en el dolor– la palabra de Dios al terminar la obra de la creación: "Y era muy bueno". Basta pensar en figuras como san Benito, san Francisco de Asís, santa Teresa de Jesús, san Ignacio de Loyola, san Carlos Borromeo; en los fundadores de las órdenes religiosas del siglo XIX, que animaron y orientaron el movimiento social; o en los santos de nuestro tiempo: Maximiliano Kolbe, Edith Stein, madre Teresa, padre Pío. Contemplando estas figuras comprendemos lo que significa "adorar" y lo que quiere decir vivir a medida del Niño de Belén, a medida de Jesucristo y de Dios mismo.

»Los santos, como hemos dicho, son los verdaderos reformadores. Ahora quisiera expresarlo de manera más radical aún: solo de los santos, solo de Dios proviene la verdadera revolución, el cambio decisivo del mundo. En el siglo pasado vivimos revoluciones cuyo programa común fue no esperar nada de Dios, sino tomar totalmente en las propias manos la causa del mundo para transformar sus condiciones. Y hemos visto que, de este modo, siempre se tomó un punto de vista humano y parcial como criterio absoluto de orientación. La absolutización de lo que no es absoluto, sino relativo, se llama totalitarismo. No libera al hombre, sino que lo priva de su dignidad y lo esclaviza. No son las ideologías las que salvan el mundo, sino solo dirigir la mirada al Dios viviente, que es nuestro creador, el garante de nuestra libertad, el garante de lo que es realmente bueno y auténtico. La revolución verdadera consiste únicamente en mirar a Dios, que es la medida de lo que es justo y, al

mismo tiempo, es el amor eterno. Y ¿qué puede salvar-
nos sino el amor?»[1].

¿Qué puesto quieres ocupar tú en este mundo?

2. Santa Teresa de Jesús ha influido en numerosos autores y fundadores de los siglos posteriores; congrega-
ciones religiosas, asociaciones laicales y centros cultu-
rales la tienen como modelo y referente. Por desgracia,
el desconocimiento de su vida y doctrina –¡es Doctora
de la Iglesia!– está generalizado entre las generaciones jóvenes y no tan jóvenes. Pero santa Teresa no es
un personaje trasnochado, de un pasado pretérito, sino
que puede seguir iluminando la vida de todos los que se
acerquen a ella.

Con ocasión del V Centenario de su nacimiento, el
Papa Francisco sintetizaba así la figura de la santa: «es
sobre todo maestra de oración. En su experiencia, fue
central el descubrimiento de la humanidad de Cristo.
Movida por el deseo de compartir esa experiencia personal con los demás, escribe sobre ella de una forma
vital y sencilla, al alcance de todos, pues consiste simplemente en "tratar de amistad con quien sabemos nos
ama". Muchas veces la misma narración se convierte en
plegaria, como si quisiera introducir al lector en su diálogo interior con Cristo. La de Teresa no fue una oración
reservada únicamente a un espacio o momento del día;
surgía espontánea en las ocasiones más variadas: "Cosa
recia sería que solo en los rincones se pudiera traer oración". Estaba convencida del valor de la oración con-

---

[1] Benedicto XVI, *Homilía en la Vigilia con los jóvenes en la JMJ de Colonia*, 20-08-2005.

tinua, aunque no fuera siempre perfecta. La santa nos pide que seamos perseverantes, fieles, incluso en medio de la sequedad, de las dificultades personales o de las necesidades apremiantes que nos reclaman.

»(...) A partir de su encuentro con Jesucristo, santa Teresa vivió "otra vida"; se convirtió en una comunicadora incansable del Evangelio. Deseosa de servir a la Iglesia, y a la vista de los graves problemas de su tiempo, no se limitó a ser una espectadora de la realidad que la rodeaba. Desde su condición de mujer y con sus limitaciones de salud, decidió –dice ella– "hacer eso poquito que era en mí, que es seguir los consejos evangélicos con toda la perfección que yo pudiese y procurar que estas poquitas que están aquí hiciesen lo mismo". Por eso comenzó la reforma teresiana, en la que pedía a sus hermanas que no gastasen el tiempo tratando "con negocios de poca importancia" cuando estaba "ardiendo el mundo".

»Como hizo entonces, también hoy la santa nos abre nuevos horizontes, nos convoca a una gran empresa, a ver el mundo con los ojos de Cristo, para buscar lo que Él busca y amar lo que Él ama»[2].

3. «En un artículo, suscrito por un padre agustino, leo las siguientes frases: Con solo atender al carácter eminentemente humano de aquella vida, por otra parte, toda de Dios, henchida totalmente de Dios y consagrada por entero al servicio de Dios, es, sin género de duda,

---

[2] PAPA FRANCISCO, *Carta al Prior General del Carmelo Descalzo,* 28-03-2015.

santa Teresa de Jesús una de las almas más generosas y simpáticas que han descendido a este mundo.

»(...) Aquella vida toda de Dios. Así ha de ser vuestra vida: toda de Dios. Pero siendo de Dios toda, debe distinguirse por su carácter eminentemente humano, el cual, informado por una vida toda de Dios, se perfecciona, pero no se desnaturaliza. Que así fue santa Teresa, ¿quién lo duda? Y que, porque lo fue, conquistó tan universal simpatía, ¿cómo no reconocerlo? Si aquella vida era toda de Dios, ¿podría no ser generosa?

»Henchida de Dios. Sí; del Dios que hizo lo humano para perfeccionarlo y no para destruirlo. ¿Quién, mejor que nosotros, debe conocer estas cosas?»[3].

En la universidad, en casa, en el trabajo... en todas partes: ser contemplativos itinerantes; tratar a Dios, para llevarlo a todos los hombres.

---

[3] San Pedro Poveda, *Amigos Fuertes de Dios*, 93.

18 DE OCTUBRE
SAN LUCAS

1. Los Doce y los setenta y dos.
2. Como ovejas en medio de lobos.
3. Serán semilla bendita del Señor.

1. En el evangelio de hoy, Jesús envía a setenta y dos discípulos delante de Él a las aldeas que va a visitar para que vayan preparando a las gentes para su llegada. Este envío de los setenta y dos es algo que solo nos cuenta san Lucas, quizá quiera señalar para nosotros que la misión de llevar el Evangelio no está reservada únicamente a los Doce, sino que se extiende también a otros discípulos del Señor.

Y efectivamente conviene que sea así, porque *la mies es abundante y los obreros, pocos* (*Lc* 10, 2). Hay trabajo de sobra en el campo de Dios. Entonces y ahora. Por eso tenemos que rogar a Dios –el mismo Cristo nos anima a ello– que mande operarios a su mies. Siempre es urgente que el Señor mande vocaciones a su Iglesia porque siempre urge la misión.

Fíjate en que, aunque la necesidad es grande, como señalan las palabras de Cristo, es preciso que sea Él quien envíe. Nadie puede arrogarse el «derecho» sobre la misión, eso es algo que solo Dios puede dar. Se requiere de ese envío. Por eso hay que pedirle a Dios que sea Él quien mande trabajadores a su mies porque solo Él puede constituirles en tales.

Tradicionalmente se ha visto en estos setenta y dos una imagen de los sacerdotes, que, unidos a los obispos y bajo su autoridad, sirven al reino de Dios. Pide a Dios por los sacerdotes que conozcas. Son auténticos operarios del reino. De su entrega abnegada recibimos nosotros los tesoros de la gracia. Sostenlos con tu oración y cariño, porque el enemigo está empeñado en hacerlos caer. Y pide al Señor más vocaciones. Urge, el campo está a punto para la siega. Necesitamos sacerdotes, sacerdotes santos. ¡Ojalá no abandones esta petición ningún día en adelante!

2. Pero, si es preciso recibir el envío de Cristo, este va acompañado también de unas instrucciones precisas. Nadie puede darse la misión a sí mismo, ni tampoco ejercerla de cualquier manera. Dios da la misión y el modo en que debe ser desempeñada. En primer lugar, que no te pase desapercibido que les envía de dos en dos. Este hecho pone de manifiesto que no puede ejercerse la misión en solitario. El discípulo del Señor, cuando es enviado, no es nunca un francotirador que va por libre. Toda misión se realiza en la Iglesia, todo ministerio se ejerce en comunión. Del mismo modo sucede en general con la vida cristiana requiere de esa misma comunión, no puede realizarse aisladamente, de forma individual. Todo esto choca con la mentalidad tan individualista de nuestros días, pero así lo ha querido el Señor.

Mirad que os envío como corderos en medio de lo-bos. No llevéis bolsa ni alforja, ni sandalias (*Lc* 10, 3-4), prosigue el Señor con las indicaciones a los setenta y dos. Sorprende la declaración de Jesús previa a la serie de instrucciones concretas. ¿Qué significa que los envía como corderos en medio de lobos? Es claro que el cordero en medio de lobos corre un grave peligro, mandarles así, ¿no implica colocarlos como víctimas de la violencia de los lobos? Además, les ordena ir ligeros de equipaje, ni bolsa, ni alforja, ni sandalias, mucho menos ninguna cosa con que defenderse de esos lobos. ¿Cómo prevalecerán entonces? El Señor será quien lo haga. El buen pastor hará que los corderos no sean pasto de los lobos. Él está con aquellos que envía, no los deja ni abandona nunca –tampoco a ti–. Jesús es su única fuerza y auxilio. Y, para que no lo olviden, les pide que no lleven grandes pertrechos, de modo que se apoyen únicamente en Él. La fuerza de los enviados por el Señor radica en quién los envía y en el hecho de que los acompaña siempre. Y todavía más: el buen pastor obrará el milagro de convertir al lobo en cordero, de manera que se cumplirá lo dicho por el profeta Isaías: *No se fatigarán en vano, ni tendrán hijos para una catástrofe, porque serán semilla bendita del Señor, y como ellos, sus retoños. Antes de que me llamen, yo les responderé, aún estarán hablando y ya los habré escuchado. El lobo y el cordero pacerán juntos, el león y el ganado comerán forraje, la serpiente se nutrirá de polvo. No harán daño ni estrago por todo mi monte santo –dice el Señor* (*Is* 65, 23-25).

3. El apóstol, enviado por Cristo para comunicar la alegría del evangelio, es –tomando las palabras de Isaías– semilla bendita del Señor. Con su anuncio llega el reino de Dios a la vida de quien lo recibe y acoge. Por eso son semilla bendita. ¡Qué alegría grande ser semilla del Señor! Tú puedes también serlo. La mies es mucha, en el campo de Dios hay trabajo para todos. Quizá te surjan interrogantes y objeciones, como, por ejemplo: «Si hay que ser enviado por el mismo Cristo, ¿qué tiene que ver eso conmigo?», o del estilo: «¿los Doce y los setenta y dos no se referían a los obispos y los sacerdotes?, entonces a mí no me dice nada». Piénsalo entonces con calma. Ciertamente, hay que ser enviado por Cristo, y Él ha escogido a algunos para que sirvan a sus hermanos en el sacerdocio ministerial, pero no solo escoge a estos para la misión. Tu envío lo encontrarás en tu bautismo. Por él, Cristo te ha llamado a ser hijo de Dios y, a la vez, a ser apóstol del evangelio, es decir, enviado para llevar lo que has recibido de Dios.

¡Ojalá meditar el evangelio de hoy despierte aún más tu conciencia de apóstol! Que te ayude a recordar la llamada que Cristo te hace al apostolado ya en el bautismo. Pídele a Dios arder en deseos de servirle y de llevar a muchos la alegría que tú has encontrado. Con sencillez, con audacia, confiando solo en el Señor, sin alforja, ni bolsa, ni sandalias. Tendrás en tu alma la alegría de llevar el reino de paz y libertad allí donde reinaba el pecado. Serás entonces *semilla bendita del Señor.*

22 DE OCTUBRE
SAN JUAN PABLO II

1. Papa magno.
2. Una noche inolvidable.
3. Un joven de ochenta años.

1. Celebramos hoy la memoria del gran papa san Juan Pablo II, coincidiendo con el aniversario del inicio de su Pontificado. El paso del tiempo agiganta su figura, y la perspectiva histórica le situará en el lugar que le corresponde. Su vida, como la de todos los santos, fue un diálogo entre la libertad y la gracia, entre el amor de Dios y la correspondencia del hombre. Por eso podemos aprender de los santos, más allá de sus coordenadas histórico-temporales biográficas, pues tienen una enseñanza que supera el tiempo.

«"Sígueme". Cuando era un joven estudiante, Karol Wojtyla era un entusiasta de la literatura, del teatro, de la poesía. Trabajando en una fábrica química, circundado y amenazado por el terror nazi, escuchó la voz del Señor: ¡Sígueme! En este contexto tan particular comenzó a leer libros de filosofía y de teología, entró después en el seminario clandestino y después de la guerra pudo completar sus estudios en la facultad teológica de la Universidad de Cracovia. Tantas veces en sus cartas a los sacerdotes y en sus libros autobiográficos nos habló de su sacerdocio, al que fue ordenado el 1 de noviembre de 1946. En esos textos interpreta su sacerdocio, en particular, a partir de tres palabras del Señor. En primer lugar, esta: *No me habéis elegido vosotros a mí, sino que yo os he elegido a vosotros y os he destinado para que vayáis y deis fruto, y vuestro fruto permanezca.* La segunda palabra es: *El buen pastor da la vida por sus ovejas.* Y finalmente: *Como el Padre me amó, así os he amado yo. Permaneced en mi amor.* En estas palabras vemos el alma entera de nuestro Santo Padre. Realmente ha ido a todos los lugares, incansablemente, para llevar fruto, un fruto que permanece. *Levantaos, vamos,* es el título de su penúltimo libro. Levantaos, vamos. Con esas palabras nos ha despertado de una fe cansada, del sueño de los discípulos de ayer y hoy. Levantaos, vamos, nos dice hoy también a nosotros. El Santo Padre fue además sacerdote hasta el final porque ofreció su vida a Dios por sus ovejas y por la entera familia humana, en una entrega cotidiana al servicio de la Iglesia, y sobre todo, en las duras pruebas de los últimos meses. Así se ha convertido en una sola cosa con Cristo, el buen pastor que ama a sus ovejas. Y, en fin, permaneced en mi amor: el papa, que buscó el encuentro con todos, que tuvo una capacidad de perdón y de apertura de corazón para todos, nos dice hoy también con estas palabras del Señor: "Habitando en el amor de Cristo, aprendemos, en la escuela de Cristo, el arte del amor verdadero"»[1].

2. Hubo un acontecimiento que marcó su pontificado: el Jubileo del año 2000. Con ocasión del mismo convocó a todos los jóvenes del mundo en Tor Vergata, cercano a Roma. Él tenía 80 años, pero con la vitalidad interior de uno de aquellos jóvenes que le rodeaban. De la vigilia de oración mantenida con ellos son estas palabras que nos van a servir de guía hoy para nuestro rato de oración.

«Queridos jóvenes: ¿es difícil creer en un mundo así? En el año 2000, ¿es difícil creer? Sí, es difícil. No hay que ocultarlo. Es difícil, pero con la ayuda de la gracia es posible, como Jesús dijo a Pedro: *No te ha revelado esto la carne ni la sangre, sino mi Padre, que está en los cielos*.

»(...) En realidad, es a Jesús a quien buscáis cuando soñáis la felicidad; es Él quien os espera cuando no os satisface nada de lo que encontráis; es Él la belleza que tanto os atrae; es Él quien os provoca con esa sed de radicalidad que no os permite dejaros llevar del conformismo; es Él quien os empuja a dejar las máscaras que falsean la vida; es Él quien os lee en el corazón las decisiones más auténticas que otros querrían sofocar. Es Jesús el que suscita en vosotros el deseo de hacer de vuestra vida algo grande, la voluntad de seguir un ideal, el rechazo a dejaros atrapar por la mediocridad, la valentía de comprometeros con humildad y perseverancia para mejoraros a vosotros mismos y a la sociedad, haciéndola más humana y fraterna.

---

[1] Joseph Ratznger, *Homilía en el funeral del Papa Juan Pablo II*.

»Queridos jóvenes, para estos nobles objetivos no estáis solos. Con vosotros tenéis a vuestras familias, a vuestras comunidades, a vuestros sacerdotes y educadores y a tantos de vosotros que, en lo oculto, no se cansan de amar a Cristo y de creer en Él. En la lucha contra el pecado no estáis solos: ¡muchos como vosotros luchan y con la gracia del Señor vencen!»[2].

3. «Queridos amigos, en vosotros veo a los "centinelas de la mañana", en este amanecer del tercer milenio. A lo largo del siglo que termina, jóvenes como vosotros eran convocados en reuniones masivas para aprender a odiar, eran enviados para combatir los unos contra los otros. Los diversos mesianismos secularizados, que han intentado sustituir la esperanza cristiana, se han revelado después como verdaderos y propios infiernos. Hoy estáis reunidos aquí para afirmar que en el nuevo siglo no os prestaréis a ser instrumentos de violencia y destrucción; defenderéis la paz, incluso a costa de vuestra vida si fuera necesario. No os conformaréis con un mundo en el que otros seres humanos mueren de hambre, son analfabetos, están sin trabajo. Defenderéis la vida en cada momento de su desarrollo terreno; os esforzaréis con todas vuestras energías en hacer que esta tierra sea cada vez más habitable para todos.

»Queridos jóvenes del siglo que comienza, diciendo "sí" a Cristo decís "sí" a todos vuestros ideales más nobles. Le pido que reine en vuestros corazones y en la

---

[2] Para esto y lo que sigue: San Juan Pablo II, *Vigilia de oración con los jóvenes*, 19-08-2000.

humanidad del nuevo siglo y milenio. No tengáis miedo de entregaros a Él. Él os guiará, os dará la fuerza para seguirlo todos los días y en cada situación.

»Que María Santísima, la Virgen que dijo "sí" a Dios durante toda su vida, que los santos Apóstoles Pedro y Pablo y todos los santos y santas que han marcado el camino de la Iglesia a través de los siglos os conserven siempre en este santo propósito».

1 DE NOVIEMBRE
SOLEMNIDAD DE TODOS LOS SANTOS

1. Memoria e invitación.

2. Para todos los públicos.

3. Un secreto a voces.

1. Fiesta curiosa la que hoy celebramos, al conmemorar en un único día a todos los santos de todos los tiempos. Hoy no solo hacemos memoria de aquellos que la Iglesia nos propone como modelo a lo largo del año, los canonizados, sino que miramos a esa «nube de testigos que nos rodea» de la que habla el autor de la *Carta a los Hebreos*.

Hombres y mujeres; ancianos y niños; inteligentes y analfabetos; padres y madres de familia; hombres del campo; trabajadores de fábrica y miembros de la política; casados y solteros; sacerdotes y religiosas; mártires por causa de su fe en Cristo y hombres que murieron cómodamente en su cama exprimidos como un limón. Personas que, a lo largo de la historia, han vivido su vida como una amistad con Jesús. Entre ellos están también muchos antepasados nuestros.

Por eso, la fiesta de hoy es memoria e invitación. Memoria para recordar los ejemplos de los que nos han precedido. No podemos reducir su testimonio a una pieza de museo que solo sirve para ser observada y que se custodia escrupulosamente entre cristales. Los santos están para hablar con ellos, para aprender de su vida y poder participar un día en su destino. Tantos cristianos cuyos nombres desconocemos, cuya vida no ha pasado a los libros de historia, pero sin cuyo ejemplo la sociedad de hoy sería un poco peor. Vidas ocultas para nosotros, pero preciosas ante Dios, ¡qué bien lo decía san Pablo: *nuestra vida está con Cristo, escondida en Dios*. Hacer memoria: mirar hacia atrás, contemplar…

Pero a la vez es también una invitación. Todos ellos, desde el cielo, nos corean: ¡Tú también puedes! La santidad no son cosas raras, la aspiración para gente radical, sino la coherencia de una vida cristiana que brota del Bautismo: la amistad con Jesús. Y si soy amigo, buscaré hablar con Él (oración), participar de su Vida (Eucaristía), imitarle y seguirle. Quizá parezca ya un tópico de cura eso de que «hay que ser santos» y no nos lo acabemos de creer; por eso, hoy es un día estupendo para preguntarnos de nuevo si queremos entrar por caminos de santidad.

2. «¿Qué quiere decir ser santos? ¿Quién está llamado a ser santo? A menudo se piensa todavía que la santidad es una meta reservada a unos pocos elegidos. San Pablo, en cambio, habla del gran designio de Dios y afirma: *Él* (Dios) *nos eligió en Cristo antes de la fundación del mundo para que fuésemos santos e intachables ante él por el amor.* Y habla de todos nosotros. En el centro del designio divino está Cristo, en el que Dios muestra su rostro: el Misterio escondido en los siglos se reveló en plenitud en el Verbo hecho carne. Y san Pablo dice después: *Porque en él quiso Dios que residiera toda la pleni-tud*. En Cristo, el Dios vivo se hizo cercano, visible, audi-ble, tangible, de manera que todos puedan recibir de su plenitud de gracia y de verdad. Por esto, toda la existen-cia cristiana conoce una única ley suprema, la que san Pablo expresa en una fórmula que aparece en todos sus escritos: *en Cristo Jesús*. La santidad, la plenitud de la vida cristiana no consiste en realizar empresas extraor-dinarias, sino en unirse a Cristo, en vivir sus misterios, en hacer nuestras sus actitudes, sus pensamientos, sus comportamientos. La santidad se mide por la estatura que Cristo alcanza en nosotros, por el grado como, con la fuerza del Espíritu Santo, modelamos toda nuestra vida según la suya (...).

»Pero permanece la pregunta: ¿cómo podemos reco-rrer el camino de la santidad, responder a esta llamada? ¿Puedo hacerlo con mis fuerzas? La respuesta es clara: una vida santa no es fruto principalmente de nuestro esfuerzo, de nuestras acciones, porque es Dios, el tres veces santo, quien nos hace santos; es la acción del Espí-ritu Santo la que nos anima desde nuestro interior; es la vida misma de Cristo resucitado la que se nos comunica y la que nos transforma»[1].

La santidad, como las buenas películas, es accesi-ble para todos los públicos. Dejemos actuar al Espíritu Santo, que Él haga de la piedra que estamos hechos una obra maestra para gloria de Dios.

3. La llamada a la santidad, y debemos entender eso bien, no nos aleja de los hombres y nos encierra dentro

---

[1] BENEDICTO XVI, *Audiencia,* 13-04-2011.

de nosotros mismos; la santidad es el fin para el que fuimos creados, el modo auténtico de ser hombre. Fuimos creados para la amistad e intimidad con Dios, a su imagen y semejanza.

«No tengas miedo de la santidad. No te quitará fuerzas, vida o alegría. Todo lo contrario, porque llegarás a ser lo que el Padre pensó cuando te creó y serás fiel a tu propio ser. Depender de él nos libera de las esclavitudes y nos lleva a reconocer nuestra propia dignidad (…).

»En la medida en que se santifica, cada cristiano se vuelve más fecundo para el mundo. Los obispos de África occidental nos enseñaron: "Estamos siendo llamados, en el espíritu de la nueva evangelización, a ser evangelizados y a evangelizar a través del empoderamiento de todos los bautizados para que asumáis vuestros roles como sal de la tierra y luz del mundo donde quiera que os encontréis".

»No tengas miedo de apuntar más alto, de dejarte amar y liberar por Dios. No tengas miedo de dejarte guiar por el Espíritu Santo. La santidad no te hace menos humano, porque es el encuentro de tu debilidad con la fuerza de la gracia. En el fondo, como decía León Bloy, en la vida "existe una sola tristeza, la de no ser santos"»[2].

Esta última afirmación nos parece lógica si afirmamos que la santidad es la plenitud del amor, no hay mayor tristeza que la de no amar; parafraseando a Bloy. Seguro que lo hemos escuchado muchas veces y lo hemos reflexionado: la santidad es la única respuesta

---

[2] Papa Francisco, Exhortación Apostólica *Gaudete et Exsultate,* nn. 32-35.

válida, la verdadera revolución que el mundo necesita. «Un secreto. –Un secreto, a voces: estas crisis mundiales son crisis de santos. –Dios quiere un puñado de hombres "suyos" en cada actividad humana. –Después... *pax Christi in regno Christi*– la paz de Cristo en el reino de Cristo»[3]. Si queremos, tú y yo, podemos formar parte de ese «puñado».

---

[3] San Josemaría Escrivá, *Camino*, 301.

2 DE NOVIEMBRE
CONMEMORACIÓN DE LOS FIELES DIFUNTOS

1. Catacumbas romanas.
2. Deber de justicia y caridad.
3. ¿Purgatorio?

1. Una de las visitas obligadas cuando se peregrina a Roma es alguna de sus múltiples catacumbas, donde te explican que aquellas dependencias no fueron diseñadas para que los cristianos se escondieran durante las persecuciones, sino que son grandes cementerios donde nuestros primeros hermanos en la fe depositaban los restos mortales de sus seres queridos. Excavadas en la tierra, las tumbas de los primeros cristianos eran decoradas con imágenes que evocaban su fe en la Resurrección y en la vida eterna. Animales y elementos vegetales que simbolizaban la bienaventuranza del Paraíso y la unión con Dios.

Uno de mis recuerdos de infancia es acompañar a mis padres y abuelos a visitar las sepulturas familiares en un cementerio de Madrid para limpiar la piedra, adornarlas con flores y elevar una oración por el eterno descanso de nuestros familiares difuntos. Aprovechábamos para acudir a sepulturas cercanas donde reposaban los restos de amigos o conocidos y ofrecer por ellos también una oración.

Pero ahora la muerte intenta camuflarse, los cementerios se han convertido en grandes praderas cubiertas de flores donde no se distingue ningún signo, apenas una pequeña placa en el suelo con un nombre y unas fechas. ¿Qué sentido tiene esa muerte si no es al abrigo de la Cruz? Si no confesamos la muerte y resurrección de Cristo por nosotros, la muerte es el mayor sinsentido de la historia; por eso, nuestros antepasados coronaban las tumbas con la cruz, y enterraban los cuerpos de los difuntos a la sombra del madero santo. Las cruces de los cementerios eran un acto de fe: «creo que Cristo ha muerto y ha resucitado por mí, y del mismo modo los cuerpos que yacen en este campo santo resucitarán un día».

Cuando acudes a un sitio, no te quedas en la puerta, la atraviesas para llegar a la habitación principal. La muerte es solo la puerta que nos conduce a la intimidad con Dios para siempre, nosotros conocemos esta verdad; no podemos distorsionarla.

2. A pesar de lo dicho, la separación física de nuestros seres queridos nos produce una profunda tristeza: no los podemos ver, oír, tocar, sentir el olor de su perfume o darles un beso. Un cristiano sufre como cualquier hombre sin fe ante la muerte de una persona amada; tenemos corazón y se nos parte. Pero un cristiano nunca se desespera ante este misterio porque sabe que la muerte es Vida; que es Jesús quien sale a nuestro encuentro y nos llama a la Comunión con Él.

A lo largo de este mes de noviembre tendremos oportunidad, guiados de la mano por nuestra Madre la Iglesia, de considerar las realidades futuras tras nuestra muerte: el juicio particular, el juicio final, la salvación, la condenación, etc. Pero nunca desde una perspectiva de miedo o sufrimiento, sino de Amor. ¡Qué distinto es reflexionar sobre estos temas desde el Amor que Dios nos tiene! Solo así podemos atisbar su significado último.

Sin embargo, la muerte no rompe totalmente nuestra relación. Por la Comunión de los Santos permanecemos unidos por vínculos sobrenaturales a los que nos han precedido y «duermen ya el sueño de la paz». Rezar por nuestros difuntos es señal de justicia y caridad; mantener la piadosa tradición de ofrecer la Santa Misa en sus aniversarios o tener un recuerdo orante por las almas que se purifican en el Purgatorio al terminar nuestro rezo diario del Rosario. El mejor modo de guardar el recuerdo de los que nos precedieron es rezar por ellos.

La Iglesia enseña que «se puede dar a las almas de los difuntos "consuelo y alivio" por medio de la Eucaristía, la oración y la limosna. Que el amor pueda llegar hasta el más allá, que sea posible un recíproco dar y recibir, en el que estamos unidos unos con otros con vínculos de afecto más allá del confín de la muerte, ha sido una convicción fundamental del cristianismo de todos los siglos y sigue siendo también hoy una experiencia consoladora. ¿Quién no siente la necesidad de hacer llegar a los propios seres queridos que ya se fueron un signo de bondad, de gratitud o también de petición de perdón?»[1].

---

[1] Para eso y lo que sigue: BENEDICTO XVI, *Spe salvi*, 48.

3. «Ahora nos podríamos hacer una pregunta más: si el "purgatorio" es simplemente el ser purificado mediante el fuego en el encuentro con el Señor, Juez y Salvador, ¿cómo puede intervenir una tercera persona, por más que sea cercana a la otra? Cuando planteamos una cuestión similar, deberíamos darnos cuenta de que ningún ser humano es una mónada cerrada en sí misma. Nuestras existencias están en profunda comunión entre sí, entrelazadas unas con otras a través de múltiples interacciones. Nadie vive solo. Ninguno peca solo. Nadie se salva solo. En mi vida entra continuamente la de los otros: en lo que pienso, digo, me ocupo o hago. Y viceversa, mi vida entra en la vida de los demás, tanto en el bien como en el mal. Así, mi intercesión en modo alguno es algo ajeno para el otro, algo externo, ni siquiera después de la muerte. En el entramado del ser, mi gratitud para con él, mi oración por él, puede significar una pequeña etapa de su purificación. Y con esto no es necesario convertir el tiempo terrenal en el tiempo de Dios: en la comunión de las almas queda superado el simple tiempo terrenal. Nunca es demasiado tarde para tocar el corazón del otro y nunca es inútil. Así se aclara aún más un elemento importante del concepto cristiano de esperanza. Nuestra esperanza es siempre y esencialmente también esperanza para los otros; solo así es realmente esperanza también para mí. Como cristianos, nunca deberíamos preguntarnos solamente: ¿Cómo puedo salvarme yo mismo? Deberíamos preguntarnos también: ¿Qué puedo hacer para que otros se salven y para que surja también para ellos la estrella de la esperanza? Entonces habré hecho el máximo también por mi salvación personal». El problema viene cuando no nos planteamos con radicalidad la cuestión de nuestra salvación.

6 DE NOVIEMBRE
SANTOS Y BEATOS MÁRTIRES
DEL SIGLO XX EN ESPAÑA

1. La guerra no da mártires.
2. Santidad ordinaria.
3. Intercesores y amigos.

1. Hoy se conmemoran, en una única fecha, a todos los santos y beatos mártires de la persecución religiosa en España del siglo XX. El papa Benedicto XVI quiso que se recordara anualmente el testimonio de su vida y martirio para aprender de sus virtudes, sobre todo de su perdón. Celebramos a 11 santos y 1875 beatos. Entre ellos hay obispos, sacerdotes, seminaristas, religiosos, monjas de clausura, padres y madres de familia, jóvenes y ancianos.

A veces se habla impropiamente de «mártires de la guerra civil española», pero este término es totalmente contrario a la realidad por dos motivos: primero, porque hay un grupo de mártires que mueren en 1934 –es decir, dos años antes de que empiece la contienda–, y segundo, porque el término mártir es un término teológico que hace referencia a la fe; una guerra no produce «mártires», producirá víctimas, caídos o como quieras llamarlo, pero nunca mártires. El martirio es la muerte por causa de la fe, lo que sucede es que, en el contexto –previamente también como ya hemos visto– de la guerra civil española, se produjo una auténtica y abierta persecución religiosa en España.

Los santos y beatos que hoy conmemoramos no se metieron en política, no lucharon en ningún bando; el motivo de su muerte fue claro y diáfano: su pertenencia a la Iglesia, su amor a Cristo. De todos ellos conservamos palabras de perdón y comprensión hacia sus verdugos, en muchos casos manifestadas minutos antes de que fueran martirizados.

«No podemos contentarnos con celebrar la memoria de los mártires, admirar su ejemplo y seguir adelante en nuestra vida con paso cansino. ¿Qué mensaje transmiten los mártires a cada uno de nosotros?

Vivimos en una época en la cual la verdadera identidad de los cristianos está constantemente amenazada y esto significa que ellos o son mártires, es decir, adhieren a su fe bautismal en modo coherente, o tienen que adaptarse»[1].

La vida y muerte de cada una de estas personas solo se entiende desde su amor a Dios, como dice el libro del Apocalipsis, *no amaron tanto su vida que temieran su muerte.* ¡Es impresionante leer sus vidas! Frailes que iban cantando al martirio, una madre de familia de 86 años que pide ser fusilada con sus hijas religiosas o un

---

[1] Para esto y lo que sigue: Card. José Saraiva Martins, *Homilía en la Beatificación de 498 mártires de España en el siglo XX,* 28-10-2007.

joven que pide poder escribir a su novia para despedirse, antes de ser ejecutado.

2. «Los mártires se comportaron como buenos cristianos y, llegado el momento, no dudaron en ofrendar su vida de una vez, con el grito de "¡Viva Cristo Rey!" en los labios. A los hombres y a las mujeres de hoy nos dicen en voz muy alta que todos estamos llamados a la santidad, todos, sin excepción, como ha declarado solemnemente el Concilio Vaticano II al dedicar un capítulo de su documento más importante –la Constitución *Lumen gentium*, sobre la Iglesia– a la "llamada universal a la santidad". ¡Dios nos ha creado y redimido para que seamos santos! No podemos contentarnos con un cristianismo vivido tibiamente.

»La vida cristiana no se reduce a unos actos de piedad individuales y aislados, sino que ha de abarcar cada instante de nuestros días sobre la tierra. Jesucristo ha de estar presente en el cumplimiento fiel de los deberes de nuestra vida ordinaria, entretejida de detalles aparentemente pequeños y sin importancia, pero que adquieren relieve y grandeza sobrenatural cuando están realizados con amor de Dios. Los mártires alcanzaron la cima de su heroísmo en la batalla en la que dieron su vida por Jesucristo. El heroísmo al que Dios nos llama se esconde en las mil escaramuzas de nuestra vida de cada día. Hemos de estar persuadidos de que nuestra santidad –esa santidad, no lo dudemos, a la que Dios nos llama– consiste en alcanzar lo que Juan Pablo II ha llamado el "nivel alto de la vida cristiana ordinaria".

»El mensaje de los mártires es un mensaje de fe y de amor. Debemos examinarnos con valentía, y hacer propósitos concretos, para descubrir si esa fe y ese amor se manifiestan heroicamente en nuestra vida.

»Heroísmo también de la fe y del amor en nuestra actuación como personas insertas en la historia, como levadura que provoca el fermento justo. La fe, nos dice Benedicto XVI, contribuye a purificar la razón, para que llegue a percibir la verdad. Por eso, ser cristianos coherentes nos impone no inhibirnos ante el deber de contribuir al bien común y moldear la sociedad siempre según justicia, defendiendo –en un diálogo informado por la caridad– nuestras convicciones sobre la dignidad de la persona, sobre la vida desde la concepción hasta la muerte natural, sobre la familia fundada en la unión matrimonial una e indisoluble entre un hombre y una mujer, sobre el derecho y deber primario de los padres en lo que se refiere a la educación de los hijos y sobre tantas otras cuestiones que surgen en la experiencia diaria de la sociedad en que vivimos».

3. Su vida y su muerte iluminan nuestra vida hoy. Los mártires son testigos de esperanza, intercesores y amigos. «Estamos ante el misterio trágico del mal. Pero estamos también ante la extraordinaria fuerza espiritual de los justos, en los que resplandece la luz del bien, que vence siempre al mal. Unidos al amor de Cristo, estos héroes valientes repiten con el apóstol y mártir san Pablo: ¿Quién nos separará del amor de Cristo? ¿La tribulación, la angustia, la persecución, el hambre, la desnudez, el peligro, la espada? (...). Estoy persuadido de que ni muerte ni vida ni ángeles ni principados ni presente ni futuro (...) ni ninguna otra creatura podrá jamás separarnos del amor de Dios, en Cristo Jesús, nuestro Señor.

»El Señor ha sembrado en el corazón del ser humano la semilla del bien. Hagámoslo crecer y fructificar. Los justos llenan la tierra. Los justos y los rectos de corazón son más numerosos que los malvados. Mostrando caridad con todos, ellos generan concordia, comprensión, acogida, amistad»[2]. Está en nuestras manos elegir los caminos del bien y la justicia.

---

[2] Card. Angelo Amato, *Homilía en la Beatificación de los Misioneros del Sagrado Corazón de Canet de Mar,* Barcelona, 6-05-2017.

9 DE NOVIEMBRE
DEDICACIÓN DE LA BASÍLICA
DE SAN JUAN DE LETRÁN

1. La edificación de San Juan de Letrán y
nuestra oración por el Papa.
2. La Iglesia: edificio espiritual.
3. Templos de su amor.

1. En el año 313, el emperador Constantino concedió a los cristianos la libertad para practicar su propia religión. Después de siglos de persecución, la religión cristiana era oficialmente reconocida.

Fue el mismo emperador el que donó al Papa Melquiades la antigua propiedad de la familia de los Laterani. Allí se construyó una basílica, un baptisterio y la residencia del Obispo de Roma. Los papas habitaron allí durante casi diez siglos. En 1305, Clemente V trasladó su residencia a Avignon iniciando el periodo que se prolongará hasta 1378.

Celebramos hoy la fiesta de la Dedicación de la basílica de San Juan de Letrán, llamada *madre y cabeza de todas las Iglesias de la urbe y del orbe*. «El Papa Silvestre celebró la dedicación de la basílica hacia el año 324, y el templo fue consagrado al Santísimo Salvador»[1]. En realidad, la Iglesia de Letrán es la catedral del Salvador, si bien en el siglo VI se añadieron los títulos de San Juan Bautista y San Juan Evangelista y por eso hoy la conocemos como *San Juan de Letrán*.

Esta fiesta, que al comienzo se celebraba solo en Roma, a partir de 1565 comenzó a celebrarse en todas las iglesias de rito romano. «De este modo, honrando el edificio sagrado, se quiere expresar amor y veneración a la Iglesia romana que, como afirma san Ignacio de Antioquía, "preside en la caridad" a toda la comunión católica (*Carta a los Romanos*, 1, 1)».

Hoy es, por tanto, un día de especial oración por la salud y las intenciones del Santo Padre. ¿A qué esperas?

2. «En esta solemnidad, comentaba Benedicto XVI, la Palabra de Dios recuerda una verdad esencial: el templo de ladrillos es símbolo de la Iglesia viva, la comunidad cristiana, que ya los apóstoles san Pedro y san Pablo, en sus cartas, consideraban como "edificio espiritual", construido por Dios con las "piedras vivas" que son los cristianos, sobre el único fundamento que es Jesucristo, comparado a su vez con la "piedra angular" (cfr. *1 Co* 3, 9-11. 16-17; *1 P* 2, 4-8; *Ef* 2, 20-22). Hermanos: sois edificio de Dios, escribe san Pablo, y añade: El templo de Dios es santo: ese templo sois vosotros (*1 Co* 3, 9.17).

»El templo espiritual de la Iglesia está compuesto de bellísimas piedras y sillares. Entre todos, después de Cristo, destaca la Virgen nuestra Señora, piedra pre-

---

[1] Benedicto XVI, *Ángelus*, 9-11-2008.

ciosa que da lustre y belleza a toda la construcción. En esta edificación hay piedras de todas las clases: unas que sustentan, otras puramente ornamentales; unas fuertes, otras preciosas... Son las múltiples vocaciones que Dios suscita en la Iglesia: el Papa, los obispos, los sacerdotes, las religiosas, los célibes, los matrimonios, los contemplativos... Cada uno individualmente, y todos en conjunto, custodian la presencia, en sus conciencias y en la Iglesia, del único Dios verdadero, que es Padre, Hijo y Espíritu Santo.

»Los templos que construimos, en su belleza y armonía, están destinados a dar gloria a Dios y recordarnos la belleza de este "cosmos" compuesto por vocaciones tan diversas en una construcción tan ordenada, "en estrecha comunión con Jesús, que es el verdadero Santo de los Santos"».

Solo en comunión con Él, nuestras vidas gozan de la solidez y la belleza del templo bien construido.

3. La unión de los cristianos entre sí y con Jesús se da de un modo culminante en la Misa. Allí, «la comunidad de los bautizados se reúne para escuchar la Palabra de Dios y alimentarse del Cuerpo y la Sangre de Cristo». Mediante la participación piadosa en la celebración litúrgica y la recepción reverente de la comunión, la Iglesia entera –sacerdotes y laicos– se une con Jesucristo, verdaderamente presente en el sacramento, y todos los fieles son fortalecidos en la caridad.

Considéralo atentamente: igual que para un templo su acción más sobresaliente es la celebración de la Misa, para el templo de tu cuerpo –donde está presente el Espíritu de Dios–, la acción más excelente es la misma eucaristía.

«Queridos amigos, añade Benedicto XVI, la fiesta de hoy celebra un misterio siempre actual: Dios quiere edificarse en el mundo un templo espiritual, una comunidad que lo adore en espíritu y en verdad (cfr. *Jn* 4, 23-24). Pero esta celebración también nos recuerda la importancia de los edificios materiales, en los que las comunidades se reúnen para alabar al Señor. Por tanto, toda comunidad tiene el deber de conservar con esmero sus edificios sagrados, que constituyen un valioso patrimonio religioso e histórico. Por eso, invoquemos la intercesión de María Santísima, para que nos ayude a convertirnos, como ella, en "casa de Dios", templo vivo de su amor».

30 DE NOVIEMBRE
SAN ANDRÉS, APÓSTOL

1. Hombre de fe y de esperanza.
2. Su característico y sobresaliente ímpetu apostólico.
3. Andrés, mediador de los griegos ante Jesús.

1. Andrés era hermano de Simón Pedro. La primera noticia de su persona que asombra es que un hebreo porte un nombre griego. La información es indicativa de la profunda introducción de las costumbres helenas en la tierra de Israel. Es, por así decir, como si se pusieran nombres franceses en Alemania o húngaros en Ucrania. Resultaría extraño, salvo que la familia fuera procedente de esas naciones, o las culturas, muy hermanadas. Y esto último es precisamente lo que había sucedido a un cierto nivel entre griegos y judíos, por lo menos en Galilea.

San Andrés es un apóstol de gran importancia. Para los hebreos, el orden en que aparecen los nombres en una enumeración expresa jerarquía: en Mateo y Lucas, Andrés aparece siempre en segundo lugar, mientras que en Marcos y en los Hechos, en cuarto. Ambas noticias dan fe de su papel principal en la comunidad de los

Apóstoles. San Juan, por su parte, nos revela un dato importante: Andrés fue discípulo del Bautista. Se deduce, por ello, que buscaba la verdad y trataba de encontrar la verdadera esperanza para sí y para todo el pueblo de Israel.

Andrés «era verdaderamente un hombre de fe y de esperanza; y un día escuchó que Juan Bautista proclamaba a Jesús como *el cordero de Dios* (*Jn* 1, 36); entonces, se interesó y, junto a otro discípulo cuyo nombre no se menciona, siguió a Jesús, a quien Juan llamó *cordero de Dios*. El evangelista refiere: *Vieron dónde vivía y se quedaron con él* (*Jn* 1, 37-39)»[1].

Estas dos primeras características de la vida del apóstol pueden ayudarnos a nosotros también a orar en silencio durante este primer rato de meditación. Vivir de fe significa confiar en Dios siempre y en todo momento: dejarlo todo en sus manos. Ser hombre o mujer de esperanza expresa la incapacidad del corazón humano de conocer la tristeza.

2. La segunda característica de la luminosa alma de san Andrés es su ímpetu apostólico. Él recibió el privilegio de ser el primer llamado por Jesús y, en este sentido, el primero de los Apóstoles. «Por este motivo la liturgia de la Iglesia bizantina le honra con el apelativo de "Protóklitos", que significa precisamente "el primer llamado"».

Pero Andrés no se guardó para sí la llamada de Cristo. Podría haberse callado o haber pensado que era mejor asegurarse bien antes de invitar a otros a esta

---

[1] Benedicto XVI, *Audiencia,* 14-06-2006. También para las citas que siguen.

aventura divina. Prefirió hablar: no actuó movido por cautelas cobardes o prejuicios humanos, sino que dejó que el Amor de Dios tomara las riendas de su vida.

Andrés se encontró con Cristo y debió de pasar unos momentos maravillosos con Él. Su palabra, su doctrina, su modo de conducirse... en definitiva, la santidad de Jesús –que es la pureza del Verbo de Dios– atrajo irremisiblemente al corazón y al alma del Apóstol.

Poco tiempo después encontró a su hermano Simón. Le advirtió que había encontrado al Mesías «y lo condujo a Jesús» (cfr. *Jn* 1, 40-43). Con esta conducta, Andrés demostraba «un espíritu apostólico fuera de lo común». En cambio, nosotros... ¡cuántas oportunidades perdidas de acercar a los hombres a Cristo por vergüenza o por pereza!

Otro Andrés –un estudiante de cuarto de derecho– pasó todo el año en una capital extranjera completando su carrera. Comenzó a asistir regularmente a la adoración al Santísimo que tenía lugar en una parroquia cercana. Nunca se vio en la obligación de dar explicación de lo que hacía a sus compañeros hasta que, el último día, uno le preguntó adónde iba cada jueves. No quiso ocultarlo: «voy a rezar a la parroquia». ¿Cuál fue la respuesta de sus amigos? Dos de ellos le confesaron que sentían no poder acompañarle esta vez, pero que la próxima contara con ellos... por desgracia, no hubo próxima vez. Andrés volvía a casa el sábado siguiente, y la actividad cesaba durante el verano. ¡Si se lo hubiera propuesto solo unas semanas antes!

Han pasado los tiempos del respeto humano. Venid y lo veréis... no tengas miedo a proponer. ¿Acaso no has encontrado tú al mismo Mesías que encontró Andrés, el hermano de Simón? ¿Dónde estaríamos tú y yo hoy, si quien nos llevó a Dios se hubiera callado?

3. Aún hay una tercera característica en la vida de este Apóstol extraordinariamente útil para nuestra contemplación. Conocemos cómo, en cierta ocasión, unos griegos desean ver a Jesús. Para acercarse a Él acudieron, no por casualidad, a los dos apóstoles de nombre griego: Andrés y Felipe. Les expresaron su deseo.

Los discípulos se dirigieron a Jesús, preguntándole si era posible atender a los griegos. «La respuesta del Señor a su pregunta parece enigmática, afirma Benedicto XVI. Jesús dice a los dos discípulos y, a través de ellos, al mundo griego: *Ha llegado la hora de que sea glorificado el Hijo del hombre. En verdad, en verdad os digo: si el grano de trigo no cae en tierra y muere, queda él solo; pero si muere, da mucho fruto* (*Jn* 12, 23-24)».

Andrés hizo de mediador entre Cristo y los griegos, y obtuvo para todos nosotros una respuesta vital. El encuentro de los hombres (griegos o no) con Cristo se obra a través de la muerte fecunda. Cristo es el grano de trigo que cayó en tierra, se humilló y murió por cada uno de nosotros. Su fruto somos nosotros, llamados a seguir la misma senda, idéntico camino. ¿Quieres ser feliz? Muere. ¿Quieres dar fruto? Date del todo.

Andrés murió crucificado y, al igual que su hermano Pedro, rehusó ser sometido a la misma pena que Cristo. Su cruz tuvo forma de aspa, y es conocida por todos como la «cruz de San Andrés».

Terminemos nuestra oración como nos proponía Benedicto XVI, con una súplica: «que el apóstol Andrés nos enseñe a seguir a Jesús con prontitud (cfr. *Mt* 4, 20; *Mc* 1, 18), a hablar con entusiasmo de Él a aquellos con los que nos encontremos y, sobre todo, a cultivar con Él una relación de auténtica familiaridad, conscientes de que solo en Él podemos encontrar el sentido último de nuestra vida y de nuestra muerte».

3 DE DICIEMBRE
SAN FRANCISCO JAVIER

1. Protagonistas de la historia.
2. Amigos para el cielo.
3. Dios también habla en el fracaso.

1. La vida de Francisco Javier se desarrolla a lo largo del siglo XVI que, con razón, ha venido a llamarse el Siglo de Oro también por la fuerza de sus santos. Contemporáneo de santa Teresa, san Ignacio, san Juan de Dios, san Juan de Ávila, san Pedro de Alcántara y muchos otros.

Era un momento particularmente difícil en la historia de la Iglesia, como había ocurrido anteriormente, existía una conciencia clara de que había elementos en la vida eclesial que necesitaban una reforma urgente: en muchos ámbitos existía una gran mundanización, Pero ¿cómo hacerlo? Lutero había abierto un camino: el de la ruptura. Señalar los aspectos negativos y romper la unidad de la Iglesia. Sin embargo, un nutrido grupo de hombres y mujeres propusieron otro que se reconoció como más eficaz: el de la conversión interior y la transformación desde dentro con la propia santidad de vida. En palabras de Benedicto XVI: «Los santos son los verdaderos reformadores. Ahora quisiera expresarlo de manera más radical aún: solo de los santos, solo de Dios proviene la verdadera revolución, el cambio decisivo del mundo»[1].

Dios, en cada momento de la historia, suscita a los santos que son necesarios. Por eso afirmaba san Josemaría Escrivá con tanta rotundidad: «Un secreto. –Un secreto, a voces: estas crisis mundiales son crisis de santos. –Dios quiere un puñado de hombres "suyos" en cada actividad humana. –Después... *pax Christi in regno Christi* –la paz de Cristo en el reino de Cristo»[2].

Dios cuenta con nosotros, no podemos sentirnos ajenos al devenir de la historia. Son palabras también de san Josemaría: «De que tú y yo nos portemos como Dios quiere –no lo olvides– dependen muchas cosas grandes»[3]. La vida de todos los santos se puede resumir en un Sí rotundo al Amor de Dios, confiándolo todo en su gracia y apoyado en la propia debilidad. ¿Nos atreveremos nosotros hoy a dar esa respuesta generosa al querer de Dios? Jesús, con tu ayuda, quiero ser santo, y contribuir a la transformación del mundo y a la santidad de la Iglesia.

2. Pero no debemos imaginar la vida de los santos como un conjunto idílico de situaciones. Su vida, como la tuya y la mía, estuvo entretejida de momentos de luz y de

---

[1] Benedicto XVI, *Homilía en la Vigilia con los jóvenes en la JMJ de Colonia,* 20-08-2005.

[2] San Josemaría Escrivá, *Camino,* 301.

[3] Ibid., 755.

sombra, de caídas y remontadas, pero seguros de la cercanía de Dios.

Tras una primera juventud marcada por su condición de caballero (participa en alguna batalla), se traslada a estudiar a París, a la prestigiosa universidad de la Sorbona. Allí conoce a un tal Ignacio de Loyola –se habían encontrado antes en un campo de batalla, en bandos opuestos– que le entusiasma con sus ideas sobre dedicar su vida para la gloria de Dios. Su familia no lo entiende, se opone, pero Javier se enrola en esa locura que se convertirá en la Compañía de Jesús.

Amistad entre Ignacio y Javier y algunos otros. Una amistad que no es una pura realidad humana o sentimental, sino una auténtica autopista para el cielo. Amigos que se ayudan en su camino de santidad.

«La amistad es un regalo de la vida y un don de Dios. A través de los amigos, el Señor nos va puliendo y nos va madurando. Al mismo tiempo, los amigos fieles, que están a nuestro lado en los momentos duros, son un reflejo del cariño del Señor, de su consuelo y de su presencia amable. Tener amigos nos enseña a abrirnos, a comprender, a cuidar a otros, a salir de nuestra comodidad y del aislamiento, a compartir la vida. Por eso *un amigo fiel no tiene precio* (*Si* 6, 15). La amistad no es una relación fugaz o pasajera, sino estable, firme, fiel, que madura con el paso del tiempo. Es una relación de afecto que nos hace sentir unidos, y al mismo tiempo es un amor generoso, que nos lleva a buscar el bien del amigo. Aunque los amigos pueden ser muy diferentes entre sí, siempre hay algunas cosas en común que los llevan a sentirse cercanos, y hay una intimidad que se comparte con sinceridad y confianza»[4].

El día de san Francisco Javier es un buen momento para pensar, en la presencia de Dios, cómo cuido mis amistades y qué espero de mis amigos, ¿que me acompañen al cielo?

3. Pero sobre todo san Francisco Javier es conocido por su gran labor misionera. El corazón de san Francisco Javier no se conformaba con lo que hacía y de modo providencial acaba enrolado en una maravillosa obra de evangelización. África, Asia; llega a Japón y se queda a las puertas de China.

Sin embargo, la vida de san Francisco Javier –llamado el Apóstol del Oriente– no fue fácil. Problemas con compañeros jesuitas, experimentar la limitación en el apostolado, no ver la respuesta que quisiera en todos a los que se acercaba... pero tras su muerte, se produce una cosecha ingente de frutos.

«Y en ese mismo fracaso, más que en todos sus triunfos, se encuentra la verdadera grandeza del santo, porque a través de todo su sufrimiento nunca trastabilló ni se rindió. Pidió volver a casa, pero no se quedó de brazos cruzados esperando a que lo llevaran de vuelta. Solicitó que le dieran más apoyo, pero siguió utilizando el que tenía a su disposición. Vio en todos sus fracasos la prueba de su propia incompetencia; pero luchó con vigor y entereza para dar sin reservas lo poco que podía dar. Javier fue grande, no tanto por lo que hizo, sino por lo que no pudo hacer. Esta es la otra cara de la vida de

---

[4] Papa Francisco, *Christus vivit*, 151-152.

uno de los famosos siervos elegidos de Dios. Hay una mayor grandeza que la grandeza del éxito, y es la grandeza en el fracaso. Porque esa es la grandeza del ser, sin el estímulo del hacer; la grandeza del sacrificio, para que otros de menor peso puedan cosechar luego los frutos»[5]. Aquí tenemos suficiente materia de examen para considerar qué queremos hacer con nuestra vida: ¿éxito o fruto?, ¿prevalencia del ser o del hacer?

---

[5] A. GOODIER, *Santos para pecadores. Nueve almas fortalecidas por Dios*, 92-93.

8 DE DICIEMBRE
INMACULADA CONCEPCIÓN DE MARÍA

1. Somos un pensamiento de amor de Dios.
2. Otra vida es posible.
3. Ave María Purísima.

1. Celebra hoy la Iglesia con especial alegría la Inmaculada Concepción de la Virgen María. Muchos cristianos se han estado preparando los días anteriores con una Novena, otros muchos han acudido la noche de ayer a solemnes vigilias de oración con el fin de profundizar en el misterio que hoy festejamos. Cada uno de nosotros somos un pensamiento de amor de Dios; Dios nos amó tanto, que nos creó. Si esto se dice de cualquier criatura, ¿cómo no se va a poder decir de manera eminente de Aquella que Dios dispuso que fuera su Madre? ¿Te das cuenta de lo que significa decir que tú eres fruto de un pensamiento de amor de Dios?

Hoy es un día para mirar a María. Al mirarla a Ella nos entendemos mucho mejor a nosotros. Lo que hoy celebramos es que, por privilegio especial de Dios, María –mujer verdaderamente, es decir, desciende del linaje humano creado por Dios– nunca tuvo el pecado original, que heredamos por ser de la raza humana, y por ello que fue concebida sin esa mancha. María es la «toda limpia», porque nunca fue manchada por la suciedad del pecado.

¡Qué bien hace Dios las cosas! Cómo preparó, desde toda la eternidad y directamente desde el momento de su concepción, el cuerpo y el alma de aquella que había de ser su Madre. Con su Concepción y posterior nacimiento, comenzaba una nueva era, ya se empezaba a construir –entendamos la comparación– el Templo excelso que iba a albergar a Dios; por tanto, su llegada era ya próxima. Los profetas habían anunciado sin precisar: «llegarán días...», pues estos son ya inminentes, concebida la Madre, es cuestión de esperar el tiempo necesario para que nazca el Hijo.

Así se entiende, entonces, la tradición nicaragüense de «la gritería», extendida a otras naciones de América: la noche del día 7 y todo el día 8 de diciembre, los pueblos y ciudades engalanan sus calles y plazas con altares en honor de la Virgen; la gente los recorre con cantos y danzas, se agasaja a los devotos con bebida y fuegos artificiales, y corean de un lado al otro de las calles, entre diversos grupos: «¿Qué es lo que causa tanta alegría?», y responden con fuerte voz: «¡La Concepción Inmaculada de María!».

2. Cada fiesta mariana tiene un tinte especial; cada una de ellas nos invita a detenernos en algún aspecto de la riquísima vida y misión de la Virgen María. Esta solemnidad nos invita a cada uno de nosotros a caer en la cuenta de lo que agrada a Dios: una vida limpia, una vida en gracia, una vida cara a Él. Ilusionarnos con tener contento a Dios. A veces, los niños mientras juegan van dirigiendo miradas furtivas a sus padres buscando su aprobación y beneplácito, hagamos nosotros lo mismo con nuestro Padre Dios.

Toda la vida de la Virgen, desde su Concepción en el seno de santa Ana, fue un continuo agradar a Dios. Claro que nosotros tenemos que luchar con nuestras pasiones; claro que, a veces, las tentaciones se nos presentan con una fuerza desorbitada, pero también es verdad que no nos desampara la ayuda divina. Como a Adán y Eva en el Paraíso, lo leemos hoy en la primera lectura de la Misa, la serpiente nos sugiere caminos que, aunque aparentemente más atractivos, solo nos alejan de Dios y, en realidad, de nuestra auténtica felicidad. Otro modo de vida es posible –nos grita hoy la Virgen desde el Cielo–; al mirar a tus compañeros de universidad o de trabajo, al pararte ante los programas televisivos más vistos o los libros más leídos, las webs más frecuentadas, siente esa voz materna que te dice: otro modo de vida es posible. Pero tenemos que querer, tenemos que sobreponernos a esa tentación, tan presente ahora y siempre, de pensar que en el fondo esa vida limpia, agradable a Dios, es algo aburrido e insípido, carente de atractivo real y por el que no merece la pena esforzarse.

«Para que fuera digna de llegar a ser la Madre de Dios, María fue concebida sin mancha de pecado original, preservada inmune de cualquier culpa personal, por leve que pudiera parecer, y enriquecida con toda clase de dones y gracias por el Espíritu Santo (...). Atrevámonos a decir, ¡porque nos oye!: Madre, líbranos a tus hijos –a cada uno, a cada una– de toda mancha, de todo lo que nos aparte de Dios, aunque tengamos que sufrir, aunque nos cueste la vida»[1].

3. Esta Fiesta está también íntimamente vinculada a España, fueron nuestros antepasados los que más lucharon por la defensa de este privilegio de María antes de que fuera proclamado dogma de fe en el siglo XIX. La devoción a la Virgen es algo arraigado profundamente en la fe del pueblo español que ha hecho de este misterio un saludo tradicional con el que desde pequeños nos enseñaron a comenzar nuestras confesiones: «Ave María Purísima» –decimos– y nos responde el sacerdote: «sin pecado concebida». En uno de los momentos más sublimes, cuando nos disponemos a reconocer nuestras culpas, a pedir a Dios perdón de nuestros pecados y recibir su infinita misericordia, nos dirigimos a Aquella que no tuvo mancha de pecado alguno.

Qué buena jaculatoria para repetir muchas veces a lo largo de día de hoy y tantos otros; cuando tenga un problema, cuando experimente una tentación grande, cuando quiera dar gracias por algo, cuando necesite pedir una gracia: ¡Ave María Purísima!, saludo que tanto agrada a la Virgen porque le recuerda el amor de Dios por Ella.

Cuánta gente que se educó en colegios cristianos o proviene de una familia cristiana se alejó de Dios en algún momento de su vida y dejó en su cartera o en el retrovisor del coche una medalla, una estampa o imagen de la Virgen de su colegio o de la Patrona de su pueblo.

---

[1] Beato Álvaro del Portillo, *Carta pastoral*, 31-05-1987.

A san Juan Pablo II, un Papa que quiso tanto a la Virgen, le gustaba dirigirse a España como «tierra de María»; aspiremos también nosotros a poner, con nuestro cariño personal, con nuestra piedad auténtica, nuestro granito de arena para que se mantenga viva en tantos ambientes la devoción a la Virgen, y el primer grano es que tú y yo la queramos mucho y se lo manifestemos.

10 DE DICIEMBRE
VIRGEN DE LORETO

1. Una Casa que vuela.
2. La sencillez de la vida del hogar.
3. Piensa bien y te salvarás.

1. En la región italiana de Ancona, junto al mar Adriá-tico, se encuentra el Santuario de Nuestra Señora de Lo-reto, lugar de peregrinaciones multitudinarias desde el siglo XIV, que según la tradición custodia en su interior pate de la casa de la Virgen en Nazaret. En la representa-ción más popular de esta advocación, patrona de los pilotos de aviación, aparece la Virgen con el Niño sen-tada sobre una casa de adobe que es trasladada por unos ángeles.

¿Cómo llegó esa casa ahí? ¿Cómo en Tierra Santa se dice que hay otra? En Nazaret, la casa de María, como era costumbre arquitectónica en la época, estaba com-puesta por dos partes: una gruta, excavada en la roca y custodiada actualmente en la basílica de la Anunciación de Nazaret, y una segunda parte, una estancia adosada de tres paredes de piedra. Los análisis comparativos entre la Santa Casa de Loreto y la gruta de Nazaret han revelado la coexistencia y la contigüidad entre ambas. En 1294 con la expulsión de los últimos Cruzados de Tierra Santa, no queriendo estos dejar aquellos lugares al arbitrio de hombres que no valoraran su riqueza espiritual, decidieron trasladar parte de aquella preciada reliquia. Así, la Santa Casa habría sido transportada a Loreto en una nave por iniciativa de la noble familia Angeli (de ahí la tradición de que fue transportada por los Ángeles), que dominaba en la región de Epiro, actual Croacia. Este Santuario nos habla del lugar donde la Virgen nació, recibió el anuncio del Arcángel Gabriel y concibió al Hijo de Dios. Recuerda, por lo tanto, el misterio de la Encarnación.

Numerosos santos han acudido a lo largo de los siglos hasta esta Basílica para hablar con Jesús, para encontrarse con María, para rezar; para depositar sus intenciones en sus manos, para darle gracias, para buscar su protección. Podemos comenzar nuestro rato de oración de hoy repitiendo despacio la plegaria que el Papa Benedicto XVI, peregrino también en 2007, hizo delante de la Virgen de Loreto: «María, Madre del sí, tú escuchaste a Jesús y conoces el timbre de su voz y el latido de su corazón. Estrella de la mañana, háblanos de él y descríbenos tu camino para seguirlo por la senda de la fe (...). María, Virgen de Loreto, puerta del cielo, ayúdanos a elevar nuestra mirada a las alturas. Queremos ver a Jesús, hablar con él y anunciar a todos su amor. Amén». Se lo pedimos a la Virgen, que hoy también nosotros escuchemos a Jesús, que sintamos el latido de su Corazón y, así, miremos siempre hacia arriba, los pies firmemente en la tierra, pero con el corazón en el Cielo.

2. Esta memoria de la Virgen nos lleva a considerar la vida sencilla de aquel hogar de Nazaret: una vida, como la tuya, articulada entre el cumplimiento de las labores profesionales –estudio o trabajo, en tu caso– y las mil y una menudencias de una vida familiar ordinaria: cuidado de la casa, relaciones humanas, problemas domésticos, etc.

Es verdad que tu vida no puede reducirse solo a tu casa; tienes que ir a clase o tienes que trabajar, tienes amigos con los que divertirte, tienes que cuidar tu formación espiritual; todo esto es cierto, pero eso no puede constituir una excusa para que tu casa se convierta en una especie de hostal donde te prestan unos servicios a bajo coste. ¿Cómo es la implicación en tu casa? A veces, conviene pararse y reflexionar un poco sobre el papel que ocupamos en los diversos escenarios en los que se desarrolla nuestra vida, porque te puede estar sucediendo que has adoptado un roll que debe ser modificado. Tu casa se debe construir con la colaboración de todos y, desde luego, con la tuya.

Hace poco, me encontré con un libro, un poco anticuado en algunos aspectos, pero que mantiene toda su actualidad en la idea de fondo: *Las pequeñas virtudes del hogar*, de Georges Chevrot; en sus primeras páginas el autor quiere justificar la publicación de esta obra: «la vida familiar exige gran número de pequeños deberes que, a menudo, suelen descuidarse; ya porque son muy numerosos, ya porque no nos parecen muy importantes. Sin embargo, lo son. Además, como hacía notar san Francisco de Sales, estas pequeñas virtudes requieren una gran virtud, es decir, un gran amor, que se trasluce en los más pequeños detalles»[1].

---

[1] Georges Chevrot, *Las pequeñas virtudes del hogar*, 13.

El hogar se construye entre todos, nadie debe sentirse excluido o indiferente. El motor de un hogar es la conciencia que cada uno de sus miembros tiene de que su felicidad pasa por que los otros estén felices. Piensa si tienes esa conciencia...

3. A lo mejor, hoy podíamos fijarnos en una de esas pequeñas virtudes domésticas que se extienden al resto de nuestras relaciones, la benevolencia. Hay un refrán español, muy extendido en el comportamiento común de los hombres que dificulta la vivencia de esta virtud: «piensa mal y acertarás»; pero, por el contrario, la benevolencia consiste, en primer lugar, en juzgar al prójimo con sentimientos impregnados de caridad, en no querer disminuir sus méritos, en regocijarse sinceramente por sus virtudes y éxitos, aun en sus triunfos obtenidos donde nosotros habíamos fracasado. La benevolencia nos hace estar dispuestos a conceder a los demás nuestro prejuicio favorable. Tener el prejuicio psicológico de pensar siempre bien de los demás, cambiemos el refrán: «piensa bien y te salvarás».

Detrás de la mayor parte de los conflictos familiares hay un juicio negativo hacia esa persona, esto cobra especial realce cuando los problemas se originan entre hermanos: envidias, roces, susceptibilidades, enfados más serios... Cómo nos cuesta «dar nuestro brazo a torcer», pero es que a lo mejor no se trata de eso, sino de que cada una de las partes haga un examen sincero de sus propias motivaciones y reacciones. Muy pocas veces, pero menos en una familia, se puede reducir la realidad a una lucha entre inocentes y culpables, víctimas y verdugos; actuar de otra manera exige reconocer los propios errores y descubrir la gracia que supone pedir perdón.

Cercanos ya los días de Navidad, en que viviremos en compañía de Jesús, María y José; pidámosles hoy, en esta memoria de Loreto, que nos ayude a descubrir modos concretos de implicarnos más en la marcha de nuestra casa, a tener detalles con nuestros padres y hermanos, a ser verdaderamente piedras vivas de una casa viva que sentimos como nuestra.

12 DE DICIEMBRE
NUESTRA SEÑORA DE GUADALUPE

1. Historia de las Apariciones.

2. Unas palabras de la Virgen.

3. Madre mía, que quien me mire te vea.

1. Fiesta grande hoy en México y en todo Iberoamérica. Millones de personas, desde los lugares más alejados del país han peregrinado para llegar a primeras horas del día de hoy a esa «Villa de Guadalupe» donde les espera su Madre Morenita. Solo la Basílica de San Pedro en el Vaticano recibe mayor número de peregrinos en el mundo. La actual Basílica de Guadalupe se terminó de construir en 1976 para albergar la milagrosa imagen de María.

La Virgen María se apareció en cuatro ocasiones a san Juan Diego en el cerro del Tepeyac, y una quinta ocasión a Juan Bernardino, tío de Juan Diego. El relato guadalupano, conocido como *Nican mopohua,* narra que, tras la primera aparición, ocurrida el 9 de diciembre de 1531, la Virgen ordenó a Juan Diego que se presentara ante el primer obispo de México, Juan de Zumárraga, para pedirle la construcción de una capilla en su honor en aquellos cerros. Obedeció el indito y se encaminó a ver al Sr. Obispo, que le exigió una señal que diera veracidad a sus palabras. Los dos siguientes días se suceden sendas apariciones y sendas peticiones, siendo la misma la respuesta del Obispo. En cambio, el 12 de diciembre, la Virgen le pide a Juan Diego que recoja unas flores, aun cuando no era tiempo, de lo alto del cerro y se las entregue como señal al Obispo. Se apresura a cumplir con el encargo y, tras encontrar las flores hermosas como la Virgen le había indicado, corre presuroso a casa de don Juan. Al llegar, Juan Diego desplegó su ayate, una especie de poncho típico de la época, ante el obispo y el resto de dignatarios presentes, dejando al descubierto de modo extraordinario una imagen de la Virgen María, morena y con rasgos mestizos, cuyo origen milagroso sorprende a todos. Ese ayate es el que todavía hoy se conserva y venera, después de cinco siglos, en la Basílica mexicana.

«Te contemplamos en este retrato tuyo, en esta efigie (la Virgen de Guadalupe) que no ha sido pintada por mano de hombre, y deseamos parecernos cada día más y más a ti. Y parece que nos dices: si queréis pareceros a mí, ¡tratadme! Nosotros ansiamos tratarte, Madre nuestra, pero Tú muéstranos siempre tanta paciencia, tanto cariño, tanta misericordia, tanto amor, tanta comprensión como hasta ahora»[1].

2. Tenía solo nueve años, y estaba ya culminando la carrera de su vida. Aquel niño que tanto había disfrutado de las cosas buenas de esta tierra: su familia, sus amigos, el mar, el surf, la fe, se encontraba ahora tumbado en una cama de hospital lanzando el último pulso a esa tremenda

---

[1] Beato Álvaro del Portillo, *Orar. Como sal y como luz*, 67.

enfermedad. Él lo sabía, y los suyos también; sus padres y hermanos se arremolinaban en torno a esa cama; y, de pronto, el niño buscó la mano de su madre. Ella no podía hacer nada, pero lo podía hacer todo; le agarró, le acarició y, así, Jaime entró en el Cielo. Su madre interiormente repetía: «Madre mía, de mis manos a las tuyas».

Cuando uno va a Guadalupe, a los pies de su imagen, aparecen grabadas en letras doradas unas palabras de la Virgen a Juan Diego en su tercera aparición: «¿Por qué temes, hijito? ¿No estoy yo aquí que soy tu Madre?». Cuántas veces hemos buscado la mano de nuestra madre para alcanzar seguridad o fortaleza; cuando éramos pequeños y teníamos una pesadilla, corríamos, una vez despiertos, a refugiarnos en los brazos fuertes de nuestra madre. Y cómo comenzamos a caminar cogidos de su mano, seguros de que así no nos caíamos, y tantísimos momentos de nuestra vida en los que hemos acudido a ella. María es también mi madre; María está cerca de nosotros, como a Juan Diego, también a nosotros nos susurra con cariño en nuestros momentos de desilusión o apatía: ¿no estoy yo aquí que soy tu madre?

Quizá hoy, como cualquier día, es un buen momento para reactivar nuestra confianza en la Virgen, para que la veamos más madre, para que nos abandonemos en sus brazos en todas las necesidades que experimentemos; que no la sintamos como a alguien lejana e inaccesible, sino como madre atenta de las necesidades, hasta las más pequeñas de sus hijos.

3. Experimentar esa cercanía materna de la Virgen nos impulsará a vivir un camino sencillo de vida cristiana: la imitación de las virtudes de María, que no es otra cosa, sino vivir de una manera sencilla como discípulos de Jesús.

«Madre mía, que quien me mire te vea» es una jaculatoria repetida por miles de jóvenes a lo largo de los siglos. En esta frase se encierra un programa estupendo de vida cristiana: imitar a la Virgen, pensar cómo actuaría Ella, pensar en su porte externo, en su sonrisa, en su caridad, en su entrega a los demás... Pero asomarse, sobre todo, con la gracia del Espíritu Santo a su interior: sus sentimientos, reacciones íntimas, amor que ponía en cada cosa, búsqueda del cumplimiento de la Voluntad de Dios...

«Madre mía, que quien me mire te vea», pero no por cosas raras o llamativas, sino en mi vivir cotidiano, por cómo trato a las personas, con respeto y cariño, por cómo estoy el primero para servir, por cómo prefiero el bien de los demás al mío propio, por cómo vivo las relaciones familiares. Por cómo la fe constituye el centro de mi existencia, por cómo aprovecho el tiempo y por cómo estudio.

«Madre mía, que quien me mire te vea» y no solo por lo que hago, sino por aquellas cosas que evito, por las ironías humillantes que no dejo que salgan de mi boca, por cómo no dejo llevarme por mis pasiones en las relaciones con gente del otro sexo, por cómo me controlo y no me excedo en el consumo de alcohol, porque evito comentarios negativos, porque procuro no caer en críticas, murmuraciones o difamaciones...

Ya se ve que decir esta jaculatoria compromete a mucho; que detrás de una frase corta y concisa se esconde un deseo de una vida grande, pero si Ella está con nosotros, ¿por qué no vamos a arriesgarnos? Solo porque nos parezca difícil o tengamos muchas cosas que cambiar, no vamos a hacerlo... Atrévete al terminar este rato de oración, a mirar a María y decirle, con todo tu corazón –también con todo tu miedo–: «Madre mía, que quien me mire te vea».

ÍNDICE